Roma

La Destrucción de una Ciudad y de un Imperio

Fernando Klein

Editorial ☉ Creación

Si este libro le ha gustado y desea más información sobre nuestras publicaciones, puede consultar nuestra web: www.editorialcreacion.com, donde encontrará amplia información actualizada y podrá descargarse nuestro catálogo, el índice y un extracto de todos nuestros títulos.

Temática: Antropología, Historia, Ensayo
© Fernando Klein
© Editorial Creación
   Jaime Marquet, 9
   28200 -San Lorenzo de El Escorial
   (Madrid)
   Tel.: 91 890 47 33
   http://www.editorialcreacion.com
   http://editorialcreacion.blogspot.com/

Primera edición: diciembre de 2016

ISBN: 978-84-15676-68-3

Depósito Legal: M-40641-2016

Maquetación y diseño: Mejiel

Printed in Spain

«Cualquier forma de reproducción, distribución, comunicación pública o transformación de esta obra solo puede ser realizada con la autorización de sus titulares, salvo excepción prevista por la ley. Diríjase a CEDRO (Centro Español de Derechos Reprográficos, www.cedro.org), si necesita fotocopiar o escanear algún fragmento de esta obra».

Despojo (similar al latín spolium): materiales que se pueden aprovechar de un edificio que se derriba.

Diccionario de la Real Academia Española

ÍNDICE

Introducción 11

Primera parte: Roma en la Antigüedad

1. Espacio Físico 21
2. De la Aldea de Cabañas a la Metrópolis Cosmopolita 23
3. Roma Ciudad Marmórea 30
   3.1. Edificaciones 30
      a. Basílicas 30
      b. Baños 32
      c. Espacios de Reunión 34
      d. Lugares de Entretenimiento. Estadios, circos, teatros y anfiteatros 39
      e. Oficinas de Gobierno 45
      f. Hospitales y Bibliotecas 47
      g. Mercados 48
      h. Palacios 49
      i. Templos, Altares y Santuarios 51
      j. Miscelanea 74
   3.2 Instalaciones Militares 75
      a. Castra Praetoria 75
      b. Muelles y Navalia 76
      c. Policía y Bomberos: Cohortium Vigilum Stationes 77
      d. Murallas 77
   3.3 Monumentos 79
      a. Arcos 79

  b. *Columnas y Rostra* 81
  c. *Los obeliscos de Roma*.. 83
  d. *Mausoleos y Sepulcros* 86
  e. *Miscelánea*... 89
 3.4. Obras Sanitarias.. 92
4. De cómo la Ciudad se volvió Ruinosa 97
 4.1. Las Inundaciones del Río Tíber... 98
 4.2. Los Terremotos 99
 4.3. El Saqueo... 102
 4.4. Los Incendios 109
 4.5. Los Cambios Geopolíticos 114
 4.6. La Conversión del Imperio: del 117
 Paganismo al Cristianismo... 117
5. Expolio y Reciclaje en Roma 128

Segunda Parte: Roma en la Edad Media

1. La Derrota Final: Roma Invadida por los Godos, Siglo V......... 155
2. Roma en los Años Oscuros, años 476 a 1000 161
3. Roma Bizantina, 554 - 727 165
4. Los Monumentos Paganos Convertidos en Iglesias................... 170
5. La Roma Carolingia, años 774-843 175
6. Los Sarracenos en Roma, Siglo IX... 176
7. El Saqueo de los Normandos a Roma, año 1084 178
8. Roma en la Baja Edad Media 182
9. El Papa deja Roma, 1305 - 1377... 187
10. El Mármol Romano... 194
11. Marmoleros y Morteros de Mármol en Roma Medieval 201
12. La Destrucción de los Tesoros Artísticos de la Antigua Roma. 209

Tercera Parte: Roma en la Edad Moderna

1. Roma en el Renacimiento Temprano 221
2. Roma en el Programa Político de los Papas, Siglo XV 226
3. El Saqueo de Roma en el Año 1527... 232
4. San Pedro 235
5. La Antigua Basílica de San Pedro... 237
6. La Roma Renacentista, Siglo XVI.. 245
7. La Roma Barroca y Neoclásica, Siglos XVII y XVIIII 254

Cuarta Parte: Roma hacia el Presente

1. Roma y los Estado Papales en el Periodo 1800 a 1809 261
2. El Período de Francia en Roma, años 1809 a 1814 265
3. Los Estados Papales y la restauración de los monumentos clásicos, 1814 a 1870 267
4. Roma Capital del Reino Constitucional de Italia, años 1870 a 1922 269
5. Roma Fascista, años 1922 a 1943.. 273
Bibliografía 279

Ilustraciones .... páginas 141 a 152

Introducción

Investigaciones modernas sobre las causas que llevaron a la destrucción de los espléndidos edificios y ornamentos que adornaban la antigua ciudad de Roma han cambiado por completo las creencias: la destrucción de la ciudad no es producto del ataque de los godos, los hunos y los vándalos.

De hecho, fueron los propios romanos los que destruyeron su ciudad: desde los tiempos de la ciudad de ladrillo del emperador Augusto, transformada en una espléndida ciudad de mármol, hasta la época en que definitivamente se instalara el poder papal. En todo este inmenso período de tiempo ha sido costumbre la destrucción de antiguas estructuras para erigir otras nuevas utilizando el material de estos edificios.

Ciertamente la naturaleza ha hecho lo suyo: el fuego, los terremotos, las heladas y las grandes variaciones de temperatura. No obstante, Roma es una ciudad en ruinas en gran parte debido a la mano del hombre.

Los romanos de la Edad Media no fueron plenamente responsables, otra acusación común: simplemente los edificios se derrumbaban por vejez y abandono. La pobreza y la ignorancia de esta época hacían imposible el levantamiento de nuevas estructuras: solo se aprovechaban las ruinas para construir iglesias, conventos y viviendas privadas. Las ruinas de la antigua ciudad fueron una fuente permanente de peligro para los habitantes de la urbe medieval, tanto es así que la destrucción de algunas de esas ruinas se debe considerar que ha sido en legítima defensa.

Los grandes maestros del Renacimiento trataron monumentos y ruinas con un desprecio y brutalidad increíble. El desarrollo de la riqueza pública y privada, que movilizaba al papado, los cardenales, patricios, banqueros y los mercaderes ricos llevó a la construcción de magníficos palacios y villas, iglesias y monasterios, acueductos, fuentes, puertos y puentes, castillos y torres. Todas estas edificaciones se construyeron piedra a piedra, con materiales robados de ruinas antiguas. Las excavaciones del siglo XV hicieron más daño a los monumentos de la Roma republicana, real e imperial, que los diez siglos de barbarie anterior.

La dispersión de los mármoles de Roma es simplemente maravillosa. El pavimento de mármol antiguo de la iglesia de S. María en Trastevere fue demolido, para colocar un mosaico en su lugar. Casi una quinta parte de las losas de mármol del piso son antiguas inscripciones al dorso. Uno de estos fragmentos epigráficos de carácter monumental, refiere a un foro en construcción: el edificado por el emperador Valente y Graciano en beneficio de los ciudadanos de Roma. La inscripción monumental situada en el pavimento de la iglesia había viajado tres kilómetros desde el fondo de la colina de Esquilino.

Cuando los bárbaros saquearon Roma en el Siglo V d.C. fue para llevarse artículos de valor que podrían ser fácilmente removidos y Roma se mantuvo el tiempo suficiente rico para satisfacer su codicia. Más tarde, cuando esta mina se había agotado, y las casas de los vivos fueron despojados de todos sus objetos de valor, se atacó la morada de los muertos: desde las humildes catacumbas de los fieles hasta los mausoleos imperiales.

Los jardines y el palacio de Salustio fueron destruidos por Alarico, el techo de bronce del templo de Júpiter Capitolino fue desmantelado por Genserico, que los acueductos fueron cortados por Vitiges. Estos hechos, sin embargo, no son nada en comparación con los robos y expoliaciones cometidos por el emperador Constancio, durante su breve visita a la Ciudad Eterna en la primavera del año 663 d.C.

Por siglos diversos particulares tuvieron un derecho ilimitado sobre las ruinas existentes en sus propias tierras, y cuando, finalmente, las autoridades estatales o municipales se interesaron por ellas, sus acciones fueron inspiradas no por amor al arte sino por lo material y las consideraciones morales.

La cámara apostólica, también llamada de tesorería, vendía las ruinas a modo de cantera (petraia), reservando para sí treinta y tres por ciento del producto de la labor de destrucción. Un documento oficial, descubierto por Eugène Müntz en los archivos del Estado de Roma, certifica que en el año 1452 uno de los contratistas del Tesoro, llamado Giovanni Foglia, proveniente de Como, retiró del Coliseo dos mil quinientas veintidós cargas de mármol travertino.

El Circus Maximus tenía un espacio disponible para 150.000 personas que se ubicaban en gradas de mármol banco por medio de un elaborado sistema de escaleras. Sí cada espectador ocupaba un espacio promedio de veinte centímetros esto significaba que en el Circus se encontraban 30 kilómetros lineales corridos de piedra y mármol bancos. Ni un solo fragmento de mármol ha llegado hasta nosotros y se desconoce por completo la forma en que éste pudo desaparecer.

Documentos antiguos mencionan además un estadio (donde ahora es la Piazza Navona) con asientos para 30.088 espectadores, un odeón (ahora el Monte Giordano) con 11.600 asientos, el teatro de Balbus (ahora el Monte de Cenci) con 11.510 asientos, y el teatro de Pompeyo con 17.580 asientos. De todos estos edificios de mármol y piedra no ha quedado rastro alguno.

En el año 1845 Faustino Corsi hizo una lista de las columnas de mármol dispersas en los catorce barrios de la ciudad: registró un número total de 7012. Hoy en día la suma total no es mayor a 8000. Este es un número sorprendente pero se debe recordar que tan solo el Ayuntamiento poseyó alguna vez 3000 estatuas de bronce.

La construcción de la actual Basílica de San Pedro desde el pontificado de Martín V a la de Pío VII, causó más destrucción e hizo más daño a los restos antiguos que diez siglos de la llamada barbarie. De la masa enorme y casi increíble de mármoles de toda naturaleza, color, valor, y descripción, que se utilizó en la construcción de San Pedro, ni una sola piedra proviene de canteras medievales o modernas: el material surgió de edificios clásicos, muchos de los cuales fueron arrasados por utilizar una o dos piezas de ellos.

En el foro romano, entre los años 1540 y 1549, los hombres empleados por los contratistas de San Pedro para la búsqueda de materiales de construcción cruzaron el valle del Foro de punta a punta, desmantelando y dividiendo en fragmentos, o en cal, templos, arcos, y basílicas, junto con las inscripciones en las que se indicaba su uso anterior o diseño, y las estatuas y bajorrelieves que los adornaba.

En 1540, el podio y el frontón del templo de Antonino y Faustina fue trasladado a San Pedro; entre 1541 y 1545 la misma suerte corrió el arco triunfal levantado en honor de Fabio Máximo, el conquistador de Saboya, también el arco triunfal levantado en honor de Augusto después de la batalla de Actium, o el templo de Rómulo, hijo de Majencio, y una parte de la Cloaca Máxima.

En 1546 el templo de Julio César fue nivelado a ras del suelo, junto con los Faustos Consulares y Triunfales grabados en su basamento de mármol; en 1547 se desmanteló el templo de Cástor y Pólux, en 1549, el templo de Vesta, el templo de Augusto, y el santuario de Vortumnus.

Hay que examinar con cuidado, el legado de hombres de la talla de Miguel Ángel, Peruzzi Baldassarre, Peruzzi Silvestro, Antonio di Sangallo, Sangallo il Gobbo, Lazzari Bramante, Antonio Dosio, Piero Santo Bartoli, Giovanni da Udine, para comprender su inmenso amor y admiración por el arte antiguo. Incluso las partes poco interesantes y fragmentos de molduras fueron consideradas por ellos como objetos de estudio e investigación.

Sin embargo, este amor era puramente platónico y material: todos ellos consideraban los restos como vetustos y las obras maestras de arquitectura no como cosas de la belleza en sí, solo dignas de ser respetadas y cuidadas como un medio sencillo de aprender el arte y de perfeccionarse en la práctica de su profesión.

Cuando del original se obtenía toda la ventaja que se pensaba era capaz de ofrecer, entonces era abandonado a su suerte como algo totalmente inútil.

El pedestal de la estatua ecuestre de Marco Aurelio en el Capitolio fue obtenido por Miguel Ángel de una de las columnas que pertenecían al templo de Cástor y Pólux, otro fragmento de las mismas columnas se transformó por obra de Rafael y Lorenzetto en la estatua admirable de Jonás en la capilla Chigi en la iglesia de Santa María del Popolo. El escudo de armas de Pío IV, en la parte superior de la Porta Pia, fue cortado por Miguel Ángel de un capitel de mármol de tamaño colosal descubierto en el palacio de Piero della Valle. El templo del Sol, en el Quirinal abasteció de materiales a la capilla Cesi en Santa María la Mayor, de la fuente de la Piazza del Popolo, de la fuente de la Plaza Giudea, para el palacio del Papa en el Quirinal, etc.

Los materiales para la iglesia de Santa María dell'Anima y algunas de las partes de la Villa Médicis fueron extraídas de las ruinas del templo de Júpiter Capitolino, los de la columna de la Sixtina, en El Vaticano, del mausoleo de Adriano. Las columnas de antico verde que adornan el palacio Farnese y la villa de Julio III, en la Via Flaminia, provienen de los baños de la casa de Zenobia, cerca de Tivoli. La casa de Lorenzo Bernini, cerca de Santa Andrea delle Fratte, se construyó con los materiales de los baños de Licinio Sura, en el Aventino.

Por extraño que parezca, incluso los trabajos de restauración y conservación de los monumentos antiguos fueron acompañados por la destrucción: por ejemplo, el obelisco levantado por Augusto como reloj de sol, en el Campo de Marte, fue restaurado por el Papa Inocencio XII con el granito de la columna monumental de Antonino Pío, descubierto en el jardín de la «Casa della Missione». Así, también, el arco de Constantino fue restaurado por el Papa Clemente XII con los grandes bloques de mármol perteneciente al templo de Neptuno, cerca del Panteón.

El propio Panteón, o más bien su pórtico, fue restaurado por Alejandro II, con columnas de los baños de Severo Alejandro, y con mármoles de un arco triunfal llamado en la Edad Media, el «Arco de la Piedad».

En el Renacimiento, con el pretexto de las restauraciones y los adornos, las autoridades pusieron sus manos sobre las más venerables iglesias de la ciudad, que hasta entonces había preservado su hermoso tipo basilical en toda su simplicidad.

Alfonso Sotomayor en 1665, Pier da Cortona bajo Urbano VIII, y Borromini bajo Alejandro VII desfiguraron las iglesias gemelas de S. Adriano y S. Martina. Onorio Longhi destruyó en 1651 la iglesia de S. Ambrogio y sus maravillosos frescos de Pierino del Vaga, para construir en su lugar la estructura de mal gusto de S. Carlo toda Corso. La antigua iglesia de S. Alessio fue vergonzosamente «modernizada» por Tommaso de Marchis en 1750, lo mismo que las de S. Anastasia en 1722 por Carlo Gimach, la de San Apolinar por Ferdinando Fuga, la de SS. Apostoli por Francesco Fontana, de SS. Cosma e Damiano por Arigucci.

La basílica de Santa Croce in Gerusalemme fue profanada y reducida a su forma actual en 1744 por Passalacqua y Gregorini. Paolo Posi, bajo el pontificado de Benedicto XIV profanó el ático del Panteón, sustituyendo con mamarrachos claroscuros las incrustaciones de mármol exquisitos de Septimio Severo. Borromini desfiguró la de Letrán, a Antonio Canevari la de SS. Giovanni e Paolo, Francesco Ferrari la de S. Gregorio en el Celio.

Estas iglesias se dividieron, generalmente, en tres naves por medio de columnatas, los ejes fueron extraídos de algún edificio clásico vecino; sus suelos presentan incrustaciones en mármol en su mayor parte con inscripciones históricas o paganas, o con epitafios.

Los frescos simples pero preciosos del siglo XIV fueron blanqueados, y la superficie fresca se cubrió con las producciones insignificantes de Francesco Cozza, Gerolamo Troppa, Giacinto Brandi, Miguel Ángel Cerruti, Pasquale Marini, Biagio Puccini, y otros pintores igualmente oscuros. Los artistas que tomaron una parte tan activa en la cruzada contra las iglesias medievales y monasterios eran los mismos que embellecieron Roma con creaciones tan hermosas como la Fontana de Trevi, el Palazzo della Consulta, la Curia Innocenziana, la capilla Corsini en Letrán, la iglesias de S. Agnese, de S. Andrea todo Quirinale, de S. Carlo a Catinari, los palacios Rinuccini, Corsini, Altieri, Pamphili, Falconieri, Madama, entre otros.

Roma siempre ha vivido a expensas del pasado: cada generación, en cierta medida, ha absorbido o destruido la obra de la anterior. En cuanto a los bárbaros, los daños causados por ellos a los monumentos es relativamente pequeño, debido a que tenían a su disposición medios menos poderosos para la destrucción.

Primera parte:

Roma en la Antigüedad

1. Espacio Físico

Roma se conoce popularmente como «la ciudad de las siete colinas»: Viminal, Quirinal, Palatino, Esquilino, Capitolino, Celio y Aventino, separadas por terrenos pantanosos y el río Tíber. De estas siete colinas, las colinas Celio, Esquilino, Quirinal y Viminal formaban parte de una cordillera volcánica. El Aventino, Capitolino, Palatino y colinas formaron el grupo occidental de las colinas. En la antigua Roma cada una de las siete colinas dieron lugar a ciudades amuralladas separadas.

El río Tíber fluye desde las montañas de los Apeninos al sur - oeste hacia el mar Tirreno, después de pasar por Roma. Este río de 405 kilómetros de longitud ha jugado un papel importante en la conformación de la historia y la cultura de Roma.

En los tiempos de la república la ciudad estaba dividida en cuatro regiones: Suburbana, Esquilina, Collina y Palatina. La tradición atribuye a Servio Tulio la división de los habitantes de Roma en cuatro tribus. La ciudad de las cuatro regiones fue una etapa de desarrollo intermedio entre el asentamiento Palatino (o el septimontium) y lo que se llama comúnmente la ciudad serviana; fundidas en una sola en el siglo VII a.C. La división en cuatro regiones se mantuvo en vigor hasta la reorganización de Augusto.

En los Tiempos del emperador Augusto, la ciudad se divide en catorce regiones (Quattuordecim); a partir de entonces Roma fue a menudo designado como urbs xiv regionum o urbs sacra regionum xiv. Esta división en vigor hasta el siglo VII cuando se introdujo una división eclesiástica en siete regiones y abrió el camino para una organización completamente diferente en la Edad Media.

El Área Capitolina refería al espacio abierto alrededor del templo de Júpiter Optimus Maximus en la cumbre sur del Capitolio. El área estaba rodeada por un muro, y un pórtico construido en 159 a.C. El Campo de Marte era la zona entre las laderas del Capitolino, Quirinal, las colinas Pincio, y el Tíber.

La Ínsula Tiberina, es la isla en el Tiber incluida en la región catorce de Augusto. La longitud actual de la isla es de 269 metros, y su parte más ancha 67 metros. La tradición sostenía que su núcleo se formó por el grano de los campos de los Tarquinos, que fue arrojado al Tíber en grandes cantidades después de la expulsión de los reyes. En el año 292 a.C. una estatua dedicado al dios de la serpiente (de Esculapio) fue llevada a Roma pero permaneció en la isla, allí se le erigió un templo, aunque había santuarios a otras divinidades. A la isla se le dio la forma de un barco: una plataforma de piedra fue construido alrededor de ella y sobre esta un muro fue erigido un barco romano (año 70 a.C.). Antes de la construcción de los puentes de piedra, la isla estaba conectada a tierra por una estructura de madera, por lo menos desde el momento en que se estableció el culto a Esculapio.

2. De la Aldea de Cabañas a la Metrópolis Cosmopolita

«Encontré una ciudad de ladrillo y la dejé de mármol». Augusto[1]

Los restos de una aldea de cabañas en el Palatino y de un sepulcro de humildes tumbas en el valle del Foro son los más antiguos recuerdos que conservamos de la que después fue la Urbe, es decir, la ciudad por excelencia: los primeros «documentos» de un desarrollo monumental que, a lo largo de diez siglos en la antigüedad, ha dejado perdurables vestigios de una grandeza y potencia sin igual.

Los orígenes de la ciudad son los de una pobre aldea de pastores, en lo alto de una agreste colina situada en un terreno casi todo cenagoso cerca de las inseguras orillas de un gran río que una isla providencial ayudaba a cruzar. Pero hacia fines de la época regia, bajo la dinastía etrusca de los Tarquinios (siglo VI a.C.), Roma, extendiose por los dulces declives palatinos y demás colinas que surgían a su alrededor, en donde existieron otras tantas aldeas, y se convirtió en ciudad. Rodeada de sólidas murallas dotada de un centro político y comercial y embellecida con templos y edificios públicos.

Los primeros años de la República ven continuar el fervoroso entusiasmo que había caracterizado la última época de los Reyes y surgen entonces, entre otros, templos como los de Saturno y de los Castores en el Foro. Pero guerras interrumpidas contra vecinos belicosos y una grave catástrofe, la llegada de los Galos que se abatió sobre Roma alrededor del 390 a.C., son un golpe definitivo para una

---

(1) («Marmoream relinquo, quam latericiam accepi»), Suetonio, «Vida de Augusto»; 28.

ciudad extenuada y empobrecida. Estas devastaciones casi hicieron abandonar a los pocos romanos supervivientes a la ciudad semidestruida, mas prevaleció el consejo del Dictador Camilo y Roma resurgió sobre las mismas colinas que la vieron nacer, a las ya plácidas orillas del mismo río en que se reflejaron sus primeros monumentos.

Las obras de la Cloaca Máxima se iniciaron en el siglo IV a.C. y se fue mejorando y ampliando paulatinamente en las centurias siguientes, en las que se abrieron nuevos canales de desagüe. Se componía de una red de colectores de piedra, cubiertos de bóveda y de tal amplitud que Agripa pudo recorrer esta red subterránea en barca. El agua de lluvia y la sobrante de los usos y suministros de los acueductos eran recogidas y conducidas al Tíber después de limpiar la ciudad y transportar sus residuos e inmundicias. Todo ello, sí bien no modificó sustancialmente el aspecto general del viejo casco urbano de Roma ni mejoró tampoco las condiciones habituales de vida del vecindario romano, debió de contribuir empero, y muy eficazmente, a mejorar su sanidad y a dar suntuosidad a ciertas zonas de la capital del mundo.

Desde entonces, de mayor tamaño y rodeado de nuevas murallas (las llamadas servianas) la ciudad siguió siempre una constante expansión monumental. Se construyeron los primeros acueductos. Y se pavimentaron las calles más importantes, se creó un gran centro comercial próximo al Tíber, se ordenaron la plaza del Foro y del Comicio y se levantaron nuevos templos.

La pasión embellecedora de la Urbe se acentuaría al desaparecer la grave amenaza de Aníbal, y observamos que hacia la mitad del siglo II a.C. Roma ha llegado a tal belleza monumental que hace de ella una de las más hermosas ciudades de la Península compitiendo con las helénicas de Sicilia y de la Italia meridional.

Progreso técnico, proyectos grandiosos, variedad de ideas y de concepciones ambiciosas, caracterizan los años de Sila, después los de Pompeyo y aun los de César. Al morir el dictador (44 a.C.) a quien los historiadores de la antigüedad atribuyen un gran plan regulador que desviaba el Tíber por detrás de los montes Vaticanos para unir el Campo Marcio con el Trastiber, Roma dispone de grandes circos (Máximo, Flaminio) y los teatros (de Escauro, de Pompeyo), de basílicas en el Foro (Emilia. Julia) y del Archivo del Estado (Tabularium en el Capitolio). A la par que fueron numerosos también los templos, los pórticos, los acueductos, los grandes almacenes y hasta un nuevo Foro, que hizo construir César al lado del viejo, pequeño ya para la ciudad en constante auge.

Augusto sucesor de César se jactaba de haber encontrado una Roma de ladrillos que convirtió en mármol. En sus años fueron terminados numerosos monumentos iniciados por César (la Curia del Senado. la Basílica Julia, el Teatro que después fue llamado de Marcelo, etc.) y se edificaron otros muchos nuevos: el Panteón y cerca de él las primeras termas monumentales fundadas por Agripa, el Mausoleo para la familia imperial (Augusteo) y el nuevo Foro al lado del de César, con el gran templo de Marte Vengador.

Pero un acontecimiento de extraordinaria importancia pocos años después vino a turbar la expansión futura de la ciudad, que ya era la señora del mundo: el tremendo incendio que en el año 64 d.C. devastó la mayor parte de las catorce regiones en que Augusto habla subdividido la Urbe; incendio del que el pueblo acusó, al menos como inspirador, al tirano Nerón.

Una ciudad «moderna» construida con criterios rigurosamente nuevos iba a nacer sobre las ruinas del incendio. Pero eso aconteció mas tarde bajo tres emperadores de la Familia Flavia puesto que Nerón pasó sus últimos años exclusivamente dedicado a la construcción de una morada imperial destinada a extenderse por todo el Palatino, gran parte del Celio y del Esquilino, la Velia y una parte del Foro Romano.

Abandonado el absurdo proyecto de Nerón, a Vespasiano y Tito les cabe la gloria de haber iniciado e inaugurado (80 d.C.) el monumento más característico e imponente de la ciudad, el Coliseo, mas es el tercer emperador de la familia Flavia. Domiciano (81-96 d.C.), es el que destaca fulgidamente en la reconstrucción de Roma, en el ámbito de las empresas monumentales y en el de las restauraciones de los viejos monumentos: bastaría citar como el enorme conjunto de grandes construcciones en el Campo Marcio (Odeo, Estadio - actualmente la Plaza Navona -- Naumaquia, etc.), el Foro Transitorio. la Domus Augustana en el Palatino, el templo de Vespasiano, el Arco de Tito y finalmente el templo de Júpiter Capitolino reconstruido por cuarta vez después del segundo incendio en un decenio.

Al mismo emperador se deben los proyectos y el inicio de las obras para la construcción de un nuevo Foro y un gran edificio destinado a Termas que fueron completadas por Trajano (98-111 d.C.) cuyo nombre recibieron. El nombre de Trajano queda vinculado además a un singular monumento, a su famosa Columna, original exaltación de las empresas del emperador contra los Dacios.

Del Imperio de Adriano (117-138 d.C.) son los dos mayores templos de la antigua Roma: el Panteón con su gran cúpula, reconstruido completamente en el lugar que ocupaba el viejo edificio de Agripa, y el templo de Venus en Roma sobre la colina de la Velia frente al Coliseo. En la orilla derecha del Tíber, el Mausoleo del mismo Adriano y de la familia Imperial (actual Castillo del Santo Ángel) unido a la orilla izquierda por un nuevo puente (el puente Elio) que superó en fausto y magnificencia al Mausoleo de Augusto.

Cicerón pudo ya decir en el año 70 a.C. que Roma era una hermosa ciudad, con no menos motivos Marcial, el festivo poeta hispano de tiempos flavios, podía afirmar, siglo y medio después, que Roma era «diosa de tierras y pueblos sin par».

La ciudad nunca llegó a tener en su centro urbano avenidas rectas, anchas, largas y lujosamente porticadas como las tuvieron casi todas las ciudades griegas orientales: Alejandría, Antioquia del Orontes, etc. Sin duda el viejo núcleo urbano de Roma, en el que se habían abierto primero el foro de César y luego los foros imperiales, no se volvió a tocar para trazar en él alguna gran avenida. En definitiva, al comenzar el Imperio, aunque la ciudad del Tíber había progresado mucho, Plutarco, al comparar la Atenas de Pericles con la Roma republicana, percibía también que esta última no podía equipararse con aquélla.

Todo lo dicho dará una idea de lo que era la ciudad del Tíber en el momento en que Augusto fue exaltado al Imperio y Roma empezó a dejar de ser un «pueblo grande» para transformarse en metrópoli imperial y cabeza del orbe. Augusto saneó la ciudad y continuó los planes de su engrandecimiento. Hizo lo posible por hermosear la urbe dotándola de parques, pórticos, teatros, edificios públicos, etc., pero las viviendas siguiéronse construyendo con la misma pobreza de materiales (adobes y madera) y la población de Roma continuó por su parte creciendo hasta llegar al millón de habitantes.

La acumulación de basura, los incendios, las inundaciones, los terremotos, han cambiado la topografía de la antigua Roma disminuyendo las diferencias de nivel entre aguadas y colinas. Los poetas satíricos inmediatamente posteriores al incendio del año 64 (Juvenal sobre todo) describen tremendos embotellamientos, seguidos de gritos, blasfemias y trifulcas, que se producían en cualquier hora del día, pero principalmente en la madrugada, cuando llegaban de las cercanías los carros abastecedores de mercados, puestos y tenderetes. Realmente en calles en las que no era posible vivir ni reposar, como ya decían, lamentándolo, los satíricos

Séneca, por ejemplo, en buena parte de una de sus epístolas a Lucilio se dedica a catalogar los múltiples ruidos que le llegan del establecimiento de baños que el filósofo cordobés tenía bajo su domicilio. Comienza invitando a su amigo a que procure hacerse una idea de todos los sones que pudieran herir sus oídos. Para ayudarle en la evocación le enumera los siguientes: el jadear de los robustos mozos que se entrenan en levantar pesas de plomo; el sonido producido por los masajistas al golpear con la palma de la mano o con el puño cerrado las espaldas de sus clientes; el del jugador de pelota que cuenta sus tantos; el griterío de los pendencieros y de los rateros cogidos en flagrante y del que no encuentra su voz más bella que cuando se baña; el producido por los que se arrojan de golpe en la piscina, etc.

En el siglo II Roma debía de ser una enorme metrópolis con cierta similitud a nuestras grandes ciudades modernas cosmopolitas, no sólo por el número de sus habitantes, que probablemente alcanzó entonces el millón y medio, sino también por sus grandiosas perspectivas urbanas y monumentales, sus edificios públicos, religiosos y civiles, sus puentes y sus casas de vecindad de múltiples pisos. Los emperadores Antoninos que reinaron después de Adriano encontraron una ciudad tan rica en edificios públicos y de espléndidos monumentos de toda especie, que se limitaron a completar y embellecer lo que ya existía. La única excepción digna de particular mención fueron las grandes Termas Antoninas construidas por Caracalla (211-217 d.C.) junto a monumentos menores, tales como el Arco de Septimio Severo en el Foro y la Columna de Marco Aurelio en el Campo Marcio.

Después, durante el siglo III, los emperadores que siguieron a los Antoninos, salvo pocas excepciones vivieron demasiado preocupados por salvar el trono y a menudo en los confines mismos del Imperio para poderse dedicarse al embellecimiento de la Capital. Precisamente, en este clima, hacia fines del siglo, Aureliano (272-280 d.C.), al que se debe también un gran templo dedicado al Sol construyó una gran «obra publica» de la ya se empezaba a sentir la necesidad, es decir, las poderosas y famosas murallas aurelianas que pronto y varias veces fueron baluarte contra el furor de los bárbaros.

Los regionarii, escritos de mediados del siglo IV d.C., exponen con claridad una lista de las regiones de Roma capital, de sus monumentos, inmuebles públicos y privados, vías, edificios oficiales, etc. Se registran las siguientes cantidades: 28 bibliotecas públicas, once foros, diez grandes basílicas, once grandiosas termas públicas; cerca de un millar de baños menores, pero igualmente públicos; dos anfiteatros, teatros, dos circos, 36 arcos triunfales, 19 acueductos, 15 fuentes monumentales, 1.352 fuentes menores, 22 ecuestres, unas 155 grandes de deidades paganas (75 de ellas en marfil y 80 de bronce dorado), además de 3.785 estatuas, género que representaba a emperadores y otros personajes notables.

El siglo IV marca el inicio del periodo de decadencia aunque durante el imperio de Diocleciano se reconstruyó la Curia del Senado y se construyó el edificio más importante dedicado a termas que jamás se hubiera realizado en Roma. Otra obra maestra de la arquitectura romana fue la Basílica llamada de Majencio.

Constantino, responsable del traslado de la capital del imperio de orillas del Tíber al Bósforo dedicó su entusiasmo a consolidar los edificios más importantes y a dar impulso a las nuevas construcciones del culto cristiano, mientras el senado le erigía un arco frente al Coliseo.

Pero ya el final se acercaba y las obras de manutención y restauración a que se dedicaron en el siglo V casi exclusivamente a los puentes y a las murallas revelan las preocupaciones, por parte de las autoridades, de carácter exclusivamente práctico y defensivo. No obstante, esas obras no pudieron frenar el ímpetu devastador de las hordas de Alarico que en el año 410 se abatieron furiosamente sobre la ciudad, transcurridos ochocientos años de la invasión de los galos, y cuando en el 455 se repitió el saqueo por obra de los Ostrogodos de Vitiges y la ciudad sufrió una inmensa catástrofe. Apenas 20 años mas tarde con la deposición del último y efímero emperador, junto con el Imperio romano declinó, para siempre, el Imperio de Occidente y la gran Roma de los Césares.

3. Roma Ciudad Marmórea

3.1. Edificaciones

a. Basílicas

Las gestiones públicas de Roma, tanto judiciales como comerciales, se tramitaron en gran medida en las basílicas (especialmente transacciones bancarias): grandes edificios que consistían, por lo general, de una nave central amplia y elevada flanqueada por naves laterales más bajas, y que terminan en uno o ambos extremos en un ábside semicircular o tribuna, en la que estaban los asientos para los magistrados.

Las naves laterales se separaban de la principal por medio de columnas que sostenían paredes con ventanales; en algunos casos, estos últimos eran dos pisos de altura, con galerías. Estos monumentos han sufrido con frecuencia la quema de sus techos de madera. Poco queda de las magníficas estructuras de estas basílicas, famosas por la belleza de sus materiales y su decoración, pero sus vestigios proporcionan una buena indicación de su tamaño y una idea de su esplendor.

El término basílica terminó siendo aplicado a las iglesias, a veces albergaban una deidad pagana, todo lo cual fue reconfigurado: incluso el asiento de tribunal de la basílica fue convertido en el sitial del obispo.

La Basílica Porcia fue la primera que se construyó en Roma (184 a.C.), erigida por la iniciativa personal y la financiación del censor

Marco Porcio Catón (Catón el Viejo) como un edificio oficial de los tribunos de la plebe. Las basílicas más importantes de Roma fueron las Sempronianas (169 a.C.), el Aemilian (alrededor del 54 a.C., luego Basílica Paulli, hoy utilizada como Palacio de Giraud - Torlonia), y la Juliana en el Forum Magnum (51 a.C.).

La cantidad y la magnificencia del mármol utilizado en la basílica Julia la transformó en presa especial de los vándalos de la Edad Media; hacia el siglo VII u VIII un lateral devino en la iglesia S. María de Cannapara.

La basílica Ulpiana en el Foro de Trajano (113 d.C.), continúa hoy bajo la moderna Via dei Fori Imperiali, una carretera troncal construido durante el gobierno de Benito Mussolini. Fue la basílica más magnífica de todas, y en conjunto con el Foro Trajano formó una de las más imponentes agregaciones monumentales de la arquitectura columnar que contribuyeron en gran medida al esplendor de la capital romana.

La Basílica de Junius Baso (basílica Iunii Bassi) estaba en la colina del Esquilino, en Roma, sitio hoy ocupado por el Seminario Pontificio di Studi Orientali; fue construida por Junius Annio Basso en el año 331 d.C. durante su consulado. En la segunda mitad del siglo V, bajo el Papa Simplicio (463 483 d.C.), se transformó en la iglesia de Sant'Andrea Catabarbara.

La Basílica Fulvia fue una construida por los censores Marco Emilio Lépido y Marco Fulvio Nobilio, en el año 179 a.C. Finalmente, debemos mencionar la Basílica Opimia, erigida probablemente por el cónsul Lucius Opimio en 121 a.C., la Argentaria, la Neptunia (25 a.C), Alexandrina, Antoniarum Duarum, Calabra, Claudios, Floscellaria, Hilariana, Hostilia (Vestilia), Iulia aquiliana, Sicinini, y la Basílica Marcianae et Matidiae.

La basílica de Majencio y Constantino (o Basílica Nova), fue terminada por Constantino siendo la primera basílica abovedada y a prueba de fuego (iniciada por su antecesor y rival, Majencio). Se ubicaba en el emplazamiento del antiguo Templo de la Paz. Las dimensiones de la sala principal, la altura de su bóveda, y el esplendor de sus columnas e incrustaciones excitaron la admiración universal y ejercieron una poderosa influencia en la arquitectura posterior.

La Basílica fue iniciada por Majencio después de que ascendió al trono en el año 306; éste fue derrotado por Constantino en la famosa batalla en el puente Milvio en el año 312. Se alteró el diseño del edificio que finalizó en un nicho semicircular, probablemente donde se encontraba la estatua gigante del Constantino sentado, parte de la cual ahora se encuentra en el patio del museo Palacio de los Conservadores en el Capitolio.

Su nave central pudo haber caído en un terremoto sólo 500 años después de su construcción (hacia el año 847), pero los restos impresionaron e influenciaron los principales arquitectos del Renacimiento, incluyendo el diseño de Bramante de la basílica de San Pedro. En 1613 una capital y la columna restante se establecieron en la plaza de la antigua iglesia de Santa María la Mayor.

b. Baños

El baño público era parte integral del día de la mayoría que vivía en la antigua Roma. El ocio de los romanos se expresó en gran parte en los grandes baños o Thermæ, que incluían vastos y complejos cúmulos de salas grandes y pequeñas.

Fueron construidos con aparente indiferencia de los costos, y adornadas con espléndida extravagancia. La primera fueron los Baños de Agripa (27 a.C.) detrás del Panteón, al lado se pueden mencionar los de Tito (81 d.C.), construida sobre la que fuera Casa Dorada de Nerón. Los restos de las termas de Caracalla (o termas antoninas, 211 d.C.), forman la más extensa masa de ruinas en Roma, y claramente muestran la planificación admirable de estos establecimientos. Un gigantesco bloque de edificios que contenía tres grandes salas para baños fríos, calientes y calientes, se situó en el centro de un vasto recinto rodeado de baños privados, exedras y salas de conferencias-para las audiencias y otras reuniones. El recinto estaba adornado con estatuas, flores -jardines y lugares para juegos.

Las Termas de Diocleciano (302 d.C.) fueron construidos en una escala aún más amplia, ya que podrían dar cabida a 3.500 bañistas a la vez, y sus ruinas cubrían el espacio de la terminal de trenes de una ciudad moderna. La iglesia de Santa María degli Angeli fue formada por Miguel Ángel del tepidarium de estos baños. El laconicum circular (la habitación del sudor) sirve como porche de la iglesia actual. En una de las habitaciones circulares se construyó la iglesia de San Bernardo alle Terme.

Los muros perimetrales de las termas de caracalla, así como sus fuentes, son atribuidos a Heliogábalo y a Alejandro Severo. La excavación de las termas en la época de Pablo III (1546) fue muy más exitosa: produjo una gran cantidad de estatuas, columnas, bajorrelieves, canicas, camafeos, figuras de bronce, medallas, y lámparas. La colección está compuesta por el Toro Farnesio, las dos estatuas de Hércules, la flora, los atletas, la Venus Callipyge, la Diana, la «Atreo y Tiestes», la llamada «Tuccia», y un centenar de obras maestras. Los baños se mantuvieron en uso hasta el siglo sexto cuando los ostrogodos destruyeron las instalaciones hidráulicas.

Los Baños de Agripa, fue el primero de los grandes complejos de baño de Roma, desarrollado en varias etapas, comenzó simplemente como un área de ejercicio con un baño de vapor seco (el Laconicum), luego se construyó el Aqua Virgo.

Los restos de las Termas de Constantino (315 d.C.) fueron casi completamente destruidos entre 1605 a 1621 durante la construcción del Palazzo Rospigliosi, cubrian parte del actual Palazzo della Consulta.

Otros Baños: de Nerón y Alejandro (65 d.C.), de Domiciano (90 d.C.), de Licinio Sura (100 d.C.), de Septimo Severo, Baños Aurelianos o Cleandros, Etruscos, Majencios, Novati, de Comodo, de Decio (252 d.C.), de Helena (próximos a la S. Croce), Novatianos (Iglesia de S. Pudenziana), de Filipo, Varianos, Olympiadis, de Gordiano Aurelianos, y de Adriano.

c. Espacios de Reunión

Los Foros

Eran los lugares para la reunión social. El mayor foro romano, el Magnum, fue en un principio un mero espacio vacío irregular, que se tornó centro de la vida cívica, con templos, salas, columnatas y estatuas que se acumularon gradualmente. Los sucesivos emperadores los extendieron y añadieron nuevos foros a un costo enorme y con gran esplendor de la arquitectura.

Los de Julio, Augusto, Vespasiano y Nerva (o Domiciano), junto al Foro Romano, eran magníficos recintos rodeados de altos muros y columnatas simples o dobles. Cada una contenía un templo o basílica, además de pasarelas, columnas o arcos conmemorativos, y un sinnúmero de estatuas. El Foro de Trajano no solo superó a todos los demás, sino que cubrió un área de treinta y cinco mil metros cuadrados, e incluye, además de la zona principal, una entrada a través de un arco de triunfo, la Basílica Ulpia, el templo de Trajano, y su columna dórica colosal de la Victoria.

Los seis foros en conjunto contenían trece templos, tres basílicas, ocho arcos de triunfo, un kilómetro y medio de pórticos, y una serie de otros edificios públicos. Con la expansión de la ciudad el foro central creció hasta que poco a poco lo jurídico y político prevaleció sobre el comercio privado.

Aun así, hacia el año 50 a.C., el Foro ya no podía abarcar los emprendimientos de un imperio cada vez mayor. César respondió a esta presión con un nuevo foro junto a los antiguos.

El espacio del Foro Romano en sí era cada vez más «racionalizado», especialmente por César y Augusto. El Foro de César, dedicado en el año 46 a.C., y terminado por Augusto, establece la orientación y el patrón general de los foros imperiales posteriores (con variaciones significativas por Trajano): una plaza con una columnata (o doble columnata) por cada uno de sus lados mayores, que culminaba en un templo en un alto podio en el centro de un eje.

El Foro de Augusto fue una respuesta a la gran concentración del espacio foro existente y su incapacidad para manejar el volumen de casos legales que la floreciente ciudad y el imperio estaban generando. Las excavaciones del Foro de Augusto en la década de 1920 trajo a la luz el foro de inscripciones que ayudan a reconstruir las galerías de famosos romanos, las columnatas, las cuales se complementan con las inscripciones para las estatuas en Arretrium y Pompeya que se organizaron en imitación del Foro de Augusto. De las 108 estatuas que se alineaban en las columnatas y hemiciclos, aun no se puede terminar de identificar a quienes correspondían (se sabe que Mario y Sila tenían cada uno una estatua) Plinio llama al foro una de las tres obras más bellas de Roma, y hay muchos restos de sus mármoles policromados y decoraciones importadas de partes distantes del imperio, era a la vez una maravilla visual y una sofisticada pieza de propaganda.

El Foro de Vespasiano de la Paz y el Foro de Trajano fueron respaldados específicamente con la conquista de Jerusalén y Dacia (Rumania), respectivamente, y eran, por lo menos en parte de su decoración, monumentos a estas victorias extranjeras. El Templo de la Paz (año 75 d.C.): «templo» como el espacio en el cual mora la deidad. Se dice que el Templo de la Paz albergó la Menorá del templo de Herodes.

Una de las cámaras alojaba la Forma Urbis Romae, un mapa de mármol de la Antigua Roma, realizado en el período de los Severos (años 203 a 211). La pared es ahora parte de la fachada de la iglesia de Santi Cosma e Damiano, allí los agujeros utilizados para montar las losas del mapa aún se pueden ver. Este mapa de la ciudad consistió en toda una pared de paneles de mármol con inscripciones y, a menudo los nombres de los edificios de la ciudad, incluyendo paredes, columnas, arcos y acueductos. Sólo el diez por ciento del mapa sobrevive, y menos que eso puede estar bien situado ya que muchas de las piezas, que se encuentran en varias partes de la ciudad en varios siglos, son demasiado pequeñas para mostrar cualquier contexto, pero es una herramienta importante en la recreación la ciudad romana.

Foro de Nerva (o Foro Transitorium) del año 97 d.C. era el más pequeño de los foros imperiales, siendo más un espacio de transición entre las distintas áreas que un centro de negocios. Se completaba con un templo dedicado a Minerva y un nuevo santuario dedicado a Janus, en ambos extremos. Las fuentes y restos indican que el Foro fue sustancialmente una creación de Domiciano. Las decoraciones todavía visibles desde la calle hoy en día, por encima y entre las dos columnas de mármol quedan en pie, se relacionan con la deidad preferida de Domiciano Minerva, que aparece en el relieve del ático y está representado en el friso de Arachne, las musas, y los implementos de hilado y el tejido. (Gran parte de la sien sobrevivieron hasta el Renacimiento, cuando fue desmantelada por el Papa Pablo V por su mármol, algunos de los cuales encontraron su camino hacia el Acqua Paola Fontana en el Janículo.)

El Foro de Trajano fue el quinto y último de los foros imperiales, de los años 112 a 113 d.C.: el más espléndido de todos ellos se extendía por 310 metros. El diseño del foro recuerda el Foro de Augusto, con su elaborado programa de estatuas gigantes y exhedras que se abren fuera de un solo columnata en cada lado. Más allá de la Basílica Ulpia (Ulpio era el apellido de Trajano), anteriormente enmarcada por dos bibliotecas (una griega y otra latina), se encuentra la famosa columna de Trajano aun en pie luego de diecinueve siglos. Construido de tambores de mármol, la columna está decorada con una espiral ascendente, con una serie de grabados muy finos en bajorrelieve, que cuentan la historia de las guerras de Trajano en Dacia (años 102 al 106).

Dentro de los tambores se encuentra una escalera (cerrada, pero aún en funcionamiento) que conducía a una plataforma de observación en la parte superior y una estatua de Trajano, luego reemplazada por una estatua de San Pedro en pie.

La preparación del Foro requirió mucho trabajo. Fue necesario parte de la base de las colinas, cortando el Quirinal a través de la construcción de mercado de Trajano. En los tiempos modernos sólo una parte de los mercados y de la columna de Trajano permanecen. Un número de columnas que históricamente formaron parte de la Basílica Ulpia se mantuvieron en su lugar, y se han vuelto a levantar. La construcción de la Via dei Fori Imperiali en 1933 cubrió un número de estas columnas, que siguen siendo visibles bajo los arcos sobre los que discurre la vía.

Foros Venalium: era un mercado de alimentos en la antigua Roma durante la República Romana y el Imperio Romano. Estos foros mercantiles eran extensiones del Foro Romano y contenían numerosos edificios y monumentos erigidos durante la República y el Imperio. Cuanto más pequeño eran más especializado el tipo de producto: el Foro Boario para el ganado, Foro Cuppedinis de delicatessen, Foro Holitorio (mercado de la col) para las verduras, Foro Suarium de carne de cerdo, el Foro Piscarium para peces (posteriormente espacio ocupado por el gueto judío), Foro Pistorium para el pan, y el Foro Vinarium para el vino.

Otros Foros: Ahenobarbi, Aproniani, Coquinum, Esquilinum, Gallorum, Graecorum, Palladium, Pervium, Petronii Maximi, rusticorum, Suarium y Forum Tauri.

La casa del senado (Curia), Asamblea (Comitium)

La casa del senado, la Curia Hostilia, se encontraba alrededor de donde se encuentra la iglesia de SS Lucae Martina hoy, fuera de la zona excavada del Foro. La casa del senado de la República de Roma tenía el nombre de Curia Hostilia; sufrió reconstrucciones y ampliaciones importantes, uno por Sila en el 80 a.C., y otra por su hijo Fausto después de un incendio en el año 52 a.C.

El Comitium era un espacio frente al Senado que también cambió de aspecto y nivel a lo largo de los siglos, y probablemente fue rodeado por una escalera tal vez para descender a una especie de caverna.

La casa imperial del senado, la Curia Julia, es de lejos el edificio antiguo mejor conservado del Foro debido a su conversión en una iglesia en el año 630. La estructura sobreviviente, desacralizada en 1930, es la restauración de Diocleciano de la Cámara del Senado después de un incendio en el año 283. El original, dedicado por Augusto en el año 29 a.C., se remonta a los planos de Julio César.

El espacio más importante de la Cámara del Senado era el Altar de la Victoria, creado por Augusto para conmemorar su victoria sobre Egipto y todas las victorias romanas. Más tarde su presencia se convirtió en un poderoso símbolo, siglo IV, de la lucha entre las religiones cristianas y paganas. Era el Senaculum, un lugar donde los senadores se reunían antes de entrar en la curia.

Otros lugares de reunión: Curia Acculeia, Curia Athletarum (la sede, bajo el imperio de los deportistas organizados de Roma, ano 143 d.C.), Curia Calabra, novas, Octavia, Curia en Palatio, Curia Saliorum, Tifata y Curiae Veteres.

d. Lugares de Entretenimiento. Estadios, circos, teatros y anfiteatros

Los primeros teatros romanos diferían de los griegos de ser hemiciclos, y en el que se construían sobre el suelo y no excavados en una ladera. Los anfiteatros y teatros se construyeron del mismo material, el hormigón romano.

Sin embargo, son dos estructuras completamente diferentes, con diseños específicos que se prestan a los diferentes eventos que tenían. Los anfiteatros no necesitaban una acústica excelente, a diferencia de los proporcionados por la estructura de un teatro romano. Mientras los anfiteatros ofrecerían carreras y eventos de gladiadores, los teatros organizaban eventos como obras de teatro, pantomimas, eventos corales, y oraciones. Su diseño en forma semicircular, mejora la acústica natural, a diferencia de los anfiteatros romanos construidos en ronda.

El primer teatro era de madera y fue construido por Mumio en el año 145 a.C.: noventa años después la piedra sustituyó la madera, ya para el teatro de Pompeyo.

En estrecha relación con el anfiteatro se encontraban el circo y el estadio. El Circus Maximus entre las colinas Palatino y Aventino era el mayor de los de Roma. Fue erigido por Calígula y Nerón en el sitio que actualmente, y en forma parcial, está ocupado por San Pedro. Era espléndido, y se dice que daba cabida a más de trescientos mil espectadores tras su ampliación en el siglo IV. La larga y estrecha pista de carreras se dividió en dos partes casi iguales por un parapeto bajo, la bífida, en la que se ubicaron las metas (metae) y muchas pequeñas estructuras decorativas y columnas. Un extremo del circo, como la del estadio, era de medio punto, y el otro era segmentaria en el circo. En el estadio, una columnata corría a lo largo de la parte superior del edificio, y las entradas y salidas estaban adornadas con arcos monumentales.

Anfiteatro de Estatilio Taurus: construido en el año 29 a.C. y fue el primer anfiteatro de piedra en Roma. Los escenarios anteriores eran estructuras temporales que fueron desmontados después del evento. El anfiteatro fue construido por Tito Estatilio Taurus, un general exitoso y político en la época del emperador Augusto, que pagó por ello con sus propios recursos. El anfiteatro fue erigido en el Campo de Marte en Roma. En un lapso de 50 años, esta zona vio la construcción del Teatro de Pompeyo, el de Marcelo, y el Teatro de Balbo.

Anfiteatro Neronis: construido en madera por Nerón en el 57 d.C. Durante el gran incendio de Roma en el año 64 d.C., el anfiteatro Estatilio Tauro y Neronis fueron completamente destruidos.

Coliseo (Anfiteatro Flavii)

Construido por los emperadores Flavios, Vespasiano, Tito y Domiciano, el Coliseo fue inaugurado por primera vez en el año 79 d.C. por Vespasiano y terminado por Domiciano como el anfiteatro más grande del Imperio Romano. Esta inmensa estructura mide 189 metros de largo y 156 metros de ancho, con una superficie de base de 24000 m2. La altura de la pared exterior es de 48 metros. El perímetro originalmente medía 545 metros. El escenario central es un óvalo de 87 m de largo y 55 m de ancho, rodeado por un muro de 5 metros de altura, por encima del cual fueron ubicadas las gradas.

La pared exterior requirió de más de 100.000 metros cúbicos de piedra de travertino que se establecieron sin mortero unidas por 300 toneladas de abrazaderas de hierro. Columnas acopladas de toscano, jónico, y corintias en tres series de órdenes en el exterior con un cuarto piso de pilastras corintias delgadas ininterrumpidas. Dión Casio relata que más de 9000 animales salvajes murieron durante los juegos inaugurales del anfiteatro. El edificio fue remodelado por el hijo de Vespasiano, el emperador Domiciano, quien construyó el hipogeo, una serie de túneles subterráneos utilizados para alojar animales y esclavos. También añadió una galería en la parte superior del Coliseo para aumentar su capacidad de asientos. Proporcionó asientos para algunos 70.000 espectadores.

El último espectáculo famoso fue organizado por Teodorico en 523 d.C., a partir de entonces, el Coliseo pasó a su «edad oscura», junto con la ciudad de Roma y sufrió los terremotos, inundaciones y ataques enemigos. Sin embargo, fue lo bastante resistente como para qe Beda el Venerable (673-735) escribió sus famosas palabras: «Cuando caiga el Coliseo, Roma caerá.». Una reciente reconstrucción de una inscripción encontrada en uno de los bloques del Coliseo confirma que el monumento se financió con el botín de la guerra de los judíos llevada a cabo por el primer emperador Flavio Vespasiano y sus hijos Tito y Domiciano.

Una curiosa consecuencia de la llegada a Roma de especies exóticas para ser muertas en el Coliseo es la existencia de especies de vida vegetal en el Coliseo y no en la ciudad, de lugares muy lejanos: antes de que el crecimiento excesivo se anuló en 1871, más de 400 especies de plantas crecían entre las ruinas, una variedad hecha posible tanto por las semillas adjuntas o ingeridos por los animales suministrados para los juegos, y el microclima especial del Coliseo.

Luego de entrar progresivamente en la ruina, el anfiteatro se empezó a utilizar como refugio por los ricos y los pobres, fabrica, tauril, e incluso sede de la poderosa familia de los Frangipani quienes construyeron su palacio allí hacia el año1200.

Anfiteatro Castrense: se ubicaba junto a la iglesia de Santa Croce in Gerusalemme. Es el segundo anfiteatro antiguo de Roma después del Coliseo. El anfiteatro pertenece a las primeras décadas del siglo III d.C. por el estilo de los ladrillos y la ausencia de sellos en ellos. Era parte de un complejo de la villa Imperial, construido por los emperadores de la dinastía de los Severos. Los arcos abiertos de las paredes exteriores fueron tapiados cuando el edificio fue incorporado en la Muralla Aureliana (271-275 d.C.) y el nivel del suelo alrededor del edificio se bajó. A mediados del siglo XVI se demolieron los restos de la segunda planta por necesidades defensivas. Palladio y Étienne Dupérac hicieron dibujos sobre las ruinas.

Teatro de Pompeyo: primer teatro de piedra de Roma, erigido mientras César cobraba fama en la Galia. En el año 55 a.C., la llanura del Campus todavía estaba poco desarrollada, especialmente en el norte. Los contornos redondos del teatro son visibles en las calles de Roma, en la curva de la Via di Grotta Pinta. En el centro, en la parte superior de las gradas (muy por encima de la parte oriental de Campo dei Fiori hoy) había un templo dedicado a Venus Victrix, flanqueado por varios otros santuarios. Las paredes de los cimientos del teatro de Pompeyo aún se pueden ver en varios restaurantes cerca de Campo dei Fiori. Las secciones intactas más grandes del teatro se encuentran en el Palazzo della Cancelleria, que utilizó gran parte del travertino de color hueso para su exterior. Las grandes columnas rojas y grises utilizados en su patio son de los pórticos superiores del teatro, originalmente sacados de él teatro para construir la antigua Basílica de San Lorenzo. Próximo a él aconteció, en una habitación contigua al pórtico este, aconteció el asesinato de Julio César.

Teatro de Marcelo: del año 12 a.C., fue el mayor de los tres teatros de Roma en la capacidad de sus gradas. El edificio tenía 111 m de diámetro, y originalmente podía contener 11000 espectadores. En la Alta Edad Media se utilizó como fortaleza de los Fabios y luego, al final del siglo XI, por Pier Leoni y posteriormente sus herederos (los Pierleoni); éstos fueron reemplazados por los Savelli en el siglo XVIII. Más tarde, en el siglo XVI, pasó a ser la residencia de los Orsini, con un diseño de Baldassare Peruzzi, construido sobre las ruinas.

Teatro de Balbo: este teatro, del año 13 a.C., es el tercero y más pequeño de los teatros de piedra de Roma (su capacidad era para 7000 espectadores, poco más que la mitad de la capacidad del Teatro de Marcelo construido poco antes). Se lo ubica en las ruinas que llevan su nombre hoy en día, después de una reinterpretación de varios fragmentos de mármol. En uno de los fragmentos de la palabra dice «Theatrum» y claramente visible, «Balbi». Actualmente la Via delle Botteghe Oscure sigue el camino de una antigua columnata adyacente al teatro.

Los Circos

El circo romano era un recinto al aire libre de grandes dimensiones utilizados para eventos públicos. Eran similares a los antiguos hipódromos griegos, a pesar de servir a diferentes propósitos. Junto con los teatros y anfiteatros, los circos eran uno de los principales lugares de entretenimiento de la época. Fueron el lugar preferido para las carreras de carros, de caballos, y actuaciones que conmemoraban los acontecimientos importantes del imperio. Para los eventos que involucraron recreaciones de batallas navales, algunos circos se llenaban con agua.

Circo Máximo: del año 329 a.C., fue la estructura pública más grande de la antigua Roma. Las estimaciones modernas de la capacidad de asientos del circo en la época imperial, con la estimación de Plinio era de 250.000 personas. Por ningún motivo, el Circo podría contener más de dos veces a la audiencia del Coliseo. El circo fue única y extrañamente conservado en el paisaje moderno, como una especie de parque que tiene su forma. La extensión del Circo es dos veces la de la Piazza Navona. La última carrera de carros conocida fue organizada por Totila en el 549. El abandono del Circus Maximus condujo al saqueo sistemático, que finalmente lo dejó en su estado actual. Muy poco queda ya del circo, a excepción de la pista de carreras ahora cubierto de hierba y la spina. Algunas de las puertas de salida se mantienen, pero la mayoría de los asientos han desaparecido; los materiales fueron empleados, sin duda, para la construcción de otras estructuras de la Roma medieval

Circo Flaminio: del año 221 a.C., no era un estadio urbanizada como el Circo Máximo, sino parte de un área abierta (el Campus Flaminio) que podía ser utilizada para las carreras de caballos; también las asambleas, mercados, y como plataforma de los desfiles triunfales. La zona del Circo Flaminio se extiende longitudinalmente a lo largo del río, en gran parte del área que más tarde se convirtió en el gueto judío; hoy en día, la sinagoga principal de Roma se encuentra aproximadamente en el centro de la antigua zona de circo, en su lado sur. El área fue finalmente reducida, y llegó a ser bordeada con distinción arquitectónica en el lado norte con el Templo de Hércules de las Musas y el Pórtico de Metelo / Octavia y terminaba por el este con el Teatro de Marcelo. Nada de este circo ha permanecido o se puede ver.

Circo de Nerón: Tácito nos señala que algunas de las ejecuciones tuvieron lugar en el circo de Nerón, en los campos del Vaticano, una pista de carreras (aparentemente iniciada por Gayo Calígula) que se extendía a lo largo del lado izquierdo de la actual Basílica de San Pedro. Esta pista de carreras era una calle bordeada de tumbas. Los primeros cristianos creían que Pedro descansaba allí y construyeron un santuario por encima de ellos en el siglo II, seguido, en tiempos de Constantino, por la gran basílica que fue precursora de la actual Basílica de San Pedro. Las ruinas del circo de Nerón ya no son visibles, pero el obelisco situado en su centro sigue en pie, transportado por el Papa Sixto V en 1586, al frente de la nueva Basílica de San Pedro. El antiguo cementerio, con la calle y mausoleos que se conservan bajo tierra entre las bases masivas de la actual basílica, es uno de los sitios más impresionantes de Roma.

Circo de Majencio: conocido hasta el siglo XIX como el Circo de Caracalla es parte de un complejo de edificios construidos por este emperador en la Via Appia entre los años 306 a 312. Está situado entre la segunda y la tercera milla de la Vía Appia, entre la basílica y las catacumbas de San Sebastiano y la imponente tumba republicana tardía de Cecilia Metella. El circo en sí es el mejor conservado de todos los circos romanos, y sólo es superado en tamaño por el Circo Máximo de Roma.

Estadio de Domiciano (Circus Agonalis); Odeón: el Estadio de Domiciano (año 86 d.C.) se encuentra visible en la Piazza Navona, que conserva la forma de la antigua pista de atletismo. Los edificios que bordean la plaza hoy en día también se basan en las subestructuras de las gradas, como puede verse en la calle que corre tangente al extremo norte del estadio. Fue construido como sede de las competiciones de atletismo de estilo griego. El estadio fue utilizado casi exclusivamente para las competencias atléticas. Con motivo del incendio, que daño al Coliseo en el año 217 d.C., fue utilizado para espectáculos de gladiadores. Borromini construyó Santa Agnese in Agone sobre la antigua subestructura en el lado oeste del estadio. El Odeón era un auditorio cubierto: la mayoría de los arqueólogos identifican sus ruinas en la obra del Teatro de Pompeyo y el Estadio de Domiciano.

e. Oficinas de Gobierno

- Comitium: el lugar de reunión de la antigua Roma, un espacio abierto, en la que las tropas podían marchar. El Comitium fue el centro político de la antigua Roma hasta el siglo II antes de Cristo, aunque las tribus generalmente votaron en el foro. En 145 a.C. el tribuno Cayo Licinio Craso fue el primero, se nos dice, para guiar a la asamblea legislativa de las personas de la comitium al foro.

- Ovilia: un área cerrada en el Campo de Marte, donde el centuriata comicios se reunió para votar. Saepta Iulia fue el edificio en lugar de la ovilia saepta anteriormente, el distrito electoral en el Campo de Marte. Iba a ser de mármol, rodeado por una elevada porticus una milla de largo. Fue terminada y dedicada por Agripa en 26 a.C.

- Diribitorium: un edificio en el campus Martius en la que los votos emitidos por el pueblo, presumiblemente en el Saepta, fueron contados por los diribitores, o los funcionarios electorales. Fue comenzado por Agripa, pero se abrió y terminó por Augusto en el año 7 a.C.
- .Praefectura Urbana: las oficinas generales de la Praefectus urbi durante el imperio. Una restauración se registra en el siglo IV por el prefecto Junius Valerius Bellicius.
- Porticus Minucia: construido por Marco Minucio Rufo, cónsul en el 110 antes de Cristo, en la que Antonius, y probablemente otros funcionarios, establecer sus tribunales
- Graecostasis: un lugar levantado en el borde de la comitium, que sirvió como una especie de tribunal de embajadores de países extranjeros, especialmente los griegos
- Atrium Libertatis: un edificio que contiene las oficinas de los censores, al menos algunos de sus discos, y algunos de la ley en planchas de bronce. Año 220 a.C., fue restaurado en el año 194 a.C. y otra vez con gran magnificencia por Asinio Pollio quien estableció aquí la primera biblioteca pública en Roma, la Bibliotheca Asini Pollionis).

Tabularium (Archivo)

El Tabularium (del año 78 a.C.) fue a la Oficina de registros de la antigua Roma, y también albergaba las oficinas de numerosas autoridades de la ciudad. Situado dentro del Foro Romano, que estaba en la ladera frente a la colina del Capitolio, bajo el templo de Júpiter Optimus Maximus.

Los restos del Tabularium, se ve mejor desde el Foro, forman la subestructura para el presente Palacio Senatorial. Dos niveles del edificio antiguo son visibles como la enorme pared de toba gris cierre del Foro de descuento en su norte más extremo. El nivel inferior, perforada por ventanas que se abren en pequeñas cámaras respaldados por el pie de la colina, formó una subestructura de una galería por encima de que se ejecuta a lo largo de la longitud del edificio. Dos de los arcos de la arcada permanecen un- ladrillera, enmarcado con medias columnas dóricas y un arquitrabe travertino. Ruinas encontradas en la base de la pared sugieren que había por lo menos otro de juegos electrónicos en la parte superior de la restante. Detrás de la arcada restante numerosos pasillos, habitaciones y escaleras que datan de tiempos antiguos, hechos con hormigón y se enfrentan con piedras de toba.La identificación de este edificio que el tabularium, o « la oficina de registro, « se basa en la inscripción a continuación, que se encuentra cerca del Tabularium en el siglo XV y desde pierde. Tabula escribimos tabletas, y muchos edificios tenía un tabularium para almacenar documentos y archivos. Esta Tabularium era aparentemente una de las principales tal vez con otras funciones también, pero sabemos poco más sobre él.

f. Hospitales y Bibliotecas

Xenodochium Belisarii, era un hospital construido por Belisario en el siglo VI en la vía Lata. Su sitio es el de la iglesia de S. María in

Sinodochio o en Trivio, cerca de la fuente de Trevi. Xenodochium S. Gregorii iuxta Gradus S. Petri: un hospital establecido por Gregorio el Grande, cerca de la Plaza de S. Pedro. Otros hospitales: Xenodochium Valeriorum y Xenodochium de Via Nova.

Bibliotecas

Entre las distintas bibliotecas establecidas en Roma se encontraba: la Apollinis Palatini (establecida por Augusto en el templo de Apolo), la Asini Pollionis (museo y primera biblioteca pública de la ciudad), la perteneciente al templo de Augusto, la Capitolina, la Panthei, la Bibliotheca Porticus Octaviae, la propia del Templi Pacis (Templo de la Paz), la del Domus Tiberianae y la Ulpia del foro Trajano.

También señalemos la existencia de un ateneo (Athenaeum), erigido por Adriano para lecturas, conferencias y el desarrollo de la declamación. Aparentemente tenía la forma de un teatro o de un anfiteatro.

g. Mercados

Mercado de Trajano

El Mercado de Trajano se encontraba en la Via dei Fori Imperiali, en el extremo opuesto al Coliseo. Las tiendas y los apartamentos fueron construidos en una estructura de varios niveles: se incluyen suelos de mármol delicados y los restos de una biblioteca. Fue construida en el año 100 a 110 por Apolodoro de Damasco, un arquitecto que siempre seguía a Trajano en sus aventuras. Durante la Edad Media el complejo fue transformado mediante la adición de niveles de suelo aún visible hoy y la construcción de elementos defensivos, como la Torre delle Milizie, del año 1200. Un convento fue construido más adelante en esta área, pero demolido a principios del siglo XX para restaurar los Mercados de Trajano en la ciudad de Roma.

En la parte delantera del Foro de Trajano, había tiendas donde se vendía aceite, vinos, mariscos, tiendas de comestibles, verduras y frutas. El mercado está cubierto por una bóveda de hormigón levantado sobre pilares, para permitir el ingreso de aire y luz en el espacio central. El mercado en sí estaba construido principalmente de ladrillo y hormigón.

Macellum Liviae («mercado de Livia «)

Se trataba de un complejo comercial construido por Augusto con el nombre de su esposa Livia sobre la colina del Esquilino, en el año 7 a.C. Se observa una restauración de entre 364 y 378 por Valentiniano I, Valente y Graciano. A su lado se construyeron las iglesias de San Eusebio y de Santa María la Mayor.

h. Palacios

Los palacios imperiales en el Palatino comprendían una amplia gama de estilos y variedad de edificios, comenzando con la primera casa sencilla de Augusto (26 a.C.), quemada y reconstruida en el 3 d.C. Tiberio, Calígula y Nerón agregan otras partes; Domiciano lo reconstruye por segunda vez y lo amplia, y Septimio Severo remodela todo el grupo, añadiendo al mismo su propia extraordinario palacio de siete pisos, el Septizonio. Las ruinas de estos edificios sucesivos han sido cuidadosamente excavadas, y revelan una notable combinación de vivienda salas, juzgados, templos, bibliotecas, basílicas, baños, jardines, peristilos, fuentes, terrazas y pasajes cubiertos. Estaban adornados con profusión de mármoles preciosos, mosaicos, columnas y estatuas.

La Casa de Augusto (Casa di Livia)

Entre el palacio de Domiciano y el Templo de la Victoria se observan los restos de dos residencias: una al norte, lindando con los jardines de Farnese, que tradicionalmente se atribuye a la esposa de Augusto, Livia y la otra tradicionalmente asignada al propio Augusto.

Casi contigua a la parte trasera de la casa se encontraba el Templo de la Victoria, una diosa muy estimado por el heredero de César. También en algún lugar cercano estaba la cabaña de Rómulo, una humilde choza en su sitio original. Justo enfrente de los templos de la Victoria y la Gran Madre, los arqueólogos han descubierto restos de cabañas de la Edad de Hierro, y un pequeño recinto que pudo haber contenido la vivienda que los romanos honraban como la de su fundador (curiosamente, otra se conservó en el Capitolio).

Palacio de Tiberio (Domus Tiberiana)

El área ocupada por los jardines de Farnese se hizo conocida como Palacio de Tiberio. Este palacio habría sido la principal residencia imperial romana de Tiberio, Calígula, Claudio y Nerón, en la primera parte de su reinado. Nerón hizo varios intentos de expansión a través de estructuras independientes, primero con su Domus Transitoria y luego después del incendio del año 64, con la Domus Aurea. Debe de haber sido destruida, no en el incendio de Nerón, sino en el de 80 d.C.

Palacio de Domiciano (Domus Augustiana)

La mayor parte de las ruinas visibles en el Palatino hoy pertenece al Palacio de Domiciano, año 92 d.C. Emperadores posteriores ampliaron enormemente el palacio especialmente Septimio Severo, con su Septizonio, con otra entrada monumental al palacio desde esta dirección. También en el lado sureste de la colina se encuentra una gran parte de la ampliación del acueducto hecha por Domiciano, que suministraba al nuevo palacio con el copioso suministro de agua que los estanques, fuentes, baños y la dotación de personal exigían.

Casa Dorada de Nerón (Domus Aurea)

La Domus Aurea fue una gran villa ajardinada, diseñada para tomar ventaja de los paisajes creados artificialmente construidas en el corazón de la antigua Roma por el emperador Nerón después del gran incendio de Roma (64 d.C.). El lago, ubicado en donde luego se construyó el Coliseo, era la pieza central geográfica de la Domus: se extendía desde el Palatino a los Jardines de Mecenas en el Esquilino. La parte más famosa y bien conservada de la finca, un ala de arquitectura innovadora en el Esquilino inferior, se conoce con el nombre de Domus Aurea pero Suetonio utiliza el término para referirse a la totalidad del inmueble, que consta de numerosos edificios, pórticos largos con granjas y viñedos en las laderas que rodean al lago.

Después de la muerte de Nerón, la Casa de Oro fue derribada: el palacio y los jardines, que abarcaban 2.6 kilómetros cuadrados se rellenaron con tierra y construyeron sobre ellos: las Termas de Tito, en el sitio del lago, en medio de los jardines del palacio, Vespasiano construyó el Anfiteatro Flavio (Coliseo), las Termas de Trajano, y el Templo de Venus y Roma. Al cabo de 40 años, la Casa de Oro fue completamente borrada, sepultada bajo las nuevas construcciones. Los hermosos arabescos y relieves de yeso que la adornaban fueron la inspiración de gran parte de la decoración al fresco y estuco del Renacimiento italiano.

i. Templos, Altares y Santuarios

Templos

El estilo de los templos romanos estuvo muy influenciado por la arquitectura griega: muchos eran de planta rectangular, con un podio elevado y un pórtico al que se accedía por medio de una escalinata.

Aparte de ese diseño clásico tradicional hubo templos construidos en una abundante variedad de formas y tamaños con planta circular o triangular, incluso tan variados como el Panteón con su enorme cúpula abierta. Hubo además una infinidad de pequeños santuarios repartidos por todo el mundo romano.

A medida que el imperio se extendía, también crecían la variedad de cultos que incluían a los pueblos recién conquistados. Los primeros siglos de nuestra era verán un amplio desarrollo de todos aquellos cultos mistéricos y salvíficos que posibilitaban una vida ultratumba a las personas; más allá de los dioses tradicionales romanos, se añadirían el culto a Mitra, Cibeles, Isis y Baco. Por último, a partir de Constantino el cristianismo sería impuesto al imperio, con el tiempo los templos paganos serían derruidos o convertidos en iglesias.

Se expondrá a continuación un muestrario de los principales lugares de culto de la ciudad de Roma.

Templo de Júpiter Optimus Maximus

El templo de Júpiter Optimus Maximus fue construido por Tarquinio y dedicado en el año 509 a.C., sobre una plataforma elevada. De los más de una docena de templos dedicados a Júpiter en Roma, lo distingue ser el más grande de todos, el más céntrico y magnífico.

Desafortunadamente, ningún monumento exhibe una mayor disparidad entre el esplendor de su aspecto antiguo, como lo demuestra el registro escrito, y la escasez de los restos actuales. Partes del podio, sin embargo, son visibles en el interior del Palacio de los Conservadores que por lo menos ayudan a situar al edificio, al igual que la esquina del podio en exhibición en la Via del Tempio di Giove. Tal vez la mejor impresión visual de la profusión del templo de la escultura, la pintura, la decoración de mármol, y de culto, se puede deducir de algunas de las iglesias profusamente decoradas en Roma hoy en día, uno de los cuales (S. María della Pace, cerca de la Piazza Navona) usa estatuas talladas en base a las columnas de mármol del Pentélico (gigantes) del templo desaparecido de Júpiter.

La estatua del dios estaba hecha de cuadriga de terracota, con la cara pintada de rojo, y el cuerpo vestido con una túnica palmata y una toga picta; era obra de un artista etrusco, Turianus de Fregenae. En el año 386 a.C. se consideró necesario ampliar la plataforma en el centro de la cual se alzaba el templo, edificando enormes muros de cimentación de la llanura hasta el nivel de la plataforma. El 6 de julio del año 83 a.C., aprovechando la abundancia de madera utilizada en la estructura, alguien le prendió fuego, y destruyó por completo el santuario. Mario puso sus manos sobre las ruinas y saqueó miles de libras de oro. Sila, el dictador, emprendió la reconstrucción del Capitolio, para lo cual utilizó algunas columnas del templo de Júpiter Olímpico, traídas desde Atenas a Roma. El trabajo de Sila fue continuado por Lutacio Catulo, y terminado por Julio César en el año 46 a.C.

Una segunda restauración en el año 9 a.C. en tiempos de Augusto, una tercera en el 74 d.C. bajo Vespasiano, y la última en el año 82, bajo Domiciano, éste utilizó mármol Pentélico en su reconstrucción. La columna colosal descubierta en el jardín de los Conservadores, no es la única que se salvó: detrás del Palazzo de ' Conservatori, se encontraron varios pilares de mármol Pentélico. Sus capitales son tan grandes que de uno de ellos he tallado león, ahora en la Villa Médici. Los otros fueron utilizados por Vincenzo de Rossi para tallar los profetas y otras estatuas que adornan la capilla del cardenal Cesi en la iglesia de S. María della Pace.

El templo, reconstruido por Domiciano, quedó ileso hasta mediados del siglo quinto. En junio del 455, los vándalos, bajo Genserico, saquearon el santuario, sus estatuas fueron llevadas para adornar la residencia africana del rey, y la mitad del techo fue despojado de sus tejas de bronce dorado. Desde ese momento, el lugar fue utilizado como cantera de piedra y horno de cal hasta que sólo restó de él una columna solitaria que permanece en su lugar. Otra pieza de mármol Pentélico fue encontrada cerca de S. Pietro in Carcere.

Templo de Júpiter Feretrio

El templo a Júpiter Feretrio (Júpiter como dios de la guerra) era importante y se usaba como depósito de botines superiores (opima spolia), la piedra sagrada (silex) utilizados en los sacrificios que marca la declaración oficial y la conclusión de las guerras, y un cetro que simbolizaba a la victoria romana. No se han encontrado rastros de este pequeño templo, ya que puede haber permanecido en el Área Capitolina cerca del templo de Júpiter Optimus Maximus.

Templo de Júpiter Tonante (Júpiter el Tronador)

Nada queda para ver de este templo prometido por Augusto. Su ubicación ha sido identificada tentativamente con una base de hormigón encontrado durante la construcción de la Via di Monte Tarpeio (en una línea entre el templo principal de Júpiter y el Templo de Saturno, más cerca de los primeros). Una moneda que representa el templo muestra la estatua de culto de Júpiter sosteniendo sus emblemas tradicionales de poder, un cetro en una mano y un rayo en la otra.

Templo de Veiovis

Restos del Templo de Veiovis, año 200 a.C., se pueden ver desde los pasillos del Tabularium / Palacio Senatorial, y son accesibles desde el museo Capitolino. El diseño poco ortodoxo del templo (cercado por las escaleras en su lado más largo, como el Templo de la Concordia) pertenece a una reconstrucción del templo original y se puede datar en la época de la construcción que rodea al Tabularium.

Templo de Juno Moneta

Varias preguntas básicas persisten en relación con el templo de Juno Moneta, su ubicación, y la falta de vestigios, se han llamado «uno de los grandes enigmas de la topografía de la antigua Roma». Que se puso de pie en la cima de la Ciudadela, más que en las otras dos áreas de la colina es cierto, pero algunos topógrafos lo ubican debajo de la iglesia de Santa María d'Aracoeli, mientras que otros lo sitúan más cerca del borde de la colina en dirección al Foro, junto a la escalera en la parte posterior de la iglesia. El epíteto «moneta» se originó a partir del papel de Juno en advertencia (monere) a los romanos. Posteriormente, el templo también contuvo la menta de Roma durante cuatro siglos, antes de que fuera trasladado a una nueva ubicación, cerca del Coliseo en el reinado de Domiciano. Así Moneta pasó a significar «menta« en latín, y fue el origen de las palabras «monetarias» y «dinero».

Templo de la Concordia

Su significado político refiere a haber sido prometido y dedicado en las luchas políticas entre el Senado y el Pueblo. Incluso después de que Tiberio lo reconstruyó e hizo hincapié en el papel de la familia imperial en el establecimiento de la armonía y la paz en el Estado, el edificio continuó siendo utilizado para indicar los momentos críticos en la seguridad de Roma. Fue magníficamente decorado, como se puede juzgar tanto por los restos del entablamento que se exhiben en la galería del Tabularium (accesible a través de los museos Capitolinos), y por las fuentes (Plinio, 31.5), que sitúan suficientes obras de arte en él lo que hacia que se pareciera más que la mayoría de los templos a un museo de arte. Aunque se prometió en el año 367 antes de Cristo, parece que el templo no se construyó hasta el 131 antes de Cristo. En el año 1450 d.C. el templo fue arrasado y convertido en un horno de cal para recuperar el mármol para la construcción.

Templo de Saturno

La adoración de Saturno tuvo un papel importante tanto en la mitología y el calendario de Roma. Sus orígenes son oscuros, aunque muy tempranas sus poderes divinos referían a la liberación. Más tarde llegó a ser identificado con el dios griego Cronos. El templo era el lugar de la Hacienda Pública de la República romana. Los restos sombríos del Templo de Saturno son de una restauración del siglo IV tardío, tal vez llevado a cabo como parte de la resistencia enérgica definitiva montada por los senadores paganos al avance de las regulaciones que favorecían al cristianismo en esos años.

La restauración es de segunda categoría, y consistió en la reutilización de los componentes dañados de diferentes etapas. La ubicación del templo está conectada al altar mayor de Saturno, que asocia la tradición con la fundación del dios del asentamiento en la colina del Capitolio. La construcción del templo se cree que comenzó en los últimos años de la era regia bajo Tarquino el Soberbio: su inauguración por el cónsul Tito Larcio tuvo lugar en los primeros años de la República. El templo fue completamente reconstruido por Munatius Plancus en el 42 antes de Cristo. Las actuales ruinas representan la tercera encarnación del Templo de Saturno, en sustitución del anterior destruido por el fuego de Carino en el año 283 d.C. La inscripción existente en el friso (Senatus Populusque Romanus consumptum Incendio restituit) conmemora la restauración emprendida después del incendio.

Templo de Cástor y Pólux

Como sus tres columnas históricas dan testimonio, el Templo de Cástor era uno de los monumentos más imponentes del Foro; se cernía sobre él en un gran podio de seis metros de altura. Construido poco después de que Roma se convirtiera en una República, los orígenes del templo reflejan una difusión del culto Dioscuros hacia la península italiana (gemelos semidivinos). Los Dioscuros se asocian a menudo con los caballos, es natural que su culto en este templo se hizo especialmente asociado con los ecuestres, una clase social entre los ciudadanos romanos. Fue construido en el año 495 a.C.

El podio con muros de piedra labrada proporcionó no sólo las bases de la arquitectura del templo, sino que formó una gran plataforma elevada al frente de las columnas, y ascendió originalmente por escaleras a cada lado y no al frente. Tanto los escritos y los registros arqueológicos dan testimonio de grandes restauraciones del templo. Las columnas de pie en mármol de Luna pertenecen a una reconstrucción de Tiberio.

Templo del Divino Julio César (Aedes Divi Julii)

Fue construido por Augusto en el año 42 a.C. El núcleo de hormigón contrasta con los relatos literarios de los dramáticos acontecimientos que determinaron la ubicación del templo, así como con la idea clara de las implicaciones políticas del sitio.

Aunque la cremación de César había sido programada para llevarse a cabo en una pira en el Campo de Marte, la multitud se amotinó y terminó por cremar el cadáver en el Foro de la Regia (la sede del Pontifex Maximus, un puesto ocupado por César al momento de su muerte). Cicerón, políticamente opuesto a César, indica que la cremación fue incompleta pero si suficiente para santificar el suelo y posteriormente, y César fue deificado oficialmente. La deificación de los emperadores se convirtió en una práctica habitual; las prudentes esperaban la muerte para recibir este funcionario y el honor «político», y no se extendió a los emperadores vilipendiados como Calígula, Nerón y Domiciano. Augusto recibió un templo después de su muerte pero su ubicación no está claramente identificada: en todo caso detrás de la Basílica Julia.

Templo del Divino Vespasiano

Cuando el emperador Vespasiano estaba muriendo en el año 79, se le oyó decir en broma: «¡Ay, creo que me estoy convirtiendo en un dios». De hecho Vespasiano se convirtió en el primer emperador en alcanzar la condición Divina. Después de suceder a su padre en el trono, Tito comenzó la construcción en el templo durante su breve reinado, y Domiciano lo completó antes del 90 d.C. Tres columnas corintias del templo de mármol blanco italiano de la estructura original permanecen en pie en el podio degradado del templo y apoya un sector del arquitrabe que contiene relieves de implementos de sacrificio y símbolos sacerdotales. El templo sufrió daños importantes durante la época medieval, en especial c. 1300 (bajo el Papa Bonifacio VIII), y con la remodelación del papa Nicolás V del Foro (que implicaba la demolición de los dos ángulos del templo en el lado del Foro y la reconstrucción de su frente como una fortaleza con torres en las esquinas).

Augusto Divus Templum

La construcción de un templo en honor del fundador deificado del imperio fue iniciada por su viuda Livia y Tiberio, su hijo adoptivo, y completado por Calígula. En este templo había estatuas de Augusto, de Livia, creado por Claudio (Cass. Dio LX.5), y probablemente de otros emperadores que fueron deificados. Construido en el año 37 d.C. fue destruido por el fuego en algún momento antes del 79 d.C., pero restaurado, probablemente por Domiciano, quien parece haber construido un santuario de su diosa patrona, después del 90 d.C. Una restauración considerable se llevó a cabo con Antonino Pío. La última referencia al templo se encuentra en un texto del año 248. La estructura generalmente fue cubierta por la iglesia de Santa María Liberadora. La iglesia de Santa María Antiqua se construyó en las dos salas más pequeñas antes del siglo VI d.C., y fue redecorada en parte, en o alrededor del 649, 705, 741, 757, y 772. Fue abandonada parcialmente después del terremoto del año 847, y la iglesia de S. María Nuova (S. Francesca Romana) fue fundada para reemplazarlo.

Templo de Vesta

Aunque hay muchas referencias a las vestales en la literatura antigua, que nos permite observar sus vidas, podemos indicar que se les permitió libertades que ninguna otra mujer en Roma gozaba. Hay restos significativos de su residencia, no podemos estar seguros de qué actividades se desarrollaban en este edificio. Todo parece sugerir que las vestales tenían amplias habitaciones personales.

El templo de Vesta fue reconstruido por última vez por Julia Domna, después del gran incendio de Cómodo, descubierta por primera vez en 1489, en un excelente estado de conservación. Redescubierto en 1549, fue demolido por completo, y nivelado en el suelo. Sólo treinta y seis fragmentos de mármol perteneciente a su arquitectura escaparon a la destrucción.

Encontramos en el plano del edificio el prototipo de todos los conventos y monasterios del mundo, cuyas características son un gran patio-jardín rodeado de pórticos, necesarios para dar aire y luz a las mujeres condenadas a la reclusión solitaria de por vida. El pórtico estaba adornado con columnas de cipolino en la planta baja, con columnas de corallina en el piso superior.

La abadesa vestal fue condenada por la facción pagana. Dos fechas son claves: la damnatio memoriae que tuvo lugar en el año 364 y el año 394 como fecha de abolición de la orden. Tres causas sólo pueden ser propuestas: en primer lugar, la conversión de la sacerdotisa al cristianismo, en segundo lugar, un delito contra las reglas y, por último, una secesión de la orden.

Cuando la orden del destierro del Atrio de Vesta se publicó, las vestales encontraron tiempo para ocultar los símbolos sagrados (como lo habían hecho con motivo de la Guerra de las Galias), para salvar el Palladium de la profanación, para destruir todo rastro, todo signo, lo que podría revelar al mundo fuera de los misterios de su casa, los secretos de su institución.

No hay duda alguna de que la destrucción de la Penetralia, o santuario íntimo en el que las reliquias se guardaban, se llevó a cabo por las vestales mismas, durante los días que transcurrieron entre la derrota de Eugenio y la supresión de su orden.

Cuando las puertas del atrio se abrieron a la curiosidad pública, y la multitud entró en el claustro (confiscado como propiedad del estado) y pasó por encima del umbral por el que nadie antes había pasado, sin riesgo de muerte, no se ocasionó ningún daño o a la construcción o a sus tesoros artísticos. A pesar de los morteros de cal de la Edad Media o del deterioro natural, a pesar de las excavaciones de 1497, 1549 y 1785, se han descubierto estatuas y bustos, pedestales e inscripciones, bronce, vidrio y joyería, muchas de las cuales aun estaban en sus antiguos sitios.

Templo de Antonino y Faustina

El templo fue comenzado en el año 141 por el emperador Antonino Pío. Protegido en alguna medida por la iglesia cristiana. Aunque su techo original y gran parte de sus elementos decorativos se han ido, sus columnas, las paredes de la cella, y su atractivo friso de mármol permanecen en pie, con partes, aquí y allá de la elaborada cornisa. Numerosos arquitectos del Renacimiento, incluyendo Pirro Ligorio y Andrea Palladio, fueron atraídos por sus proporciones y diseño. A través de los siglos como propiedad de la Iglesia, su pórtico estaba rodeado por un período de tiempo con capillas. Un edificio también se adjunta a la parte frontal de las columnas en los (ya reconstruidos) escalones de la entrada del templo. Ciertamente mucha piedra del templo fue reutilizada en otros lugares, incluyendo Letrán. Antonino fue el único que recibió un templo en el Foro. Fue en nombre de su esposa Antonino Faustina que el templo fue construido por primera vez: al principio sólo la segunda línea de la inscripción estuvo en su arquitrabe. Luego se escribiole nombre de Antonino, después de su muerte veinte años después. El templo fue convertido en la iglesia San Lorenzo en Miranda, quizás desde el siglo VII.

Templo de Rómulo (¿Templo de Júpiter Stator?)

El edificio, del año 146 a.C., y refiere al hijo deificado del emperador Majencio, Valerio Romulo, no al fundador de Roma. Su ubicación no se ha podido determinar: entre los más interesantes de los candidatos se encuentra el edificio del Templo de Júpiter Stator, que era claramente un importante monumento.

Valerio Rómulo, murió en el 309 y se le rindió honores divinos. Es posible que el templo fue en origen el templo de «Iovis Estator» o el dedicado a los penates, restaurados por Majencio antes de la rededicación. Si fuera este el caso, cristianizado paso a ser la iglesia de Sancti Cosma y Damiano en el año 527. El Papa Félix IV unió los dos edificios para crear una basílica dedicada a dos hermanos griegos santos, Cosme y Damián, en contraste con el antiguo culto pagano de los dos hermanos Cástor y Pólux, que habían sido adorados en el cercano Templo de Cástor y Pólux. En 1947, las restauraciones de los Foros Imperiales dieron una nueva estructura de la iglesia. La antigua entrada, a través del Templo de Rómulo, fue cerrado, y el templo fue restaurado a su forma original; con el Panteón, el Templo de Rómulo es el templo pagano mejor conservado en Roma

Templo de Roma y Venus

El elemento inusual de esta estructura era la de la disposición del interior de la cella: en lugar de tener un interior y una cámara exterior, este templo tenía lo que era en realidad dos cellas, una para cada una de las deidades alojados aquí. Aunque en menor medida que la cúpula del Panteón, este diseño hace del centro espacial del templo un punto focal, que bien expresa la idea de Roma como el centro del universo.

En su cronología San Jerónimo proporciona la fecha de 121 d.C. para el inicio de la construcción del edificio, y una referencia en Casiodoro da el año 135 como la fecha de entrega, aunque la evidencia arqueológica sugiere de una culminación con Antonino Pío después de la muerte de Adriano en el año 138. El número de granito sólido y columnas de mármol utilizado en las columnas y templo respectivamente es asombroso.

Templo de la Gran Diosa Madre (Magna Mater) o templo de Cibeles

Se dedicó el 11 de abril 191 antes de Cristo. Los orígenes del culto de la Gran Madre en Roma son, como con tantos templos en Roma, atribuidos a una crisis en tiempo de guerra. La conexión de la diosa con la victoria en la guerra se ve reforzada por la ubicación del templo al lado del Templo de la Victoria, que era de hecho su hogar hasta que se concluyó el templo. Había dos características inusuales en el culto de la Gran Madre. En primer lugar, su culto no era una estatua, sino simplemente una piedra negra establecida sobre una estatua de la diosa entronizada en el lugar de una cabeza representativa. (una estatua sin cabeza, flanqueado por dos leones, fue encontrado cerca de la sien y se encuentra en exhibición en el Antiquarium Palatino). En segundo lugar, sus ritos anuales en Roma fueron dirigidos por sacerdotes no romanos que continuaron viniendo de Frigia y que, al convertirse en devotos de la diosa, se habían castrado a sí mismos, según el modelo de Atis, un prototipo mitológico de los devotos de Cibeles.

El Panteón

Se trata del edificio de la antigua Roma mejor conservado (debido a su construcción robusta, así como su conversión en una iglesia en el año 608), es una de las estructuras más finas de la antigüedad, también exhibe entre sus relativamente pocas fuentes una de las inscripciones más engañosas de la antigüedad. Agripa, efectivamente mandó construir al Panteón original, pero el edificio actual fue construido por Adriano a partir de cero con un diseño radicalmente diferente del original, que se quemó en el incendio del año 80 y de nuevo bajo Trajano.

La cúpula parece asemejarse a los Cielos ha dado un impulso a aquellos que lo ven como un templo para el cosmos con todas sus deidades (la impresionante apertura en el centro de la cúpula también alienta a esto), pero existen dudas y se plantean funciones más mundanas.

Fue utilizado por Adriano como un tribunal, lo que sugiere que el edificio puede haber funcionado principalmente como una sala de audiencias imperial, por lo que todas las asociaciones religiosas del edificio (su estatuaria, y la arquitectura del templo tradicional de su porche) habría sido una ambigüedad bienvenida por un emperador.

La cúpula, que es un hemisferio perfecto, tiene la misma altura que el diámetro del tambor cilíndrico sobre el que se asienta, y el número de las filas de las arcas que dividen la cúpula - 28 - fue reconocido en la antigüedad como uno de los raros « números perfectos «, igual a la suma de sus divisores (1, 2, 4, 7, 14).

El primer templo era rectangular, con la cella dispuesta transversalmente, al igual que en el templo de la Concordia del Foro romano, o en el pequeño templo de Veiove en la colina del Campidoglio. Estaba construido con bloques de travertino y forrado en mármol. También se sabe que los capiteles eran de bronce y que la decoración incluía cariátides y estatuas frontales. En el interior del pronaos había sendas estatuas de Augusto y Agripa. La cobertura original estaba formada por cerchas de bronce, con perfiles en forma de U, según las describió Andrea Palladio. Fueron expoliadas por el papa Urbano VII, que mando fundirlas para fabricar cien cañones para el Castillo Sant'Angelo. En el siglo XV, el panteón es enriquecido con frescos: el más notable el de La Anunciación de Melozzo da Forlì, colocado en la primera capilla a la derecha de la entrada. En 1435 se lleva a cabo la demolición de las construcciones medievales anexas. A partir del Renacimiento el panteón es utilizado como sede de la Academia de los Virtuosos de Roma, sirviendo de sepulcro a grandes artistas italianos como Rafael o Vignola. En el siglo XVII se añadieron a los lados del frontón dos campanarios, obra de Gian Lorenzo Bernini, bautizados popularmente como orejas de asno, y eliminados en 1893.

Las antiguas puertas de bronce todavía se conservan, a pesar de que fueron reparadas en el siglo XVI. La descripción de la misma por el Magister Gregorius en el siglo XII es interesante, sobre todo por la mención de los sarcófagos, los baños y las cifras que se situaban delante del pórtico

Templo de Isis y Serapis

Este culto fue introducido en Roma desde el siglo II y creció continuamente a pesar de los edictos del Senado. En el 58, 53, 50, 48 antes de Cristo, sus capillas y estatuas fueron destruidas, pero en el 43, después de la muerte de César, los triunviros la aceptarían oficialmente y se erigió un templo usando los gastos del Estado. Calígula permite construir este templo en el Campo de Marte. Fue un gran complejo dedicado a la diosa de la fertilidad egipcia Isis y su consorte Serapis. La adoración de las dos deidades tenía una historia larga y compleja en el Mediterráneo. Eran ya eran populares en Italia y en Roma, al final de la República, cuando los triunviros votaron un templo para ellos, tal vez en el Campus. La última mención histórica que poseemos de esta admirable museo egipcio de la antigua Roma es el intento por parte de Nicómaco Flaviano para revivir la religión pagana en el 394 d.C.

La reacción provocada por este arrebato de paganismo fue fatal para el templo. Las obras maestras fueron dañadas de otro modo, las caras de la kynokephaloi y las narices y las patas de las esfinges fueron derribadas, y las estatuas de faraones, dioses, sacerdotes, dignatarios y Pastophoroi fueron arrojados de sus pedestales, y se rompieron en pedazos. La esfinge de Amasis estaba acostada sobre su lado izquierdo en el pavimento desnudo, los dos simios habían caído sobre sus espaldas. No se intentó, sin embargo, derribar a los obeliscos. Cuando cayó el monolito, en el siglo VIII o IX, el suelo de la Iseum ya estaba cubierto con una capa de basura de un metro de espesor. A este hecho se debe la maravillosa conservación del obelisco: el estado blando, fangoso del suelo alivió el peso de la caída. Estos materiales fueron inútiles para el horno de cal, y demasiados duros para ser trabajados de nuevo, y en consecuencia no fueron tocados.

El obelisco escapó de la destrucción, pero el pedestal se dividió, y se preparó para horno de cal. Al final de la Via di S. Stefano del Cacco, se puede ver una enorme sandalia, que es todo lo que queda de una estatua colosal del santuario.

Templo de Adriano

Cuando Adriano murió en el año 138, la práctica de deificaciones continuó, es así que Antonino Pío, dedicó su templo a Adriano en el año 145. Los Catálogos Regionarios ubican este edificio en algún lugar entre la Columna de Marco Aurelio y los Baños de Alejandro (son los baños anteriores a Nerón), que estaban entre el estadio de Domiciano y el Panteón. Esta área contiene las ruinas importantes de un templo no identificado, y puesto que el estilo arquitectónico de éste se puede fechar, en general se coincide en señalar que se trata del Templo de Adriano. Los restos arquitectónicos están integrados en la Borsa, Bolsa de Valores de Roma, junto a la Piazza di Pietra. Trece columnas de mármol sobreviven, con capiteles y entablamento (la mayor parte producto de una reconstrucción), así como gran parte del podio. El recinto del templo era mucho más grande, ocupando varios de los bloques alrededor de la Borsa. Las columnas de Antonino Pío y Marco Aurelio también estaban cerca; su fachada, junto con el arquitrabe (reconstruida después de la antigüedad), se constituyó en un palacio papal del siglo XVII obra de Carlo Fontana que hoy ocupa la Borsa.

Templo de Hércules, Defensor de las Musas (Aedes Hércules Musarum)

Nada queda de este templo pero los fragmentos del Plano de Mármol lo localizan en el lado oeste del Pórtico de Octavia, rodeado por un porticus propio, y una imagen de una moneda antigua sugiere que el templo era redondo.

Templo de Apolo Medicus

Varias columnas corintias de mármol Luna y parte del entablamento que pertenecía al templo de Apolo Medicus («Sanador») han sobrevivido y sugieren algo de la belleza del templo. Construido en el año 431 a.C., pertenece a una restauración llevada a cabo en el reinado temprano de Augusto, probablemente por Cayo Sosio, un cónsul del 32 a.C., opositor de Augusto. Las fuentes revelan que el Templo de Apolo Medicus, como el Pórtico de Octavia al lado de él, era un famoso repositorio de arte.

Templo de Bellona

Bellona era otra deidad antigua itálica de la guerra. El templo era un lugar común para las reuniones del Senado, sobre todo cuando deliberaban sobre la adjudicación de los triunfos y la declaración de guerra. Fue construido en el año 296 a.C., y demolido de la década de 1930 para abrir el área Foro Boario de Mussolini «Camino a la Mar»; restos grises de un podio del templo fueron descubiertos en el lado este del templo de Apolo.

La Isla Tiberina y el Templo de Esculapio

Aunque nada de este templo, la Isla Tiberina conserva varios recordatorios interesantes de su pasado. El hospital, que domina la isla hoy en día es un recordatorio de que éste era el centro de la antigua ciudad para la curación y el hogar del dios Esculapio, dios de la curación. Santuarios a Esculapio (Asclepio el griego) se encuentran normalmente en los bordes de la ciudad, por razones de higiene y de simbolismo.

El Foro Holitorio y cuatro templos

El Foro Holitorio era un mercado de verduras entre el Capitolio y aguas abajo del Tíber y del teatro de Marcelo. Las ruinas de tres templos parcialmente conservados dentro y al lado de S. Nicola in Carcere, una pequeña iglesia al lado del teatro, localiza el mercado en general: un cuadrado más o menos abierto que ocupaba el espacio disponible entre los templos y la base de la colina Capitolina e incluía algo del terreno eventualmente absorbido por el teatro. La identidad de los tres templos de S. Nicola en Carcere se disputa. Las fuentes se refieren a cuatro templos en la zona del Forum Holitorio: mayor a menor, se trataba de Janus (90 a.C.), Spes («Esperanza «), Juno Sospita y Piletas, todos construidos en los siglos III y II antes de Cristo.

Templo de Pietas

Aunque el concepto romano de la pietas expresa la devoción y el deber prestado a la familia, la comunidad y a los dioses, la piedad adorada en este templo parece ser la piedad de un niño por un padre.

Templo de Juno Sospita

Juno Sospita es en su capacidad como un salvador de los guerreros en su hora de necesidad.

Templo de Portunus

Debido a su transformación en una iglesia en el siglo IX d.C. o antes, el templo ahora se identifica como el Templo de Portunus (antes llamado el Templo de la Fortuna viril y por lo tanto uno de los favoritos de Mussolini) está bastante bien conservado, por lo indicada en los registros escritos. Está bien situado, se trata de un templo para el dios del puerto fluvial, el Portus Tiberino; los almacenes se alineaban en la orilla izquierda. Su recinto albergaba un mercado de flores, muchas de las cuales, al igual que los animales que se vendían en el Foro Boario, estaban destinadas para las ceremonias religiosas. El actual templo jónico fue construido en algún momento del año 75 a.C., en sustitución de uno construido varios siglos antes. El templo debe su estado de conservación a ser convertidos en una iglesia en el año 872, Santa María Egyziaca (Santa María de Egipto).

Templo redondo o Templo de Hércules Víctor

El Templo de Ronda relativamente bien conservado en el Foro Boario entre el Tíber y S. María in Cosmedin, antes llamado Templo de Vesta y todavía llamado Templo Redondo. Sea cual sea su identidad, un análisis arquitectónico de la estructura revela que es una lujosa producción de finales del siglo II, por lo que es el primer templo que sobrevive en Roma hecho de mármol. Diez columnas en el lado norte se reemplazaron con mármol de las canteras de Luna en el siglo I d.C., pero las columnas originales, el arquitrabe, y las paredes de la cella eran todas de mármol del Pentélico originalmente de Grecia. En 1132 el templo se había convertido en una iglesia, conocida como Santo Stefano alle Carozze (San Esteban de los carros'). Restauraciones adicionales (y un fresco sobre el altar) se hicieron en 1475. Una placa en el suelo fue dedicado por Sixto IV. En el siglo XVII la iglesia fue dedicada de nuevo, a Santa María del Sole («Santa María del Sol»).

Templo de Ceres

Así como el Templo de Júpiter, era en realidad un templo de tres dioses con el nombre de una Divinidad principal, el templo de la diosa de la tierra y del grano se encuentra en la ladera del Aventino y se asocia con los intereses plebeyos y el socorro a los pobres.

Templo de Diana

Aunque no se han identificado los restos del Templo de Diana, que debe haber sido una estructura imponente, éste se asentaba en lo alto de la cima del Aventino. La tradición atribuye la fundación del templo a Servio Tulio en el siglo VI a.C., y las circunstancias de su fundación, así como la significación especial del templo para los plebeyos refieren al reinado de este rey. Un área probable para la ubicación del templo se encuentra cerca de la intersección de la Via di S. Sabina y la Via S. Alberto, lo que la colocaría a varias manzanas de la plaza llamada actualmente Piazza Tempio di Diana.

Templo del Sol

Construido por Aureliano después de su regreso de Oriente en el año 273, y famoso por sus tesoros: joyas, oro, una estatua de plata de túnicas enjoyadas de Aureliano, y una pintura de Aureliano y Ulpio Crinitus. El Sol adorado en este templo fue probablemente una síntesis de varios baalim orientales. La última referencia a él en la antigüedad se encuentra en el siglo VI, cuando ocho de las columnas de pórfido fueron enviados a Constantinopla para la iglesia de S. Sofia. En los jardines del Palazzo Colonna considerables restos de un gran templo estaban de pie en el siglo XVI: parte de la muralla de la cella en peperino y a la derecha, la esquina de la fachada y frontón norte. Los restos eran conocidos como la Torre Mesa, Torre di Mecenate, y Frontispizio di Nerone. Una parte de estas ruinas fueron retiradas al final del siglo XV, y más entre 1549 y 1555, pero la destrucción final de la propia Torre no se efectuó hasta alrededor de 1630. Sólo tres bloques han escapado a la destrucción, y puede ser visto bajo la terraza superior de los jardines Colonna. Uno pertenece al hermoso friso del templo, uno al capitel de una pilastra, y el tercero, perteneciente a la esquina del entablamento: mide 1.490 pies cúbicos, y pesa más de cien toneladas.

El Elagabalium

Era un templo construido por el emperador romano Heliogábalo, ubicado en la esquina noreste de la colina del Palatino. Durante el reinado de Heliogábalo desde el 218 hasta 222, el Elagabalium era el centro de un culto religioso controvertido, dedicada al dios Sol Invictus, del que el propio emperador era el sumo sacerdote. El templo era una estructura con columnas a unos 70 metros por 40 metros, frente al Coliseo, dentro de un recinto de columnas. La plataforma de templo fue construido originalmente bajo Domiciano entre el año 81 y 96, y puede haber sido un lugar de culto a Júpiter

Templo de la Victoria (Templum Victoriae)

Templo en la colina del Palatino en Roma del año 294 a.C.: fue utilizado para albergar la piedra sagrada de Cibeles entre el 204 a.C. y el 191 a.C., mientras que su templo se estaba construyendo y Catón el Viejo después construyó un santuario de Victoria Virgo junto al templo de la Victoria. Fue en el Templo de la Victoria que el botín de guerra de las victorias romanas era finalmente depositado. Algunos de sus contenidos notables vinieron del despojo de Tito del Templo de Jerusalén que quedaron depositados en el Templo hasta que fue saqueada por los vándalos en el siglo V d.C. y posteriormente llevados a África. El techo de oro del templo fue retirado también por los bárbaros en su saqueo a Roma.

Santuario de Janus Gémino

El templo tenía puertas en ambos extremos, y en el interior del templo había una estatua de Jano, el dios de dos caras. Las puertas del templo se cerraban en tiempos de paz y abrían en tiempos de guerra. Aunque no se conoce la ubicación exacta de este pequeño templo, el pasaje de Tito Livio lo ubica en el «menor Argiletum«, una calle que entraba al Foro, entre la Casa del Senado y la Basílica Emilia / Paulli. Este era el más importante de los varios lugares de culto a Jano en Roma. Jano era el dios de las puertas (Ianua) y pasajes, si esos pasajes son concebidos espacialmente como cruzar alguna frontera importante, temporal como conectar el pasado y el futuro («enero»), o como conector de diferentes estados y condiciones (de la paz a guerra, o de lo humano a lo divino). Como tal, Janus se representa comúnmente como un dios de dos caras, y sus santuarios tenían una puerta en cada extremo. El cierre del templo fue un evento muy raro: por primera vez bajo Numa Pompilio, por segunda vez con Tito Manlio en 235 a.C., por tercera vez por Augusto en el año 29 a.C., una cuarta vez por Nerón en el año 66 d.C. y sólo una quinta vez bajo Vespasiano en el año 70 d.C.

Altares Las primeras estructuras dedicadas a los dioses en Roma fueron llamadas «arae», y su forma era la de una plataforma cuadrada. Los arae más conocido en la historia romana y la topografía son seis, a saber: el ara maxima Herculis, la quadrata Roma, el ara Aii Locutii, el ara Ditis et Proserpinae, Ara Pacis Augustae, y el incendii ara Neroniani. El más antiguo de ellas fue construido de piedras en bruto, los de períodos posteriores tomaron la forma característica del altar de Verminus y del altar elevado a Vedjovis.

Altar de la Paz de Augusto (« Ara Pacis Augustae «)

Este altar del año 9 a.C. originalmente se encontraba entre el reloj de sol de Augusto y la Vía Lata, la carretera principal por la que Augusto había regresado a Roma en el 13 a.C., después de una ausencia de tres años en España y la Galia. En algunos aspectos, el altar era compañero del Altar Fortuna Redux (de « Prosperidad Restaurada») erigido en la Vía Apia cuando Augusto regresó a Roma en el 19 a.C. En generaciones posteriores, el culto creció hasta alcanzar el concepto de Pax Romana y recibió un gran templo en el Foro de Vespasiano de la Paz. El altar estaba rodeado por un muro cubierto de relieves esculpidos de gran calidad que retrata no sólo una procesión religiosa de la familia imperial y a otros romanos, sino también a la naturaleza prosperando.

Gran parte del Altar de la Paz fue cuidadosamente excavado de los cimientos de edificios públicos en el período 1937 a 1938, y vueltos a montar, pero no en su ubicación original, al lado del Mausoleo de Augusto en el extremo norte del campus, sino en un espacio diseñado por el arquitecto Robert Meier.

Gran Altar de Hércules (Ara Maxima)

El culto de Hércules en Roma estaba estrechamente asociado con el comercio, por lo que es comprensible que su mayor altar y varios templos a este héroe- dios deberían haber surgido en el Foro Boario. Su culto se remonta al menos al período real y pudo incluso haber sido traído por comerciantes griegos, cuya presencia en este recodo del río se puede datar en el siglo VIII a.C. por restos de cerámica.

Hay una plataforma importante hecho de piedra antigua en la cripta de Santa María in Cosmedin: pudo haber sido la base de la Ara Máxima, aunque la identificación de estas antiguas piedras no es certera. El Templo de Hércules, el Ara Máxima, y la estatua de bronce del héroe - dios se descubrieron, en buen estado de conservación, durante el pontificado de Sixto IV, entre el ábside de Santa María in Cosmedin (Templo de Ceres), y el Circo Máximo. Excepto la estatua de bronce, y algunas inscripciones votivas, que se retiraron al Museo Capitolino, todo, el templo, el altar, y la plataforma, fue nivelado en el Renacimiento. El altar fue demolido por orden del Papa Sixto IV (año 1475).

Ara Incendii Neroniani

En el mes de julio, del año 65 d.C., la mitad de Roma fue destruida por el fuego. Los ciudadanos, abrumados por la grandeza de la calamidad hicieron un voto para la celebración anual de sacrificios expiatorios, en los altares construidos expresamente en cada una de las catorce regiones de la metrópoli. Uno de estos altares, que lindaban con la casa paterna de Domiciano en el Quirinal, fue encontrado cerca de la iglesia de S. Andrea del Noviziato.

El altar, de seis metros de largo por tres de ancho, construida de travertino con un revestimiento de mármol, se encuentra en medio de un área pavimentada de considerable tamaño. Contiene la siguiente inscripción: «Esta área sagrada, marcada con piedra, y cerrada con un cerco, así como el altar que se encuentra en el centro de la misma, fue dedicada por el emperador Domiciano como consecuencia de. una promesa incumplida hecha por los ciudadanos en el momento del incendio de Nerón la dedicación se hace con sujeción a las siguientes reglas: que a nadie se le permitirá tirar basura, el comercio, construir o plantar árboles o arbustos dentro de la línea de piedra; que el 23 de agosto de cada año, el día de la Volkanalia, el magistrado que preside esta sexta región deberá sacrificar en este altar un ternero rojo y un cerdo, que se dirigirá a los dioses».

Altar de la Victoria

El Altar de la Victoria, creado por Octavio en el año 29 a.C., se encuentra en la casa del senado romano (la Curia) y tenía una estatua de oro de la diosa Victoria. Fue en honor de la derrota de Marco Antonio y Cleopatra. La estatua representa a una mujer con alas, sosteniendo una palma y presentando una corona de laurel a la victoria. La estatua fue capturada por los romanos en el 272 a.C. de Pirro de Epiro. El altar fue retirado de la curia por el emperador Constancio II en 357, restaurada por Juliano el Apóstata y desmontada por Graciano en 382.

Después de la muerte de Graciano, Quinto Aurelio Símaco, el último prefecto pagano de Roma, escribió al nuevo emperador Valentiniano II en el 384 solicitando la restauración del Altar. Su pedido fue recibido con fuerte resistencia por parte de Ambrosio, obispo de Milán, que tenía gran cantidad de poder sobre el joven emperador, en parte debido a la residencia de la Corte Imperial en Milán. Otras peticiones para restaurar la estatua fueron desviadas en el año 391 por un edicto del emperador cristiano Teodosio I como parte de su supresión de las antiguas religiones paganas. El altar fue restaurado por el usurpador Eugenio, durante su corto reinado (392-394). Después no se sabe más: es probable que Teodosio retira el altar, pero no está claro si se ocultó o destruyó.

Otros Altares: de Consus, de Domicio Enobarbo, de Gentis Juliae y Ara Aii Locutii (390 a.C.), de la Luna, 182 a.C.: del Sol; Aedes Volcani (214 a.C.); Aedes Vortumni (264 a.C.); de AIUS Locutius (390 a.C.); de Apolo en el Campo de Marte (431 a.C.); de Apolo Palatino (28 a.C.), de Consus; de la Julian Gens; santuarios de la Argei; templo de la Bona Dea, Subsaxana; templo de Claudio; Aedes Consi; Deae Suriae (templo de la diosa siria); genio Populi Romani; Felicitas (varios santuarios); Fides (dos santuarios); Hércules Custodio; Hércules Pompeyano; Honos et Virtus (Honor y la Virtud); Juno Lucina; Juno Regina; Yuturna; Aedes Juventatis (templos de la Juventud); Libertas (varios templos); Marte (varios templos); Aedes Mercurii; Aedes Minervae ; Minerva Chalcidica; Minerva Medica; Murcia; Ninfeo; Di Penates; Sacellum et Aedes Quirini; Ara et Aedes Salutis; Semo Sancus; Sacella Silvani; Spes Vetus; Summanus ; Tellus; Templum Divorum; tres Aedes Fortunae; Venus Calva; Venus Erucina; Venus Genetrix (hubo dos altares); Sacella Vestae; Vica Pota; Victoria; Volcanal.

j. Miscelanea

El Septizonio

Erigido Septimio Severo en el año 203 d.C., de tres pisos con una gigantesca estatua del emperador. Su fin era tapar el muro de contención de la Colina del Capitolio. El origen del nombre «Septizonium» no es clara: el Septicozium fue probablemente el nombre de los siete dioses planetarios o por el hecho de que el edificio estaba dividido inicialmente en siete partes.

La iglesia de Santa Lucía de Septem, antes S. Leona de Septem Soliis estaba frente a él, en las laderas del monte Celio. La historia medieval del edificio, que sirvió como fortaleza, es interesante. Su destrucción fue completada el 14 de septiembre 1588 por el papa Sixto V quien ordenó su destrucción, y el uso de sus materiales para sus propios edificios. Muchas columnas de mármoles raros fueron sido empleadas en su construcción, las que probablemente provenían de varias fuentes diferentes.

La prisión (Carcer)

La prisión estatal era la única conocida en Roma: llamada simplemente Carcer («Cárcel», año 100 a.C. a 368 d.C.) o la Tullianum (cámara baja) en la antigüedad, figura como lugar de ejecución de los líderes capturados. Otros lugares de detención y ejecución deben haber existido en la ciudad, pero esta cárcel fue la más relevante; situada en el centro del espacio público de Roma y, con la Plaza de Gemoniano donde se exponían los cadáveres, parte del teatro político del Foro. Hoy en día la prisión « de Mamertino» (nombre postclásico de origen desconocido) es un popular santuario que conmemora el presunto encarcelamiento allí (pero no la ejecución) de los Santos Pedro y Pablo. El piso superior fue convertido en iglesia cristiana con el nombre de S. Pietro in Carcere.

Escuelas de Gladiadores (Ludus)

Los ludus eran las escuelas de entrenamiento para los gladiadores, La más importante fue la Ludus Magnus, construida por el emperador Domiciano (81-96 d.C.), en el valle entre el Esquilino y el Celio, una zona ya ocupada por la república y con estructuras de Augusto. Las ruinas aún visibles pertenecen a una segunda etapa de construcción atribuida al emperador Trajano (98-117); otros ludus fueron los de Emilio, Dacicus, Gallicus, Matutinus, etc.

3.2 Instalaciones Militares

Diversas fueron las instalaciones de índole militar ubicadas en la ciudad de Roma, las siguientes son las más relevantes.

a. Castra Praetoria

Las Castra eran los barracones donde se alojaban las guarniciones militares. Según el historiador romano Suetonio, los cuarteles fueron construidos en el año 23 d.C. por Lucius Aelius Sejano, prefecto del pretorio sirviendo al emperador Tiberio, en un esfuerzo por consolidar las diversas divisiones de los guardias. Los cuarteles fueron erigidos en las afueras de la ciudad, rodeados de muros de mampostería sólida, con una longitud total de 440 x 380 metros. Tres de los cuatro lados de las paredes fueron luego incorporados a la muralla Aureliana, y partes de ellas son claramente visibles en la actualidad. La Castra Praetoria era el sitio donde se cometió el asesinato del emperador Heliogábalo por la Guardia Pretoriana en el año 222 d.C. La Castra fue destruida por Constantino I, devolviendo a las guarniciones a los diferentes rincones del imperio.

La Castra Peregrina, en la colina de Celio, eran los cuarteles de los peregrini: soldados separados para el servicio especial en Roma desde los ejércitos provinciales. También se utilizaba como correo militar (su institución data quizás de Augusto), y como una especie de policía especial. Las Castra Equitum Singularium: se trataba de los cuarteles del cuerpo de élite de la caballería organizada sobre el final del primer siglo como guardaespaldas del emperador. Las Castra Misenatium eran las barracas ocupadas por los marineros de la flota imperial estacionada en Miseno, para trabajar en el Coliseo. Finalmente, las Castra Urbana eran las barracas construidas por Aureliano.

Otras Castra: Fontanorum, Lecticariorum, Ravennatium, Silicariorum, Tabellariorum y Castra Victimariorum.

b. Muelles y Navalia

Son los lugares donde se depositaba la mercadería traída por el Tíber desde Ostia, creado por Marco Emilio Lépido y L. Emilio Paulo al momento de ser ediles curules en el año 193 a.C. Los muelles para los barcos de guerra se ubicaban en la orilla izquierda del Tíber. No hay duda de la existencia de este tipo de muelles en el Campo de Marte, a partir del año 167 a.C.

c. Policía y Bomberos: Cohortium Vigilum Stationes

Refiere a los siete cuarteles de la policía y bomberos, establecidos por Augusto cuando reorganizó la ciudad en catorce regiones.

d. Murallas

Los Muros Servios

Aunque Roma debía haber tenido algunas defensas desde sus inicios, alrededor del Palatino, que Tito Livio y otros atribuyeron a la fundación de Rómulo, y desde luego alrededor de la colina Capitolina, los romanos consideran que las murallas republicanas monumentales que encierran todo o parte de los principales cerros de la ciudad como construidas por el rey Servio (año 578 a 534 a.C.) con muros de 11 kilómetros de extensión.

Puertas de los Muros Servios: Porta Flumentana, Carmentalis, Fontinalis, Sanqualis, Porta salutaris, Quirinalis, Collina, Viminalis, Esquilina, Querquetulana, Caelimontana, Capena, naevia, Raudusculana, Lavernalis y Porta Trigemina.

Los Muros Aurelianos

A mediados de año 271-275 d.C. Roma sintió una vez más la necesidad de un muro de defensa, ya que las fronteras más allá de los Alpes y las líneas defensivas del norte de Italia se habían vuelto cada vez más porosas. Las nuevas paredes, de 19 kilómetros de perímetro incrementaba en tres veces el área protegida por las paredes republicanos (cuando era una ciudad más pequeña, seis siglos antes, cuando el Campo de Marte era poco más que un campo): se las nombró Aureliano, pues bajo su principado se erigieron por primera vez a partir del 271 d.C. Las paredes de Aureliano crecieron a principios del siglo IV, probablemente por Majencio, y más significativamente bajo Arcadio y Honorio a principios del siglo V cuando su altura se las duplicó de 8 a 16 metros, con altas torres cuadradas (30 m.), las paredes incorporaron los edificios existentes en la estructura: el Amphitheatrum Castrense, la Castra Praetoria, la Pirámide de Cestio, e incluso una sección del Aqua Claudia acueducto cerca de la Porta Maggiore.

Las murallas aurelianas, con diversas modificaciones y reparaciones realizadas con el correr de los siglos, siguieron defendiendo la ciudad hasta que Garibaldi violó la Porta Pia en 1870. Tramos significativos se han demolido desde entonces, pero dos terceras partes siguen en pie. Grandes extensiones existen a ambos lados de la Via Appia Porta S. Sebastiano, que también alberga un museo que ofrece acceso al nivel inferior de las paredes.

Puertas de los Muros Aurelianos: Pinciana, Salaria, Nomentana, Praetoriana, Tiburtina, Mayor (Porta Praenestina), Asinaria, Metronia, Latina, San Sebastiano (Porta Appia), Ardeatina, San Paolo (Porta Ostiense), Aurelia Pancraziana, Septimiana y Porta Aurelia-Sancti Petri.

El Destino de las Puertas de la ciudad

Las puertas de Honorio fueron tratadas sin piedad en tiempos modernos. Sixto IV desmanteló la Porta Flaminia en 1478, Alejandro VI destruyó la Porta Septimiana en 1498; Pío IV la Nomentana en 1564; Urbano VIII el Portuense y la Aurelia en 1642; Gregorio XVI el Praenestina en 1838. En 1869 Pío IX. Desmanteló la Porta Tiburtina, a fin de hacer uso de las piedras para construir los cimientos de la «Colonna del Concilio» en la iglesia de San Pietro in Montorio. La Porta Salaria fue dañada en el bombardeo del 20 de septiembre de

1870, reconstruida en 1872 y demolida por completo en el año 1921 debido al aumento del tráfico automotor.

3.3 Monumentos

a. Arcos

Roma y las ciudades provinciales abundaron en monumentos conmemorativos a las victorias militares, por lo general arcos simples o triples con columnas adosadas y ricos adornos escultóricos, o columnas colosales estatuas individuales de apoyo. Existían en Roma, en el siglo II d.C., treinta y ocho de estos monumentos. El Arco de Tito (71-82 d.C.) es el más simple y el más perfecto de los que aún se conserva, el arco de Septimio Severo en el Foro (203 d.C.) y el de Constantino (330 d.C.), cerca del Coliseo, son más suntuosos pero menos puros en detalles. El último fue, en parte, enriquecido con esculturas tomadas del arco de Trajano. Las estatuas de los prisioneros dacios en el ático de este arco fueron una adición.

Arco de Septimio Severo

El Arco de Septimio Severo, una de las estructuras mejor conservadas del Foro, fue erigido por el Senado en el año 203 para conmemorar las victorias sobre los partos por parte del emperador Severo y sus hijos Caracalla y Geta. Una de las características más interesantes de este monumento es la obliteración del nombre de Geta de la inscripción que llena el ático. Severus primero había elegido Caracalla, su hijo mayor, como heredero al trono, pero más tarde convirtió a Geta en un co-regente con Caracalla. Tras la muerte de su padre en el año 211, Caracalla puso fin a la disputa de larga data entre los dos hermanos asesinando a Geta.

Se eliminó el nombre del hermano mediante una damnatio memoriae, «borrado de la memoria (o registro) «, que implica la destrucción de estatuas e imágenes de la persona, y la supresión de su nombre en las inscripciones. Volviendo a la época republicana, la práctica también se aplicó a los emperadores, incluyendo Domiciano. La excelente conservación de este monumento se debe en parte al hecho de que en la Edad Media su mitad sur pertenecía a la vecina iglesia de SS. Sergio e Bacco, y su mitad norte fue fortificada

Arco de Tito

El Arco de Tito fue erigido, después del año 81 d.C. por el emperador Domiciano en memoria del emperador Tito, deificado, para conmemorar su victoria sobre Jerusalén. El monumento fue construido originalmente en mármol blanco con un núcleo de travertino. Durante la Edad Media, había perdido gran parte de su material; las uniones en bronce que sostienen los mármoles habían sido removidas y una estructura de ladrillo se le había añadido. En el siglo XII, se convirtió en propiedad de la familia Frangipani, erigiendo una torre fortificada en ella. Un contrafuerte de ladrillo fue construido para reforzar la estructura en el siglo XV, y otras reparaciones se llevaron a cabo a principios del siglo XVIII. La escultura tallada en el interior del arco en el lado palatino representa una escena de triunfo de Tito, e incluye dos de los objetos más sagrados del Templo de Jerusalén, tal como lo describe Josefo antes de convertirse en el botín de Roma. En el centro está la menorá de siete brazos, y a la derecha la pesada mesa para el pan de la proposición (el Pan de la Presencia). Giuseppe Valadier, el principal arquitecto italiano sustituyó con travertino el original de mármol del Pentélico desaparecido, distinguiendo la parte original de la reconstruida,

Otro arco, en este caso triple, menos conocido pero de mismo nombre fue erigido en el extremo oriental del Circo Máximo por el Senado en el 81 d.C.

Arco de Constantino

Este Arco, del año 315 d.C., celebra la victoria de Constantino sobre Majencio, emperador reinante a quien Constantino depone. Los frisos debajo de los relieves circulares fueron esculpidos específicamente para esta ocasión. La mayor parte de la decoración del arco, sin embargo, fue tomada de otros monumentos construidos en época de Trajano, Adriano y Marco Aurelio, un signo (que pronto sería confirmada en la fundación de Constantino en el 324 de la nueva Roma de Constantinopla) de que la ciudad estaba en decadencia.

Otros arcos: Argentariorum (204 d.C.), de Arcadio, Honorio y Teodosio, de Augusto (29 a.C.), el Arco de Claudio (51 d.C.), Dolabella y Silano, Druso (215 d.C.), Druso y Germánico, Galieno (262 d.C.), Graciano, Valentiniano y Teodosio (379-383 d.C.), Arco de Jano (siglo IV d.C., transformado en fortaleza por la familia Frangipane), Arco de Léntulo y Crispino, Arco de Marco Aurelio, el Arco de Nero, el Arco de Octavio, Arco de la pietas y Arco de Tiberio (año 16 d.C.), Aureus Alexandre, Iohannis Basilii o Basilidis, Diocletiani, Arcus Dolabellae et Silani (10 d.C.), Arcus Domitiani, Arcus Fabiorum, Arcus Germanici (19 d.C.), Arcus Gordiani, Arcus ad Isis, Arcus Julii, Latronis, Novus (Diocletiani), Octavios, Panis Aurei; Arcus Piedad, Pompeya, Recordationis, Arcus Septimii Severi (en Foro Boario), Arcus Stillans, Arcus de Tosectis, Arco di Portogallo, Arco Traiani (103 y 112 d.C.), y Arco Valentiniani Divi Veri.

b. Columnas y Rostra

Columnas

Varias columnas conmemorativas de tamaño colosal fueron erigidas por los emperadores, tanto en Roma como en el extranjero. La Trajana está en perfecto estado de conservación. Construida en el año 113 d.C., alcanzaba los 30 metros de altura, incluyendo el pedestal y la estatua que lo coronaba; su capitel marcó la altura de la cresta nivelada por el emperador para el foro en el que se encuentra la columna. Su peculiaridad más llamativa es la banda en espiral de relieves sinuosos alrededor del eje leída desde abajo hacia arriba que representa las campañas en Dacia de Trajano. El 4 de diciembre de 1587, la parte superior fue coronada por el Papa Sixto V con una figura de bronce de San Pedro, que se mantiene hasta nuestros días.

Columna de Marco Aurelio: del año 193 d.C., su diseño y dimensiones son similares a la anterior pero muy inferior en su ejecución. Ambas son realmente torres, con escaleras y vitrinas interiores que conducen a la parte superior. Alrededor de 3 metros de la base han estado por debajo del nivel del suelo desde 1589 cuando, por orden del Papa Sixto V, toda la columna fue restaurada por Domenico Fontana y adaptada al nivel del suelo de la época. También una estatua de bronce del apóstol San Pablo se colocó en la plataforma superior, el 27 de octubre de 1588. Originalmente la plataforma superior probablemente tenía una estatua de Marco Aurelio, extraviada ya en el siglo XVI.

Columna de Focas: del 608 d.C., alcanza los 15 metros sobre el nivel del suelo, apoyada sobre un gran basamento escalonado donde se erigía una estatua dorada dedicada por Smaradgus, gobernador del centro de Italia, al emperador Focas. Fue a esta estatua que la inscripción en la base de la columna conmemora, la columna estriada y su capitel corintio de los primeros tiempos y otros lugares, fueron vueltos a montar por Smaradgus sobre una base con escalones de chapa de mármol reciclados. Fue la última adición hecha al Foro Romano. La columna se mantiene in situ. Su posición aislada, independiente entre las ruinas siempre ha hecho que sea un punto de referencia en el Foro.

Columna de Antonino Pío

Dedicada en el año 161 d.C. el emperador romano Antonino Pío, en el Campo de Marte, al borde de la colina que hoy se conoce como

Monte Citorio. La columna en sí era 14,75 metros de altura y 1,90 m de diámetro y fue construida en granito rojo, sin relieves o adornos. Antes del siglo XVIII la base fue completamente enterrada: en 1703, cuando se derribaron algunos edificios en el área de Montecitorio, el resto de la columna y la base fueron descubiertos y excavados. La columna se eleva desde el suelo gracias al hijo de Carlo Fontana Francesco (1668-1708); finalmente fue dañado por un incendio en 1759. Se hicieron intentos infructuosos para repararla poco después, en 1764, con algunas piezas de que se estaban utilizando en 1789 para restaurar el obelisco de Augusto que se encuentra ahora en la Piazza di Monte Citorio.

Otras Columnas conmemorativas: la Columna Rostrata (M. Aemilii Paulli, del 255 a.C., destruida por un rayo en el 172 a.C.), Columna Rostrata Augusti (erigida en el foro después del regreso de Octavio a Roma en 36 a.C., para conmemorar su victoria sobre Sexto Pompeyo), y la Columna Rostrata C. Duilii (en honor de la victoria naval sobre los cartagineses en el 260 a.C.).

Rostra Eran plataformas desde se daban discursos. La Rostra se encontraba en la ribera sur del Comitium adornada con partes de los barcos de la victoria naval del 338 a.C. La rostra era el lugar más prominente en el foro, en ella se colocaron estatuas de hombres famosos en tal número que a veces tenían que ser removidos para dar paso a otros. El Rostra Augusti era la tribuna de la época imperial, situada en el extremo noroeste del foro. César había decidido su eliminación, pero su plan definitivo parece que no se llevó a cabo, por lo menos hasta después del año 42 a.C.

c. Los obeliscos de Roma

La conquista romana de Egipto en tiempos de Augusto hizo estos monumentos disponibles para su adopción; eran trofeos de las victorias romanas, conservando sin embargo la asociación egipcia con el sol y sus rayos.

Reloj de sol de Augusto

Era un obelisco erigido en Heliópolis, en el siglo VII a.C. por Psamético II, llevado a Roma por Augusto en el año 10 a.C. e instalado en el campus Martius entre el Ara Pacis Augustae y la Columna Antonini. Es de granito rojo, mide 21,79 metros de altura y está cubierto de jeroglíficos. Estaba de pie en el siglo VIII, pero fue derribado y roto en una fecha desconocida y no fue descubierto hasta el año 1512. Tenía un puntero (gnomon), parte de un gran reloj de sol construido por Augusto. El reloj de sol, descrito por Plinio aun sobrevive en fragmentos en su lugar, pero muy por debajo del nivel de la calle de la actual Via di Campo Marzio. Después de permanecer sepultado y roto en cinco pedazos, el obelisco fue montado nuevamente a finales del siglo XVIII con la ayuda del granito sobrante de la columna en ruinas de Antonino Pío, que estaba allí cerca.

Obeliscus Augusti en Circo Maximo

Fue traído desde Heliópolis por Augusto, al mismo tiempo que el gnomon. Fue dedicado al Sol y se erigió en la spina del circo Maximus. Los jeroglíficos fueron escritos en parte por Seti I y en parte por Ramsés II, 1292 1325 a.C. La altura del obelisco es de 23,70 metros. Nada se sabe de la historia del obelisco después del siglo IV hasta el siglo XVI, cuando se encontraron fragmentos de la base y la inscripción durante el pontificado de Gregorio XIII (1572 a 1585), y al propio obelisco, roto en tres pedazos, en 1587. Luego de retirado y se lo erigió en su actual emplazamiento, en la Piazza del Popolo.

Obelisco de Salustio

Los «Jardines de Salustio» era el nombre con el que se conocía la más espléndida de las fincas suburbanas que rodeaban Roma, y abarcaba gran parte de la superficie cortada actualmente por la Via Veneto, y se extendía desde la Muralla Aureliana hasta Piazza Barbarini.

El obelisco fue traído a Roma algún tiempo después de la época de Augusto y erigido en estos jardines; aún estaba en pie en el siglo VIII. Tenía 13 metros de altura, y en su superficie se hizo una copia, probablemente alrededor de 200 d.C., de los jeroglíficos del obelisco de Ramsés II que Augusto ubicó en el circo Maximus. En el siglo XV estaba tendido en el suelo, roto en dos pedazos, cerca de su base y se mantuvo allí hasta el siglo XVIII. En 1789 Pío VI lo erigió en su emplazamiento actual. La base fue cubierta después de 1733, pero se la encontró de nuevo en 1843.

Obelisco de Constantino (Letrán)

El obelisco de Letrán es no sólo el más grande obelisco conocido (32 m. de altura, 520 toneladas), sino también el más antiguo de Roma, a pesar de ser de los últimos en ser transportados hasta la ciudad. El Papa Sixto V lo encontró al hacer excavaciones en el Circo en el año 1587: estaba roto en tres pedazos bajo 6 metros de tierra y escombros, y lo llevó a San Juan de Letrán, al inicio de la Via Merulana. Fue traído a Roma por Constantino en el 357 d.C., ubicado en la espina del circo Maximus. Erigido inicialmente por Tutmosis III en el siglo XV a.C. al frente del templo de Amón en Tebas. Augusto pensó en llevarlo a Roma, y Constantino lo hizo bajar por el Nilo hasta Alejandría.

Obelisco Vaticano

Este obelisco de Heliópolis fue erigido por Calígula en la espina del circo Gai et Neronis y ahora está en pie delante de S. Pedro. En la Edad Media se lo llamaba la «tumba de Julio César», cuyas cenizas se suponía estaban en una bola dorada en su parte superior, ahora en el Museo dei Conservatori. Es un monolito de granito rojo, sin jeroglíficos, de 25,36 metros de altura y fue trasladado de su antigua a su actual sitio por orden de Sixto V. El globo con pinchos de bronce que originalmente encabezó este obelisco se encuentra en exhibición en el museo Capitolino (Palazzo dei Conservatori).

Obelisci Isei Campense

Son varios pequeños obeliscos, encontrados en diferentes momentos, cerca de la iglesia de Santa María sopra Minerva, y que probablemente fueron traídos a Roma en el siglo I; se agrupaban de dos en dos, con los demás, a la entrada del templo de Isis.

Otros Obeliscos: Antinoi (actualmente en pie en la colina del Pincio, llevado a Roma por Adriano), Capitolino (frente a la iglesia del Ara Coeli en el Capitolio) erigido por Ramsés II en Heliópolis, está cubierto con jeroglíficos; probablemente fue llevado a Roma en el siglo I. Obeliscus insulanus (en la Isla Tiberina), y el Obelisci Mausolei Augusti (dos obeliscos que estaban delante del mausoleo de Augusto).

d. Mausoleos y Sepulcros

Los más importantes de todos fueron la pirámide de Cayo Cestio (finales del siglo I a.C.), y las tumbas circulares de Cecilia Metella (60 a.C.), Augusto (14 d.C.) y Adriano (ahora Castillo de San Angelo, 138 d.C.).

Mausoleo de Augusto, su tamaño es de 40 a 45 metros de altura, 300 metros de diámetro, del año 28 d.C. Tácito llamó al Mausoleo la «Tumba de los Julianos» y eso es cierto pues allí se depositó los restos de Julio César, Claudio, Tiberio, Nerva, entre otros; posteriormente se incorporaron las urnas de Vespasiano, Domiciano y Tito en el Quirinal, mientras que el sucesor de Nerva, Trajano tuvo su propia sala especial en la base de la columna a la cabeza de su foro.

Además de una estatua de Augusto en el pináculo de la tumba, dos columnas de bronce se encontraban en su entrada la cual contiene la inscripción conocida como la «Res Gestae», la suma de los logros de Augusto para Roma. Las puertas del Mausoleo de Augusto se abrieron por última vez en el año 98, para la recepción de las cenizas de Nerva. No oímos más de él hasta el año 410, cuando los godos saquearon las bóvedas imperiales. Al igual que los mausoleos de Metella, en la Vía Apia, y Adriano, en la orilla derecha del Tíber, se convirtió posteriormente en una fortaleza, y fue ocupada por los Colonna. Su destrucción final se produjo en 1167, cuando los poderosos Colonna fueron acusados de alta traición, es decir, de haber llevado a los romanos a una emboscada, en consecuencia fueron expulsados de la ciudad y su castillo en el Campo de Marte fue destruido. Así pereció el Mausoleo de Augusto. La urna de Agripina se conserva en el patio del Palacio de los Conservadores, mientras que otras tres han sido destruidas, y seis pertenecen al Museo del Vaticano.

El 14 de julio de 1519, Baldassare Peruzzi descubrió y copió algunos fragmentos de las inscripciones originales en situ, y en 1777 fue descubierto el ustrinum, o recinto sagrado para la cremación de los miembros de la familia imperial, cubierto con profusión de monumentos históricos. Estrabón describe el lugar como pavimentado con mármol y rodeado con barandillas de bronce. El pavimento de mármol fue encontrado a una profundidad de seis metros por debajo de la acera del Corso. Los pedestales de mármol terminan con la fórmula HIC CREMATVS (o Cremata) EST, este último con las palabras HIC SITVS (o SITA) EST.

Mausoleo de Adriano (Castel Sant'Angelo), del año 139 d.C.; se trataba un gran cono de mármol apoyado sobre una estructura cilíndrica de 230 pies de diámetro a su vez colocado en un podio cuadrado de 300 pies de largo y de ancho. El cono probablemente una vez terminaba en bronce dorado con unas piñas ahora en el Giardino della Pigna del Vaticano. En el Mausoleo de Augusto un montículo de tierra con árboles coronó una base circular similar de mármol sobre un podio 220 metros cuadrados, todo ello actualmente enterrado. Se encuentra conectado al Campo de Marte con el puente llamado Pons Aelius.

El corredor de entrada, alineado con el puente, conducía directamente a una cámara de la planta baja con un gran nicho (probablemente con una estatua de Adriano). Desde esta cámara, una escalera helicoidal llevaba a través del cilindro en una espiral al nivel de la cámara funeraria. Otras rampas o escaleras antiguas llevaban a las cámaras superiores, pero la configuración de la parte superior de la tumba no es conocida.

La cámara funeraria central tenía tres nichos en forma de arco para mostrar las urnas. Las inscripciones y las fuentes nos dicen que el Mausoleo de Adriano estaba en uso cuando aconteció su muerte en el año 138, y de allí al menos, hasta la muerte de Caracalla en el año 217, sexto emperador para ser enterrado en la tumba y la última deposición grabada de los restos imperiales en ella.

En la antigüedad la tumba comenzó a funcionar como fortaleza, alta, escarpada, y robusta, y perfectamente situada como cabeza de puente que preservaba el acceso a la orilla derecha del Tíber a través de Pons Aelius. En algún momento después de que la Muralla Aureliana, fuera construida y antes de que los ostrogodos sitiaran la ciudad en el siglo VI, la tumba se había incorporado a las defensas de Roma. Más tarde se convirtió en una fortaleza papal, accesible desde el Vaticano por medio de una pasarela elevada construida en 1277.

El nombre común de la fortaleza «Castel S. Angelo» deriva de una visión del Papa Gregorio el Grande del año 590, cuando, poco antes de que una terrible plaga sacudiera la ciudad, vio al arcángel Miguel con su espada desenvainada, como representa la estatua en la parte superior de la fortaleza en la actualidad.

La **Pirámide de Cestio**, es uno de los más curiosos monumentos de Roma es una pirámide (tumba) prácticamente intacta a una corta distancia al sur del Aventino en el camino de Ostia. Fue construido por un tal Cestio, que murió durante el reinado de Augusto, en algún momento antes de la muerte de Agripa en el año 12 a.C. Sabemos poco de él más allá de la información contenida en las inscripciones en el lado este y oeste de la pirámide. Al parecer, compartía la fascinación por Egipto o Nubia (anexa al imperio en el 31 y el 24 a.C., respectivamente). La tumba tiene un núcleo de hormigón de ladrillo luego cubierto con mármol Luna. Un pasillo conduce a la pequeña cámara funeraria que estaba decorada con frescos de un siglo más tarde. En el siglo III d.C. la tumba fue incorporada a la Muralla Aureliana. Este trabajo se completó en 330 días, de acuerdo con la voluntad de la persona fallecida.

La **Tumba de Cecilia Metella** (100 a.C. a 69 a.C.), refiere a la tumba de la hija de Quinto Cecilio Metelo Creticus, cónsul en el 69 a.C. La tumba se encuentra en la cima de una colina en la Vía Apia, y domina el paisaje circundante. En lo alto de una base cuadrangular de siete metros de altura, se encuentra un cuerpo cilíndrico de 11 metros de altura, con un diámetro de 29 metros, coronado por fortificaciones añadidas durante el período medieval.

Otros sepulcros: Sepulcrum Accae Larentiae, Aelii Guttae Calpurniani, Sepulcrum Agrippae, Antinoi, Arruntiorum, Bibuli, Caesaris, Calpurniorum, Cinciorum, Sepulcrum Claudiorum, Considii Galli, Sepulcrum Corneliae, Domitiorum (hoy Iglesia Santa María del Poppolo), sepulcrum Eurysacis, Sepulcrum Faustuli, Sepulcrum Galba, Galloniorum, Sepulcrum getas, Sepulcrum Q. Haterii, Sepulcrum Hirtii, entre otros.

e. Miscelánea

Milliarium Aureum

Refiere a una columna cubierta con bronce dorado, erigida por Augusto en el año 20 a.C., considerada como el punto de convergencia de todas las grandes carreteras de salida de la ciudad: en él se hallaban grabadas los nombres de las principales ciudades del imperio y sus distancias de Roma, aunque estas distancias fueron contados de las puertas de la pared Serviana, no desde el Milliarium mismo. Fue puesto en pie probablemente entre la tribuna y el templo de Saturno, pero no se ha encontrado ningún rastro de sus cimientos. Del monumento en sí se han encontrado dos fragmentos posibles, una parte del eje de mármol, de 1,42 metros de largo y 1,17 de diámetro, con trazas de bronce que se enfrentan, y parte de un pedestal de mármol circular decorado con palmetas.

Ombligo Romae

Un monumento erigido no antes de Severo en el extremo norte del hemiciclo del Rostra y mencionado sólo en la literatura posterior. Ahora es un núcleo de ladrillo cilíndrico, con un diámetro de 4,60 metros en la parte inferior y 3 en la parte superior, pero originalmente estaba cubierto de mármol. Representaba el punto central de la ciudad y el imperio, probablemente a imitación del Delphi y otras ciudades griegas, y puede haber correspondido arquitectónicamente al Milliarium Aureum en el extremo sur del hemiciclo.

Los Colosos

El origen de esta palabra no se conoce. Tanto por los griegos y los romanos significa una estatua inmensa y de allí a una persona de extraordinaria estatura se le denominaba colosseros y a los ornamentos arquitectónicos en los miembros superiores de edificios altos, que requerían de grandes dimensiones como consecuencia de su lejanía, se denominaban colossicotera.

Las estatuas de este tipo eran muy comunes entre los griegos para excitar la mera observación de su tamaño; estas moles o estatuas se realizaron por primera vez en Egipto, y más tarde en Grecia e Italia. Allí se pueden destacar:

- Una estatua de Júpiter en el Capitolio que era tan grande que podía ser vista desde el monte Albano.

- Una estatua de bronce de Apolo en la biblioteca Palatino, su cabeza de bronce actualmente se conserva en la capital.

- Una estatua de bronce de Augusto, en el foro que lleva su nombre.

- El Coloso de Nerón (64-68 d.C.), ejecutado por Zenodoro en mármol, y citado por Plinio. Su altura era de 30 metros y fue colocado originalmente en el vestíbulo de la domus aurea en la parte inferior de la Vía Sacra. Después de haber sufrido en el incendio que destruyó la casa de oro, fue reparado por Vespasiano quien lo convirtió en una estatua del sol cambiando su nombre al de Coloso Solís. Alrededor del año 128, el emperador Adriano ordenó que el éste último Coloso se trasladara a la Domus Aurea, al noroeste del Coliseo (Anfiteatro Flavianum), con el fin de crear un espacio para el Templo de Venus y Roma Fue trasladada por el arquitecto Decrianus quien utilizo de 24 elefantes. El emperador Cómodo la convirtió en una estatua de sí mismo como Hércules, sustituyendo la cabeza, pero después de su muerte fue restaurada como Sol Invictus y así permaneció. La última mención en la antigüedad de la estatua refiere a la cronografía del 354. Hoy en día, no queda nada del Coloso de Nerón, únicamente los cimientos del pedestal de su segunda ubicación, cerca del Coliseo. Posiblemente fue destruido durante el saqueo de Roma en el año 410, o cayó en uno de los terremotos del siglo V. Los restos del pedestal se eliminaron en 1936; los cimientos fueron excavados en 1986, y pueden ser vistos por el público.

- Una estatua ecuestre de Domiciano, de bronce dorado, que se colocó en el centro del foro.

- El Coloso de Constantino era una estatua del difunto emperador romano Constantino el Grande (c. 280-337), que una vez ocupó el ábside al oeste de la Basílica de Majencio, cerca del Foro Romano en Roma. Porciones del Coloso ahora residen en el Patio del Palacio de los Conservadores de los Museos Capitolinos, en la colina del Capitolio. El Coloso fue saqueado en algún momento de la Antigüedad tardía, más probable para las partes del cuerpo de bronce. Porciones de mármol de la estatua fueron encontradas en 1487. Se ha propuesto que la estatua fue modificada en algún momento a finales del reinado de Constantino y una mano que sostenía un cetro fue reemplazada por una mano que sostenía un símbolo cristiano.

3.4. Obras Sanitarias

Puentes Sobre el Río Tíber

El puente más antiguo conocido de la antigua Roma, el Pons Sublicio, cruzaba el río Tíber, cerca del Foro Boario («Foro de ganado») aguas abajo de la isla Tiberina, cerca de la colina del Aventino, fue ordenado por Anco Marcio alrededor de 642 a.C.

El Ponte Sant'Angelo, de la época de Adriano, en el 134 d.C. para atravesar el Tíber, desde el centro de la ciudad a su mausoleo. En 1535, el Papa Clemente VII destinó los accesos al puente para erigir las estatuas de los apóstoles san Pedro y san Pablo a los que, posteriormente se agregaron los cuatro evangelistas y los patriarcas y otras estatuas que representan a Adán, Noé, Abraham y Moisés. En 1669 el papa Clemente IX encargó reemplazos para los ángeles de estuco de Raffaello da Montelupo, encargado por Pablo III.

El Puente Emilio, del siglo II a.C., en sustitución de uno de madera, existe hoy en día en forma de un arco, llamado Ponte Rotto («puente roto»), aguas arriba del Ponte Palatino y por debajo de la isla Tiberina. Intacto hasta inundaciones del siglo XVI, luego se demolió en gran medida. Dañado y reparado en varias ocasiones, el puente fue llevado por una inundación de 1598. La otra mitad fue demolida en la década de 1880, quedando de él tan solo un arco.

El Pons Agrippae se encuentra a 160 metros sobre el Ponte Sisto, y es conocido a partir de una inscripción del principado del emperador Claudio, lo que sugiere que fue construido durante o antes del reinado de Claudio. Fue restaurado en el 147 d.C. El Pons Agrippae sobrevivió en la Edad Media y conecta la zona del Palazzo Farnese con la Villa Farnesina, supuestamente construida en el sitio de la villa de Agripa. Un arco sigue intacto, el resto fue demolido cuando el Papa Sixto IV ordenó un nuevo puente: el Ponte Sisto.

El Pons Aurelio fue mencionado por primera vez en los siglos IV y V, y más tarde fue conocido en la Edad Media como «Pons Antonino», «Pons Antonini en Arenula», e «id Pons Ianicularis est pons ruptus vulgariter nominatus et Tremelus et Antonino». El Pons Antonino fue parcialmente destruido en el 772 y reconstruida en su forma actual por el Papa Sixto IV.

El Pons Cestio, atravesando el Tíber hacia el oeste de la isla Tiberina, fue construido alrededor del siglo primero I a.C. (en algún momento entre el 62 y el 27 a.C.), después del Pons Fabricius, situado al otro lado de la isla. El Fabricius permanece completamente intacto, el Ponte Cestio fue desmantelado en parte en el siglo XIX, con sólo una parte de la antigua estructura conservada.

El Pons Fabricius o Ponte dei Quattro Capi, es el más antiguo que aún existe en su estado original. Construido en el 62 a.C., se extiende por la mitad del río Tíber, en el Campo de Marte en el lado este de la isla de Tíber. Quattro Capi («cuatro cabezas») se refiere a las dos columnas de mármol de las herms Jano de dos caras en el parapeto, que fueron trasladadas aquí desde la cercana iglesia de San Gregorio (Monte Savello) en el siglo XIV.

El Puente Milvio fue construido en el año 206 a.C. En 115 a.C., el cónsul Marco Emilio Escauro construyó un nuevo puente de piedra en la misma posición, demoliendo al antiguo. En el año 312, Constantino I derrotó a su rival Majencio entre este puente y Saxa Rubra, en la famosa batalla del Puente Milvio. Durante la Edad Media, el puente fue restaurado y en 1429 el Papa Martín V le pidió a un arquitecto famoso, Francesco da Genazzano, para reparar el puente colapsado. Durante los siglos XVIII y XIX, el puente fue modificado por dos artistas, Giuseppe Valadier y Domenico Pigiani.

El Pons Neronianus o Puente de Nerón fue construido durante el reinado de los emperadores Calígula o Nerón para conectar la parte occidental del Campo de Marte con el Campus Vaticanus («Campos del Vaticano«), donde la familia imperial poseía tierras a lo largo de la Via Cornelia.

El Pons Probi conectaba el monte Aventino al Trastevere: fue construido en 276-282 d.C. En el 374 se produjo una fuerte crecida del Tíber, y es probable que la inundación causara daños considerables al puente. En la Edad Media el puente fue conocido como el Pons Novus («Puente Nuevo») y Pons Marmoreus Theodosii. El puente fue reconstruido en el siglo XI y más tarde destruido parcialmente. Los restos fueron completamente demolidos en 1484 por orden del Papa Sixto IV. Restos de antiguos muelles del puente eran visibles hasta la década de 1870 bajo el agua del río Tíber. Los muelles de las Probis Pons fueron retirados finalmente en 1878.

Acueductos

Los acueductos romanos fueron impresionantes por su longitud, escala y simplicidad, con arcos tratados con un poco de decoración arquitectónica para formar puertas, como en la Porta Maggiore, en Roma. Los pasajes de Plinio y Frontino sugieren no sólo la realización de ingeniería de acueductos -eventualmente 11 acueductos de Roma con un total de 500 kilómetros, sin incluir la elaborada red, y la distribución pública de agua y drenaje para el corazón de Roma. Un acueducto, en gran parte subterráneo, el Aqua Virgo, nunca dejó de funcionar y provee de agua a las fuentes en el Campo de Marte hoy en día, como lo atestiguan los relieves que decoran la fachada por encima de la Fontana de Trevi, terminal del canal actual.

En total, ocho de once acueductos de Roma (dos de ellos por debajo del nivel del suelo) entraban a Roma en o cerca de la Porta Maggiore. Los cuatro más grandes proveían de agua desde el Anio (Aniene de hoy) valle entre Tivoli y Subiaco. Frontino clasifica la distancia para cada acueducto en tres categorías: canales subterráneos, arcos elevados, y substructuras (una pared sólida con baja elevación). Después de que los godos habían cercado Roma con sus campamentos, en el año 537 d.C., cortaron los acueductos para que no entrara agua a la ciudad.

El Aqua Appia, es del año 312 BC, con 16.561 km de extensión, fue el primer acueducto romano, en parte subterraneo. El Aqua Augusta fue el mas corto, construido por Augusto alrededor del 33 a.C. Otros acueductos fueron el Aqua Vetus (año 272 - 269 BC, 63.64 km), Aqua Marcia (año 144 - 140 BC, 91.424 km, Aqua Repula (año 125 BC, con 17.745), Aqua Julia (año 33 BC, con 21.677), Aqua Alsietina (año 2 BC ?, 32.815 km), Aqua Claudia (año 38 – 52, 68.681 km.), Anio Novus (año 38 – 52, con 86.876), y el Aqua Alexandrina (año 226, con 22 km.), el Aqua Virgo y el Aqua Traiana (luego Acqua Paola en honor de Pablo V).

La Cloaca Maxima

Las fuentes literarias dan crédito a los reyes Tarquinos del siglo VI por los primeros drenajes en el foro, el cual era una cuenca pantanosa. El sistema es muy similar a los canales de drenaje (cuniculi) que prevalecían entre los etruscos al norte de Roma. Gran parte de la cloaca (reconstruida por Agripa y constructores posteriores) se mantiene en servicio como parte del sistema de cloacas de Roma hoy en día; su contenido sin embargo es desviado para no fluir directamente al río.

La descripción de Plauto del Foro indica que la Cloaca (200 a.C.) era un canal abierto que luego fue cubierta en el marco de los proyectos de construcción de las décadas siguientes. Las alcantarillas de Roma buscaban drenar el agua de lluvias y el agua subterránea. Es importante mencionar que poco se sabe si las alcantarillas fueron eficaces, especialmente cuando se trató de la eliminación de excrementos. Con el tiempo, los romanos expandieron la red de alcantarillas que corrían por la ciudad, vinculándolos entre si y con la Cloaca Máxima, hasta desembocar en el río Tíber.

4. De cómo la Ciudad se volvió Ruinosa

Los invasores, las guerras, inundaciones, el fuego, terremotos, la ignorancia y el desconocimiento de las técnicas de construcción o mantenimiento de edificios (que eventualmente llevaron a que éstos se desplomaran), las sucesivas crisis económicas (menguando o faltando definitivamente el necesario respaldo financiero para obras de mantenimiento urbanístico), el transcurrir del tiempo, el cristianismo e incluso los Papas, contribuyeron a que la antigua Roma imperial se transformase en una urbe ruinosa.

En el año 120 a.C. fue objeto de numerosas incursiones de los norteños, quienes, con la ayuda de una guerra civil, y un fuego devorador en el 53 a.C. causaron la destrucción de varios de sus más espléndidos edificios. En el 64 d.C., durante el reinado de Nerón, un terrible incendio devastó la ciudad durante seis días; la ciudad volvió a incendiarse en el 80 d.C. por tres días. En el reinado de Cómodo se produjo un tercer incendio que consumió gran parte de la ciudad. En el año 330 d.C. Constantino tomó de Roma una serie de monumentos y obras de arte para adornar Constantinopla. Del 408 al 410 d.C. la ciudad fue tres veces asediadas por los godos, bajo Alarico; luego fue el turno de los vándalos, en el año 455 d.C. En junio del año 472 d.C., Roma fue capturada por los alemanes regidos por Eicimiro.

En el año 476 d.C. el imperio romano se desplomó. Hacia el 590 d.C. continuas guerras con los lombardos devastaron la Campagna. En el 607 d.C. el obispo de Roma fue hecho Papa. En el año 755 d.C. los lombardos nuevamente desolaron Roma.

En 1083 fue tomada por Enrique IV de Alemania y en 1084 fue incendiada desde Letrán al Capitolio, por Roberto Guiscardo. Desde el siglo XI hasta el XVI muchos de sus edificios fueron convertidos en fortalezas por los nobles, quienes hicieron la guerra una y otra vez; durante la «edad oscura» los propios romanos destruyeron muchos monumentos para generar cal y construir nuevos palacios y casas.

4.1. Las Inundaciones del Río Tíber

Se pueden encontrar registros de más graves inundaciones en Roma desde la antigüedad: desde 414 a.C. a 411 d.C. hubo 31 años con inundaciones. En la Edad Media, entre los años 412 al 1476, hubo sólo 19 años con las inundaciones.

Durante un período de 296 años del 861 a 1156 no tenemos información sobre las inundaciones en Roma. En el siglo XII se comenzaron a poner placas conmemorativas recordando las anegaciones en algunos edificios en la ciudad.

En la Edad Moderna, del 1477 a 1899 disponemos de mayor información acerca de las inundaciones del río Tíber debido a la expansión generalizada de la impresión y la tradición de erigir placas conmemorativas.

Hubo 14 inundaciones que fueron desastrosas para la población, incluyendo la más severa del 23 al 25 diciembre de 1598, durante el cual el nivel del agua subió a 19,56 metros.

Las inundaciones del siglo XX no han causado desbordamiento que afectaran a la ciudad debido a los diques erigidos a lo largo del río. En el período comprendido entre el 1 de enero 1900 y el 31 de diciembre de 1999, 12 inundaciones fueron observadas.

El estudio histórico de las inundaciones del río Tíber durante los 2413 años, desde el 414 a.C. hasta diciembre de 1999, establece una frecuencia estimada de una inundación cada 38 años.

En S. María sopra Minerva se pueden ver las placas que indican el nivel alcanzado por las aguas del río, también en Porto di Ripetta, S. Rocco, Arco dei Banchi y Ospedale di S. Spirito (colocada por el Papa Clemente VIII). La construcción de muros y represas han llevado a que algunos portales medievales y renacentistas quedaran medio enterrados en el suelo (por ejemplo en Rione Regola).

La última inundación dañina del Tíber se produjo en diciembre de 1870, poco después de la anexión de Roma por el Estado italiano. El Papa Pío IX lo llamó un castigo divino por el sacrilegio de haber privado a la Iglesia de sus posesiones mundanas. El gobierno italiano, más práctico, debatió largamente sobre las mejores formas de proteger Roma de más inundaciones. Giuseppe Garibaldi, el héroe nacional, apoyó firmemente un proyecto para desviar el río fuera de la Ciudad Eterna llevando su curso por un canal (como el Danubio en Viena), pero con el tiempo las restricciones presupuestarias dieron lugar a un plan menos dramático. Se construyeron diques y se amplió ciertas zonas del río lo cual redujo el flujo de agua. Uno de estos cuellos de botella estaba en Ponte Cestio: los edificios próximos a S. Bartolomeo all'Isola fueron derribadas y los dos arcos laterales del puente se ampliaron.

4.2. Los Terremotos

La sismicidad de Roma aunque es modesta ha constituido un constante peligro para el patrimonio monumental de la ciudad, en particular en aquellos edificios vetustos, abandonados con escaso mantenimiento.

Los peligros sísmicos se asocian en particular a dos áreas activas: las colinas de Alban y la región de los Apeninos Centrales, ubicado a unos 20 km al sureste y 80-100 km al este del centro de Roma. En el siglo XX se han constatado movimientos de 6,8 y 5,3 en la escala Mercalli-Cancani-Sieberg (MCS).

Los primeros informes escritos refieren al año 82 a.C., desde ese entonces la ciudad sufrió aproximadamente 20 eventos de gran magnitud y graves daños. Se observan eventos sísmicos de cierta importancia, mayores a VI MCS cada cien años, y otros en extremo graves cada quinientos años con una intensidad mayor a VII MCS.

En distintas épocas se trató de solucionar los derrumbes ocasionados por los terremotos mediante diversas normativas como las emanadas del Emperador Augusto quien limitó la altura de los edificios y viviendas privadas a 21 metros o Trajano que redujo su altura a 18 metros.

Roma se ha visto afectada por varios terremotos: en 15 d.C destruyeron parte de las murallas de la ciudad, en el 20 d.C. provocaron el incendio del teatro Pompeyo, en el 191 d.C. quedo destruido el Templum Pacis es destruido. La lista continúa: en el 258 más de 1000 casas se derrumbaron, en el 443 el Foro y el Coliseo se vieron afectados, en 454 el circo es golpeado; en el año 477 la ciudad se sacudió durante cuarenta días, el Coliseo resultó dañado, en el 508 la arena del Coliseo se derrumbó, en el año 801 el techo de San Pablo colapsó, en el año 849 resultó dañado el Capitolio y el Aventino.

Hacia 1231 partes del Coliseo se derrumban, en 1349 Petrarca menciona que los anillos externos del lado sudeste del Coliseo cayeron; en 1703 fue dañado su lado oriental.

La lista de daños en la ciudad provocados por terremotos es extensa. Ya en la Edad Media, los Annales (tradicionalmente atribuidos a Eginardo), señalan que el 25 de abril de 801, estando el emperador Carlomagno en Spoleto, se produjo un gran terremoto que sacudió toda Italia y causó el colapso del techo de la Basílica de San Pablo Extramuros. A este terremoto le sucedería otro en el año 1091 atestiguado en el Liber Pontificalis, el Catalogus Pontificum et Imperatorum y en el Chronicon Pontificum et imperatorum basileense.

El terremoto de 1349 fue uno de los más importantes y afectó profundamente a la ciudad con un grado VIII en la escala MCS. Ampliamente recordado en las crónicas italianas, además, debido a la gran extensión de las zonas dañadas, se cita en numerosas obras de historia local. Según el testimonio de Mateo Villani (siglo XIV), el daño en Roma fue severo al menos en algunos edificios destacados: «hicieron bajar el campanario de la gran iglesia de San Paolo, con la noble torre de la milicia, y la torre del Conde, dejando a muchas partes de Roma, en la memoria de sus ruinas.»

Petrarca, quien se encontraba en Roma para el Jubileo del año 1350, encontró a la ciudad postrada: «Roma fue sacudido por un temblor inusual, tan malo que desde su fundación, hace más de dos mil años, algo similar aconteció. Cayeron los viejos edificios abandonados por los ciudadanos admirados por los peregrinos…(…), además, aunque se carece de evidencia de ira divina, gran parte de las iglesias y sobre todo la dedicada al Apóstol Pablo cayó al suelo, la parte superior de Letrán también fue derribada…». Petrarca volvió sobre este mismo tema en su siguiente visita del año 1368, una carta recuerda uno de los edificios dañados: el «domus Virginis consistens», probablemente la iglesia de Santa María en Ara Coeli.

Por la afluencia de peregrinos para el jubileo el Papa Clemente VI se hizo cargo de la restauración de algunas de las iglesias más importantes de la ciudad que habían sufrido daños a causa del terremoto. Según diversos documentos pontificios relativos a la restauración se debió considerar a las basílicas de S. Pablo, S. Pedro y San Juan de Letrán.

Luego del terremoto del año 1349 parece que Roma (Italia central en general) ha disfrutado de calma sísmica relativa, que persistió hasta el gran terremoto de 1703, con varios retornos que causaron considerables daños a los edificios y algunas víctimas.

4.3. El Saqueo

La ciudad de Roma fue devastada por efecto de diversos saqueos que provocaron muerte y destrucción. Entre los saqueos más relevantes se puede citar los siguientes:

1. Año 387 a.C., por los galos después de la Batalla de Allia.

2. Año 410 d.C., Roma es saqueada por Alarico, rey de los visigodos.

3. Año 455 d.C., saqueo de Genserico, rey de los vándalos.

4. Año 546 d.C., Roma saqueada y despoblada por Totila, rey de los ostrogodos, durante la guerra entre los ostrogodos y bizantinos.

5. Saqueo del año 846 d.C., los árabes atacan la ciudad y saquean la antigua Basílica de San Pedro.

6. Año 1084 d.C., la ciudad es saqueada por los normandos de Roberto Guiscardo.

7. Saqueo del año 1527, por las tropas rebeldes del emperador Carlos V.

El saqueo de Roma del año 390 a.C. fue el peor desastre registrado en la historia de la república romana temprana: una banda de galos dirigida por Brennus tomó y saqueó la ciudad. La velocidad con la que los galos se habían acercado a la ciudad parece haber tomado a los romanos por sorpresa. Sólo fueron capaces de crear a un pequeño ejército, que fue derrotado fácilmente. La mayoría de los supervivientes se refugiaron en Veyes, más fortificada que Roma; otros se refugiaron en la ciudadela, la posición defensiva más fuerte de toda la ciudad.

Según Tito Livio, los Galos llegaron a Roma a la puesta de sol pero no se arriesgaron a entrar en una ciudad desconocida en la oscuridad. Esto dio a los romanos la oportunidad para prepararse para un asedio. Una gran parte de la población huyó al otro lado del Tíber a la colina Janículo, mientras que las vírgenes vestales con sus reliquias sagradas escaparon a la ciudad etrusca amiga de Caere.

Al día siguiente, los galos hicieron su entrada a la ciudad sin encontrar defensa. La ciudad fue saqueada y finalmente se estableció una tregua poniendo fin a la lucha activa pero no al bloqueo. Finalmente, los defensores de la ciudadela se quedaron sin comida, y se vieron obligados a llegar a un acuerdo con los galos. Se estableció un rescate de 1000 libras de oro, con el botín los galos finalmente dejaron la ciudad.

Poco antes de su muerte en el año 395 d.C., Teodosio I dividió el imperio en el este y el oeste, para ser gobernado por sus dos hijos. Honorio tenía sólo diez años de edad en ese momento, su lugar fue ocupado por Flavio Estilicón, tutor y comandante del ejército.

Las dos mitades del imperio estaban en disputa, situación aprovechada por Alarico, cuya visigodos había sido utilizado como aliados (foederati) pero ahora, con la muerte de Teodosio, renunció a su lealtad y se levantó en rebelión

En el año 401, Alarico invadió Italia y sitió a Honorio en Milán. Dos veces derrotado por Estilicón, Alarico se vio obligado a retirar. Finalmente fue persuadido por el propio Estilicón a unirse en una campaña para arrebatar a Ilírico el este del imperio. Pero el plan fue abandonado cuando el usurpador Constantino III se rebeló en Gran Bretaña y Arcadio murió inesperadamente al año siguiente.

Alarico exigió una compensación que Honorio se negó a pagar. Estilicón fue ejecutado en el año 408 y Alarico marchó sobre Roma. El sitio de la ciudad fue levantada solamente después de pagar cinco mil libras de oro, treinta mil libras de plata, cuatro mil túnicas de seda, tres mil pieles rojas teñido, y tres mil libras de pimienta. Las estatuas fueron despojadas de sus decoraciones, todo el oro y la plata fue fundido.

Los vándalos y otras tribus germánicas que habían cruzado el Rin el último día del año 406 d.C. ahora se encontraban en España con su líder Genserico. Honorio les permitió quedarse pero en el año 423 Honorio murió y fue sucedido por Valentiniano III, un niño en ese momento. Los vándalos cruzaron el norte de África derrotando a los romanos y en el año 439 conquistaron Cartago, ciudad capital de Genserico. En el año 451, Atila y los hunos, tan poderosos que Roma les pagaba un tributo anual, invadieron la Galia, en alianza con los vándalos. Fueron derrotados en la Batalla de Châlons por los visigodos bajo el mando de Flavio Aecio, magister militum del oeste.

En el año 455, la muerte de Valentiniano III sirvió de pretexto a los vándalos para ingresar a una Roma sin defensa saqueando la ciudad durante dos semanas, llevándose los tesoros del Templo de la Paz y los azulejos de bronce dorado del templo de Júpiter.

La invasión de los visigodos 410 fue leve en comparación con la de los vándalos, que saquearon la ciudad hasta dejarla en la ruina en el año 455. Los visigodos, al menos, deseaban un tratado con el Imperio de Occidente que les permitiera territorios autónomos. La humillación final de Roma llegó en el año 455 d.C., cuando se invitó a Genserico y a sus hordas vandálicas a la ciudad, invitada por la esposa de un emperador depuesto. Ella esperaba ser elevada de nuevo a su posición como emperatriz, pero los vándalos no tenía ambiciones políticas más allá de la ruina Saquearon, destruyeron y quemaron la ciudad, sin escatimar nada ni nadie, sin respetar los santuarios e iglesias cristianas.

El saqueo de Roma del año 546 fue realizado por el rey godo Totila, durante la Guerra gótica (535–554) entre los ostrogodos y el Imperio bizantino. Totila estaba asentado en Tívoli y, buscando la reconquista de la región del Lacio, se desplazó en dirección a la ciudad. Sin embargo, las defensas de Roma resistieron su ataque, por lo que decidió asediarla hasta que se rindiera por hambre.

El papa Vigilio, que había huido de la ciudad hasta Siracusa, envió una pequeña flota de barcos con cereales para abastecer a Roma, pero la armada de Totila la interceptó y capturó cerca de la desembocadura del Tíber. La flota imperial, dirigida por Belisario, no tuvo éxito en su intento de liberar la ciudad, por lo que Roma se vio obligada finalmente a abrir sus puertas a los godos.

La ciudad fue saqueada pero Totila, que normalmente destruía las fortificaciones de cada ciudad que tomaba pero no desmanteló las murallas de la ciudad. Cuando Totila se retiró, las murallas y otras fortificaciones pronto volvieron a levantarse, por lo que Totila volvió a marchar contra la ciudad. En este caso, Belisario tuvo éxito en su defensa, pero no tuvo ventaja en su victoria. Los godos tomaron varias ciudades, incluyendo Perugia, mientras que Belisario permaneció inactivo hasta que fue llamado de vuelta a Italia. En 549 Totila volvió a marchar contra Roma, capturándola gracias a la traición de algunos defensores hambrientos. En esta última ocasión, la ciudad fue saqueada hasta el punto de quedar sin habitantes durante cuarenta días.

Roma fue una vez más saqueada, en este caso, por los sarracenos en el año 846 d.C.: navegando desde bases recientemente adquiridas en el norte de África, expropiadas a los cristianos del Imperio Romano de Oriente, habían conquistado Sicilia y ahora se inclinaban a apoderarse del resto de la península. Antes habían sido rechazados en Francia en el año 732 por el rey Carlos Martel, abuelo de Carlomagno, pero llegaron tan lejos como Tours al norte de Francia. Bajo el Papa Pascual I (817-824), las reliquias de los santos mártires fueron ocultadas en las paredes de la ciudad de Roma. Cuando Roma fue saqueada las precauciones cuidadosas de Pascual no impidieron el despojo al por mayor y el robo de la Basílica de San Pedro y de San Paolo fuori le Mura (San Pablo Extramuros).

El saqueo de mayo de 1084 fue debido a los normandos, resultado del llamado del Papa para ayudar al duque de Apulia, Roberto Guiscardo. El Papa Gregorio VII fue sitiado en el Castel Sant'Angelo por el emperador Enrique IV en junio de 1083. Pidió la ayuda de Guiscardo, quien luchaba contra el emperador bizantino Alejo I Comneno en los Balcanes.

Ingresó a Roma y obligó a Enrique a retirarse, pero un motín de los ciudadanos llevó a tres días de saqueo, después de lo cual Guiscardo acompañó al Papa a Letrán. Los normandos habían saqueado todo el casco antiguo y después de días de violencia sin fin los romanos se levantaron haciendo que los normandos prendieran fuego a la ciudad.

Muchos de los edificios de Roma fueron destripados en las colinas del Capitolio y el Palatino, junto con el área entre el Coliseo y la de Letrán. Al final, el pueblo romano devastado sucumbió a los normandos.

A partir de 1494, los estados de Italia se convirtieron en peones en una sucesión de nueve guerras que se prolongaron de forma intermitente hasta 1559. La dinámica de estas luchas cambió significativamente en 1519 cuando el rey Carlos I de España también se convirtió en el emperador Carlos V.

Como heredero de tres grandes dinastías europeas - los Habsburgo de Austria, los Trastámara de Aragón y Castilla, y los Valois de Borgoña –Carlos controlaba más de cuatro millones de kilómetros cuadrados de territorio que se extendía por Europa, Norte, Centro y Sud América, el Caribe, y Asia.

En 1526, Carlos impuso un humillante tratado de paz en el que Francia se unía a la Liga de Cognac, una coalición formada por el Papa Clemente VII. Además de Francia y los Estados Pontificios, los demás signatarios incluían a las Repúblicas de Venecia y Florencia, el ducado de Milán, y a Inglaterra (aunque Enrique VIII se negó a participar después de que su solicitud de tener el tratado firmado en Inglaterra fue rechazada).

Como el principal instigador de la Liga de Cognac, el Papa Clemente no era una figura popular en la mayor parte de Europa. Nombrado Papa en noviembre de 1523 Clemente cambió de bando durante la anterior guerra italiana de 1521 a 1526. El emperador Carlos decidió que necesitaba reclutar una fuerza en el norte de Italia para imponer su voluntad sobre sus opositores, especialmente los milaneses. La familia Sforza en el poder había estado usando todos sus poderes políticos, fiscales y militares para tratar de romper las cadenas de la dominación de los Habsburgo durante años.

En noviembre de 1526 se hizo un llamado a soldados y mercenarios experimentados. En tres semanas se inscribieron 12000 mercenarios quienes comenzaron a atacar varias ciudades.

Los pagos y suministros no llegaban: el nuevo comandante, el duque Carlos de Borbón ofreció sus servicios al emperador Carlos y propuso una marcha sobre la capital papal ligeramente defendida. El duque y su ejército salieron de la ciudad de Arezzo el 20 de abril de 1527. El ejército imperialista atacó, capturó y saqueó las ciudades de Acquapendente, San Lorenzo alle Grotte, Viterbo y Ronciglione.

A medida que el ejército se acercaba a la Ciudad Santa, el Papa Clemente ofreció una suma de 60.000 ducados (unas 210 toneladas de oro) para pagar a la chusma y salvar la ciudad. Sin embargo, el dinero fue robado por los ladrones y la transferencia fue cancelada. El ejército llegó a las murallas de Roma en la noche del 5 de mayo: una densa niebla había descendido sobre la ciudad en el día del ataque, evitando que los defensores pudieran apuntar sus cañones con eficacia. A pesar de esta desventaja fueron rechazados dos ataques iniciales.

El duque de Borbón fue asesinado de un tiro en el abdomen en los primeros minutos del ataque. Este solo acto dejó el ejército del emperador completamente sin líder. La multitud que subía las almenas de la ciudad santa a las 7:30 de la mañana vio a un monstruo enojado y no a un ejército. Las hordas deshumanizadas profanaron las iglesias espléndidamente ornamentadas de Roma, arrastrando lejos tabernáculos, vasos litúrgicos y cruces. Luego volvieron su atención a los ricos. Alrededor de 25 cardenales vivían en Roma en ese momento. Los mercenarios irrumpieron en su palacio, arrastraron a los clérigos y obligándoles a pagar tributo por sus vidas. La nobleza romana y ricos comerciantes recibieron el mismo tratamiento. El 9 de mayo, un «consejo de soldados» recién instalado ordenó a los mercenarios acabar con el saqueo pero nadie los escuchaba.

La anarquía reinaba en la ciudad. Las bandas de mercenarios vagaban por las calles: una vez vaciadas las villas e iglesias, los invasores codiciosos desenterraron jardines y canales de la ciudad en busca de tesoros escondidos. Los edificios fueron incendiados. Los saqueadores llegaron incluso abrir las tumbas de santos, incluyendo la tumba de San Pedro Apóstol: se llevaron piedras preciosas, tapices valiosos e incluso la tiara del Papa. La pérdida total se estima en unos 10 millones de ducados, el equivalente a 35 toneladas de oro.

Una gran parte de la Guardia Suiza, 147 hombres, fue masacrada en la escalinata de la Basílica de San Pedro mientras luchaban para proteger al pontífice. Su valiente postura permitió que el papa y sus fieles seguidores pudieran escapar a través de un pasillo secreto al Castel Sant' Angelo, donde luego se atrincheraron comiendo carne de burro durante un mes. El 6 de junio el Santo Padre se rindió y pagó un rescate de 400.000 ducados. Pero el derramamiento de sangre continuó durante otros nueve meses antes de que los invasores finalmente salieran de la ciudad. Mientras tanto, las epidemias comenzaron y los precios de cualquier tipo de alimentos se elevó a niveles astronómicos. Las calles y callejones se llenaron con el hedor de los cadáveres insepulto.

Se estima que 45000 ciudadanos de Roma, nobles, comerciantes, gente común, cardenales, fueron asesinados y dejados por muertos en las calles. El Papa Clemente fue un prisionero virtual en Castel Sant 'Angelo por otros seis meses, finalmente escapó disfrazado como vendedor ambulante. Algunos de los territorios de los Estados Pontificios fueron absorbidos por el emperador Carlos, otros fueron tomados por las ciudades- estado italianas.

Durante sus seis meses de encarcelamiento en Castel Sant'Angelo, el Papa Clemente dejó crecer su barba en señal de luto por el saqueo de Roma. Aunque el derecho canónico lo prohibiera, Clemente mantuvo su barba hasta el final de su vida en 1534. Como resultado, todos los Papas hasta Inocencio XII, en el año 1700, usaron barba.

4.4. Los Incendios

La lectura de las crónicas romanas revela numerosas referencias a los incendios y a las pérdidas debidas al fuego en la antigua Roma las cuales devastaron grandes áreas con la pérdida parcial o total de viviendas, mercados, graneros, almacenes, y espléndidos edificios públicos.

Los incendios eran frecuentes por varios motivos entre ellos las estrechas callejuelas y calles, las casas construidas con materiales fácilmente inflamables, y la falta de suficientes instalaciones para comprobar rápidamente un brote de incendio o para combatir uno con éxito.

Con respecto a las grandes estructuras públicas, éstas a menudo se construían con materiales supuestamente durables y ornamentaciones como el mármol y el bronce, por lo tanto, no debían haber sido presa fácil de las llamas. Entre las ruinas se pueden divisar grandes masas de hormigón, ladrillo y piedra que parecen desafiar incluso el mismo tiempo, nos sentimos tentados a rechazar información en este sentido e incluso la idea de que el fuego pudiera dañar seriamente, y mucho menos destruir, este tipo de estructuras.Durante la República se registra el primer fuego destructivo después de la toma de Roma por los galos en el año 390. Cada uno de estos incendios, se ha dicho con una considerable exageración, destruyó completamente una Roma, seguidas de una reconstrucción absolutamente nueva.

No obstante, la ciudad no fue destruida por completo: por supuesto muchas de las casas que en el año 390 a.C. estaban de madera o barro y mimbre, y con techos de paja, fueron quemados. El Foro Romano y el Comitium fueron asolados, los pórticos y tiendas que bordeaban el Foro fueron también quemados, muchos de los primeros monumentos situados en el Foro perecieron, y los registros pontificios fueron también para el su mayor parte destruido. Luego de la destrucción gala, la cabaña original construida por Numa como un santuario para el fuego sagrado vigilado por las vírgenes vestales subsistió y fue reemplazada por el templo de Vesta destruido, a su vez, por un incendio en el año 241.

Las cortinas y el oropel de los templos eran una fuente inmensa de combustibilidad. Los incendios que destruyeron el Panteón en el año 110, el Templo de Apolo en el año 363, el de Venus y Roma en 307, y el de la Paz en 191, se iniciaron y fueron alimentados por los materiales inflamables del interior de las estructuras. Las estructuras eran a prueba de fuego con la excepción del techo.

Los edificios sagrados presentaban todo tipo de cortinas, basta citar las palabras de Tito Livio (XL.51): «En el año de Roma, 574, los censores Marco Fulvio Nobilior y Marco Emilio Lépido restauraron el templo de Júpiter en el Capitolio. En esta ocasión se retiraron de las columnas todas las tablas, medallas y banderas militares omnis generis que se habían colgado en su interior».

En 213 un incendio desastroso que se prolongó por dos noches quemó todo a la tierra entre los Salinae (almacenes de sal situado entre el Aventino y el Tíber) y la puerta Carmental y se extendió hacia el norte hasta el borde del Foro alcanzando el Foro Boario (mercado de ganado) y destruyendo el templo de Spes en el Foro Holitorio (el mercado de hortalizas entre el Capitolio y el Tíber), y los templos venerables de Fortuna y Mater Matuta, ambos atribuidos por la tradición a Servio Tulio.

Tres años más tarde, en 210, un gran incendio se extendió por los lados norte y sur del Foro. Caerían las tiendas y muchas casas privadas de todo el Foro, el mercado de pescado (detrás de las tiendas y al norte del Foro), los edificios de la Lautumiae (un distrito de piedra de cantera en la ladera este del Capitolio), y la residencia del sumo sacerdote (regium atrio); el templo de Vesta fue salvado con dificultad por los esfuerzos valientes de trece esclavos. Otra gran incendio se produjo en el año 203, cuando las casas de la densamente construido Clivo Publicio fueron quemados hasta los cimientos. En el 192 el área congestionada del Foro Boario se quemó una vez más.

Un templo de Venus situado cerca del Foro fue totalmente destruido por un incendio en 178. El famoso templo de la Magna Mater, erigido en el Palatino, algún tiempo después de 204 cuando los romanos introdujeron su adoración desde Asia Menor, fue quemado en el 111. En el 83, durante las guerras entre Mario y Sila, el templo de Júpiter Capitolino fue quemado hasta sus cimientos. La lucha civil volvió a ser responsable de un fuego destructor en el 52, cuando los partidarios de Clodio llevaron su cuerpo al Comitium y usaron en su pira funeraria los asientos y bancos de senadores y jueces. Las llamas envolvieron la Curia Hostilia (la casa del senado original, restaurada y ampliada por Sulla), consumida por completo, y también destruyeron la basílica Porcia (construida por M. Porcio Catón en 184). Finalmente, los dos últimos incendios de importancia durante la época de la República se produjeron en el 49 cuando el templo de Quirino (en el Quirinal) fue alcanzado por un rayo y fue totalmente destruido, y el otro en el 36, cuando la Regia era presa segunda vez en llamas.

En el período de la República hay registros fiables de quince incendios: siete generalizados a toda la ciudad y otros siete con pérdidas importantes en algunos edificios públicos.

Los grandes incendios del Imperio, con las mismas causas que aquellos de la época de la República, fueron más frecuentes en el Circo Máximo, el Foro Romano, la Vía Sacra, y el Campo de Marte, sectores de la ciudad donde el peligro de incendio era máximo.

En el período imperial los incendios destructivos en Roma fueron más numerosos que en la época de la República debido al gran aumento de la población, de los suministros de alimentos y ropa necesaria para su mantenimiento, y un aumento inevitable en los hogares, viviendas, tiendas y almacenes necesarios para la vida doméstica y empresarial. Los barrios estaban aun más congestionados (ya estaban superpoblados) por lo que la mejora de la construcción (por los planos o materiales utilizados) no alcanzó para controlar y extinguir los incendios.

En el reinado de Augusto se produjeron nueve incendios, cinco incendios se registran para el reinado de Tiberio. Un incendio de grandes proporciones ocurrió en los tiempos de Claudio (el distrito Aemiliana, en la parte sur del Campo de Marte, fue arrasado por un incendio que se prolongó por dos noches).

Con respecto al incendio de Nerón del año 64, éste se prolongó por al menos seis días y siete noches. El fuego se inició en el extremo oriental del Circo Máximo, devastó el Circo, el Foro Boario, y la Velabrum (el lado noroeste del Palatino y el Capitolio), extendiéndose por las laderas del Celio, Aventino, Capitolino y Palatino. Cruzando el Velia las llamas alcanzaron el Esquilino, donde su furia se detuvo con la demolición de grandes masas de los edificios, sólo para estallar en el Campo de Marte. De las catorce regiones de la ciudad el incendio solo respeto aquella centrada en el Foro (aunque al este del Foro, la Regia, el templo de Vesta, y la casa de las Vestales fueron gravemente dañados). Tres distritos fueron totalmente destruidos y los seis restantes fueron impactados con gravedad. No hay duda de que obras maestras del arte griego fueron destruidas, pero una ciudad aun más espléndida ciudad se levantó sobre las ruinas de la anterior.

Las estatuas de oro, plata o bronce saqueadas al pueblo etrusco, en Grecia y Cartago se fundieron y el mármol se convirtió en cal viva derrumbándose (Suetonio, Vida de Nerón).Bajo el emperador Tito de Roma (año 80) se registra otro gran incendio; otros dos desastres acontecieron en el tiempo de Cómodo (en el año 189 y en el 191). El reinado de Carus también estuvo marcado por dos incendios importantes, en el año 283. De la época imperial se registra un total de cuarenta y cuatro incendios.

El fuego en esta época se llevó consigo, parcial o totalmente, el templo de Vesta, la Regia, el teatro de Pompeyo, el templo de Júpiter Capitolino, la Basílica Julia, la Basílica Aemilia, el teatro de Marcelo, el Panteón, el Coliseo. Todas estructuras luego reconstruidas. El resultado de los incendios fue una mejora gradual de la ciudad desde el punto de vista sanitario y estético.

Muchas veces fueron rayos los que ocasionaron las llamas: así sucedió con el templo de Júpiter Capitolino y el Coliseo, tres veces, y el templo de Quirino, el templo de Salus, y el de Ceres, el Panteón, la casa de Augusto, el Atrium Publicum (en el Capitolio), y numerosos templos, como los de Juno Lucina, Spes, Ops, Penates Dei, Pietas, Pax, Luna y Júpiter Víctor.

Las numerosas bodegas y silos situados en zonas densamente pobladas almacenaban materiales inflamables como aceite, cereales, lana, madera y madera. Muchos edificios privados de gran calidad se construían en madera y ladrillos secados al sol (lateres Crudi), con techos inclinados de madera y tejas.

El Circo Máximo, a manera de ejemplo, era altamente inflamable pues los dos niveles superiores de los asientos eran de madera mientras que a su alrededor, en el exterior, había edificadas tiendas de madera y otros edificios pequeños. El Panteón es a prueba de fuego pero la estructura actual data de una restauración por Adriano. La destrucción del Panteón original, por un incendio en el año 80 y de nuevo en el 111 sólo es explicable porque contenía una gran cantidad de madera, especialmente en su parte superior.

Nerón confeccionó una serie de regulaciones para la reconstrucción de la ciudad con las que se pretendía minimizar el peligro de incendio (Tácito, Annales XV:43 y Suetonio, Nerón XVI). Se estableció una altura máxima para las viviendas en los veinte metros. Se construyeron espacios abiertos entre los edificios, y porches o columnatas frente a las casas y apartamentos, para que el fuego pudiera lucharse eficazmente. También se redujo la altura y pisos de los edificios de viviendas colectiva (insulte).

4.5. Los Cambios Geopolíticos

Cambios trascendentales se producirían en la ciudad de Roma con la fundación de Constantinopla en el primer tercio del siglo IV. Su destino sería sellado en forma definitiva con el traslado de la capital, inicialmente a Milán en el año 373, y por motivos de seguridad a Ravena en el año 402 d.C.

Desde la muerte de Teodosio I el Grande en 395 d.C., el imperio se dividió en dos sectores para facilitar su administración y defensa, aunque se mantenía, teóricamente, su unidad. Por un lado se halla el sector occidental con una doble capital: Milán (sede del gobierno) y Roma (emplazamiento del Senado). Por otro se encuentra el oriental con una sola capital, Constantinopla, donde se localizan tanto el gobierno como el Senado orientales.

Ravena es una ciudad situada en el Adriático que había sido subsidiaria de Milán y que había tomado gran protagonismo comercial y religioso por su magnífica situación geográfica; finalmente se constituyó en el enlace entre los dos imperios. Cuando Teodosio falleció, en el año 395, en Milán, nuevamente se produjo la división del imperio entre sus hijos. Arcadio, de sólo 18 años, quien tomó el mando en Oriente, con capital en Constantinopla y Honorio, aún más pequeño que su hermano, en Occidente, con capital en Milán, siendo su regente, Estilicón. Finalmente, en el año 402 d.C. la corte se trasladó a Ravena desde Milán. En el año 404, Honorio la convirtió en capital del Imperio.

Los cambios geopolíticos afectaron el futuro de la ciudad de Roma que fue privada de su capitalidad y de la posibilidad de obtener recursos económicos para su mantenimiento. Se debe enfatizar estas fechas pues cuando finalmente Roma fue saqueada por los bárbaros ya no era la capital del Imperio. Podemos pensar que cierta cantidad de documentación, ornamentación y tesoros de la ciudad ya habían sido trasladados.

Constantinopla fue fundada por el emperador romano Constantino I donde se erigía la antigua ciudad de Bizancio (fundada en los primeros tiempos de la expansión colonial griega, probablemente alrededor de 671 a 662 a.C.). El lugar es el punto de encuentro de la ruta terrestre entre Europa y Asia y la vía marítima desde el Mar Negro hasta el Mediterráneo, su puerto era excelente y espacioso.

Constantino, después de haber restaurado la unidad del Imperio y puesto en marcha importantes reformas gubernamentales, identificó el sitio de Bizancio como el lugar adecuado donde un emperador podía asentarse, defenderse con facilidad, con tener acceso al Danubio o al Eufrates; su corte disponía de ricos jardines y talleres de la sofisticada Asia Romana, su tesorería se llenaba por las provincias más ricas del Imperio.

Constantinopla fue construido en seis años, consagrada el 11 de mayo del año 330. La corte manifestaba un lujo a la manera oriental; fue construida sobre un terreno cuatro veces más extenso que el de la antigua, con el auxilio de cuarenta mil operarios godos.

Con la fundación de esta «Nueva Roma», la antigua capital del imperio quedaba relegada definitivamente a un puesto secundario. Se reforzaba la influencia del Oriente heleno y se agudizaban los conflictos entre la Iglesia oriental y la occidental.

Las obras se iniciaron inmediatamente después de la victoria sobre Licinio, en el año 324. Se complejizó el ceremonial imitando el estilo persa: ante el ejército Constantino se presentaba revestido de una coraza de oro con piedras preciosas; ante el Senado, en ropa de gala y cubierto de joyas. En las audiencias, sólo él podía estar de pie, en medio de un círculo exclusivo. Inventó nuevos y sonoros títulos para sus dignatarios, al mismo tiempo, Constantino creó en su palacio una comunidad cristiana con la que se reunía para contemplaciones bíblicas y oraciones comunes.

El Olimpo entero quedó reunido en la «Nueva Roma», en donde el emperador, aún no se atrevía a derruir los antiguos templos profanos: hizo quitar de ellos todas las estatuas. Los dioses más venerados quedaron instalados en casas de baño, basílicas y plazas públicas: la Hera de Samos, la Atenea Lindia, la Afrodita de Cnido. La nueva capital a orillas del Bósforo (caracterizada también por siete colinas y asimilada en todo por su fundador a la ciudad del Tíber, con sus catorce regiones, su senado, etcétera.) no tuvo ritos paganos, ni culto a Vesta, ni templo capitolino.

Lo que hizo Constantino fue conferirle «un rostro inequívocamente cristiano» y «el carácter de una contra-Roma cristiana» que debía servir como pública demostración de la victoria sobre el paganismo. A una estatua de Rea con dos leones, por ejemplo, le modificaron la postura de los brazos para que pareciese una orante. A una Tyché le marcaron la frente con una cruz. El Apolo deificó, el monumento más venerable del mundo helénico, fue reconvertido en una estatua de Constantino el Grande.

4.6. La Conversión del Imperio: del Paganismo al Cristianismo

La conversión del impero romano del paganismo a la religión cristiana tuvo como inmediata consecuencia la transformación de la ciudad de Roma. Las iglesias se edificaron sobre los distintos edificios públicos y sobre los antiguos templos paganos.

Muchas veces la Iglesia como templo significó un edificio que perduró en el tiempo: al haber sido consagrado como cristiano se cuidaba y mantenía. No obstante, se trató de un «arma» de doble filo: aquellos templos o edificios que se derrumbaban fueron utilizados para construir iglesias e incluso se demolieron otros para aprovechar sus partes.

El emperador Teodosio I (378-395), al que los cristianos calificaron de Grande, impuso el cristianismo como religión única del Imperio Romano. Esta imposición fue el resultado de un largo proceso, que avanzó gradualmente desde el Edicto de Milán, promulgado por Constantino y por Licinio (año 313), que consideraba religio licita al cristianismo. En la actualidad se supone que el Edicto de Milán nunca existió ya que ningún autor de la Antigüedad lo ha conservado. Lo único que hicieron Constantino y Licinio, cuando a finales de enero del 313 se reunieron en Milán, fue rectificar la política religiosa emprendida, poco antes de morir, por Galerio en su edicto de tolerancia (año 313), que también habría sido firmado por Constantino y por Licinio.

Galerio, moribundo, llegó a firmar, el 30 de abril de 311, el llamado «Edicto de tolerancia de Nicomedia», por el que ponía fin a las persecuciones contra los cristianos, proclamando al cristianismo como religió licita. Incluso les autorizaba a reconstruir sus iglesias «bajo la condición de que no contravengan las leyes en manera alguna». Majencio (emperador desde 306 a 312) suspendió las persecuciones contra los cristianos, refrendó el edicto de Galerio por el que se había concedido a estos, en 311, la libertad bajo condiciones, y lo hizo cumplir escrupulosamente.

Con la victoria de Constantino sobre Majencio en el Puente Milvio de Roma en el año 312, se promulgaron una serie de leyes favorables a la Iglesia. Constantino ordenó devolver a las comunidades cristianas sus bienes confiscados, disposición no mencionada en el Edicto de Galerio.

Galieno (253-268) escribió dos veces a Amullino, procónsul de África con el fin de que librara a los clérigos cristianos de las cargas públicas, para que atendieran mejor a su ministerio; esta ley se extendió a Italia en el año 319. En la práctica el Estado romano reconocía al clérigo cristiano idéntica situación que al pagano. Estas dos leyes están conservadas en el Código de Teodosio (XVI. 2.1 y 2) y datan de octubre del 313.

La política religiosa seguida por Constantino entre los años 316 y 320 tendió a integrar en el Estado romano a la Iglesia. Una ley de 316 permitió que la Iglesia recibiera donaciones, lo que la llevó a la larga a hacerse inmensamente rica. Otra ley del año 321 (C. Th. IV, 7.1) creó un nuevo procedimiento de liberar a los esclavos por mediación de los obispos. En el 318 Constantino promulgó una ley que concedió jurisdicción a los obispos, lo que mermaba gravemente el monopolio jurídico del Estado romano. A partir del 317 se multiplicaron en las monedas los símbolos cristianos y fueron desapareciendo poco a poco los paganos, a excepción de los del Sol Invictus, que se desvaneció entre los años 320-322.

Así como Constantino elaboró leyes que protegieron de forma creciente al cristianismo, también dictó una serie de leyes antipaganas. Decidió no participar en ceremonias paganas, como en los ritos de los Decennalia al subir al poder. En el año 318 prohibió las prácticas de los haruspicina: la consulta de las entrañas de las víctimas, incluso en casas privadas.

Mientras los paganos de las provincias occidentales disfrutaban aún de una relativa tranquilidad, en Oriente las persecuciones empezaron después de la derrota definitiva de Licinio (324). Constantino prohibió que se erigieran nuevas estatuas a los dioses, que se rindiese culto a las existentes, que se consultasen los oráculos y todas las demás formas» del culto pagano; en 326, llegó a ordenar la destrucción de todas las imágenes, al tiempo que iniciaba en Oriente la confiscación de propiedades de los templos y el expolio de valiosas obras de arte.

No tardó en prohibir la reparación de los templos paganos que amenazasen ruina y ordenó numerosas clausuras y destrucciones, «dirigidas precisamente contra los que más habían sido venerados por los idólatras» (Eusebio). Dispuso el cierre del Serapión de Alejandría, el del templo al dios Sol en Heliópolis, el derribo del altar de Mambre (con motivo de que el Señor en persona se había aparecido allí al padre Abraham, en compañía de dos ángeles), y el del templo de Esculapio en Aegae, cumpliéndose esto último con tanta diligencia «que no quedaron ni siquiera los fundamentos del antiguo desvarío» (Eusebio). Ordenó, asimismo, la destrucción del templo de Afrodita sobre el Góigota y el muy famoso de Heliópolis, incendiado y reducido a escombros por un comando militar.

La política religiosa de Constantino se volvió aun más favorable a los cristianos entre los años 320-328. A ello contribuyó, sin duda, su rivalidad con su cuñado Licinio, que se inclinó al paganismo, y que terminó en una guerra abierta, y la muerte violenta de su esposa Fausta y de su hijo Crispo. Prohibió en el año 323 los sacrificios paganos, celebrados con motivo del aniversario del emperador (C. Th. XVI. 2.5).

En el año 331 inventarió los bienes de los templos paganos y saqueó sus riquezas y costeó la construcción de iglesias, como las del Santo

Sepulcro en Jerusalén y la de los Santos Apóstoles en Constantinopla.

El sucesor de Constantino, su hijo Constancio II (337-361), arremetió violentamente contra el paganismo, mediante una ley contra los sacrificios paganos, promulgada en 341 (C. Th. XVI. 10.2), tratando de arrancar de raíz la religión pagana. Estas leyes se continuaron en otras del año 346 en la que se ordenaba el cierre de todos los templos paganos (C. Th. XVI. 10.4).

El usurpador Magnencio (350-353) abolió estas disposiciones, al autorizar los sacrificios nocturnos, prohibidos por Constantino. A partir del año 356 Constancio reprimió duramente la religión pagana, al prohibir la magia, los sacrificios, la adivinación y al ordenar cerrar los templos. A partir del 353 Constancio utilizó la fuerza pública en los asuntos religiosos. En 356, se ordenaba la clausura de todos los templos. La cuestión estribaba en impedir que los malvados (perditi) siguieran haciendo sus «cosas malas», lo que desencadenó una oleada de asaltos contra los templos. La confiscación de bienes y la muerte por pisar un templo, o por participar en la «aberración» de los sacrificios o adorar una imagen, era uno de los puntos de las leyes de Constancio: «Quien tales cosas haga, sea abatido por la espada vengadora». También amenazaba con la confiscación de bienes a los gobernadores que no pusieran celo suficiente en el cumplimiento del decreto. Un año después, en 357, el regente amplió la pena de muerte a las prácticas adivinatorias y astrológicas. «Que callen ahora y de una vez para siempre.»

Estas leyes se aplicaron de modo desigual en Occidente con respecto a Oriente. La visita del emperador a Roma, ciudad que le impresionó por sus templos, le volvió contemporizador con el paganismo, y aceptó el supremo título de la religión pagana, el de pontifex maximus.

Cuando Constancio visitó por primera vez Roma, en mayo de 357, toleró la subsistencia del panteón, el templo de Júpiter sobre el Capitolio donde residía la Tyche romana; impresionado por las tradiciones de la ciudad, incluso patrocinó los ritos paganos de la misma, confirmó los privilegios de las vestales y contribuyó con dinero a las festividades. Sin duda, se trataba de contemporizar con la poderosa aristocracia romana, pero estas demostraciones de favor producían resurgimientos del paganismo en toda Italia. Roma siguió siendo una plaza fuerte de la religión antigua.

El emperador Juliano (361-363), hijo de Julio Constancio y de Basilina, dio un giro de ciento ochenta grados buscando revitalizar el paganismo. Gran admirador de la cultura clásica, lector infatigable de Homero y de Platón, fue adorador del Sol y de Mitra. En el año 362 abolió todas las disposiciones dadas por Constante y por Constantino, con un edicto de tolerancia.

Todos los obispos desterrados, en las luchas de la Iglesia, como Atanasio, podían volver a sus respectivas sedes. Restableció los símbolos paganos, y los ritos tradicionales. Entre los paganos se eligieron los vicarios, los gobernadores y los prefectos. Los clérigos cristianos perdieron todos los privilegios otorgados por Constantino. Juliano intentó crear una Iglesia pagana jerarquizada, que practicaba las virtudes cristianas de la caridad. No sólo fue «el primer emperador auténticamente culto desde hacía más de un siglo, sino que también mereció un lugar destacado entre los escritores de la época en lengua griega, y supo rodearse de los mejores pensadores de su tiempo.

Las medidas de Juliano no tuvieron consecuencias: Valentiniano (364-375) fue proclamado emperador por el ejército y eligió como colega a su hermano Valente (364-378). No atacó al paganismo, tan sólo los sacrificios nocturnos fueron prohibidos. Al mismo tiempo se mantuvo siempre apartado de los asuntos internos de la Iglesia. Su hermano Valente, ocho años más joven, siguió una política diferente, posiblemente porque la situación de Oriente era diferente a la de Occidente.

El gobierno de Graciano (379-383) marcó la separación entre la Iglesia y el paganismo. Es probable que en el año 379 renunciara ya al título de pontifex maximus, que pasaría a los obispos de Roma. En un primer momento de su gobierno se mostró tolerante, como lo indica el edicto de tolerancia del año 378 pero a partir del 379, cambió repentinamente. En agosto de 379 promulgó en Milán un edicto, por el que anulaba el anterior edicto de tolerancia, se prohibía enseñar a los herejes, reunirse y tener clero.

Parece que este viraje, radical en su política religiosa, se debió a la presión del obispo de Roma, Dámaso, que solicitaba del poder estatal que el brazo secular se pusiera al servicio de la Iglesia. Graciano golpeó duramente al paganismo de Roma: suprimió las inmunidades de que gozaban las vestales, abolió el sacerdocio romano, confiscó los ingresos que percibían de sus posesiones. Así como todos los templos paganos. Medidas semejantes habían sido aplicadas en el Imperio, pero no en Roma. El obispo de Roma a partir de ahora (382) quedó libre de la jurisdicción del prefecto de la ciudad, según lo solicitado por el concilio celebrado en Roma en 378.

Graciano ordenó retirar el altar de la Victoria en el que los senadores paganos al entrar a las sesiones de la curia ofrecían unos granos de incienso. Los senadores enviaron una embajada a Milán, donde se encontraba en este momento el emperador, pero Graciano no los recibió. Esta negativa a recibirlos significaba que el Estado romano no era neutral ya en asuntos religiosos.

Lo sucedería Teodosio, jefe de la caballería: cuando Graciano fue asesinado, el terreno estaba bien abonado para borrar el paganismo. Esta fue la obra de Teodosio. Éste tenía una alta idea del papel del príncipe, pero más aún de sus deberes de cristiano: con todo respaldo se puede decir que se trataba de un fanático. Es probable que planeara ya convertir al cristianismo en religión del Estado romano. La primera medida que tomó, en 379, fue precisar los deberes del gran sacerdote que presidía los juegos olímpicos de Alejandría. Al año siguiente, 380 (C. Th. XVI. 1.2), un edicto puso al descubierto sus planes: «Todos nuestros pueblos deben incorporarse a la fe transmitida a los romanos por el apóstol Pedro, a l que proclama el pontífice Dámaso, y Pedro, obispo de Alejandría, en lo referente a la Santa Trinidad, del Padre, del Hijo y del Espíritu Santo. Sólo los que observen esto tienen derecho al título de cristianos católicos. Los otros son herejes y están infamados. Sus lugares de reunión no tienen derecho al nombre de Iglesia. Dios se vengará de ellos. Nosotros también».

En el año 383, en Lyon, fue asesinado Graciano y Teodosio quedó dueño único del Imperio. En 391 condenó terminantemente sacrificar víctimas, visitar los templos y venerar las estatuas. Los gobernadores culpables de no aplicar lo legislado serían castigados con grandes multas en oro o plata. Esta ley fue la sentencia de muerte del paganismo (C. Th. XVI. 10.10). Otra ley de este año con las mismas prohibiciones iba dirigida expresamente a Egipto, llevando al cierre del famoso Serapeo de Alejandría. El obispo de la ciudad, Teófilo, destruyó la estatua de Serapis, una de las obras de arte más valiosas de la Antigüedad, atribuida al escultor Briaxis.

Teodosio endureció su política religiosa, condenando en el año 392 todo tipo de sacrificios, incluso los privados, como encender lumbre a los lares, ofrecer vino al genio o incienso a los penates, adorar estatuas y consultar las entrañas de las víctimas. Se prohibió también la celebración de los Juegos Olímpicos, que eran, en principio, espectáculos de carácter religioso.

Ambrosio, obispo de Millán, en varias cartas dirigidas al emperador príncipe le recuerda la obligación de servir ante todo a Dios, y le amenaza con que si se enfrenta al clero cristiano, será expulsado de la Iglesia. La grandeza de Roma, le recuerda, se debía al ejército. La Iglesia no pedía subsidios del Estado. Ambrosio no solicitó ningún privilegio especial para la Iglesia. Rechazó todo sincretismo entre paganismo y cristianismo. Trazó un programa de política religiosa, que se mantuvo por muchos siglos. El príncipe cristiano debe obedecer sólo a la ley de Dios. Si tolera el paganismo, falta a su obligación. No puede sustraerse a la tutela de la Iglesia.

En 396 se anularon todos los privilegios y las prebendas que tenían los sacerdotes de los templos y se prohibieron las fiestas paganas. En 399 se dio la orden de derribar los templos rurales: el material resultante se utilizó para la construcción de caminos, puentes, cañerías de agua y murallas. Los oratorios de las ciudades se pusieron a disposición del público. Aunque se protegían las obras de arte, los obispos y los monjes rara vez las respetaban. Se procedió a destruir los altares y retirar las estatuas de dioses que todavía quedaban. No sólo se las prohibió en el culto sino que también se impidió que fueran mostradas en los baños; así lo ordenó Arcadio en 399 y Honorio en 408 y 416, después de que una ley para la confiscación definitiva de todas las imágenes de dioses quedara tan sin efecto como muchas anteriores.

La época en la que los apologistas cristianos defendieron la absoluta libertad de cultos y la separación de Iglesia y Estado había pasado. Ya bajo Constancio II hubo que proteger los templos contra los desmanes cristianos. Y mientras que en 399 se ordenaba legalmente su destrucción en Siria, ese mismo año, en Occidente, vuelven a ponerse bajo protección estatal.

Muchos emperadores y estadistas cristianos ayudaron además a la preservación de estatuas de dioses y de algunos templos transformándolos en «museos» estatales. Hasta Teodosio mandó reabrir el ya clausurado templo de Osrhoene, para no sustraer sus bellos ídolos a la vista del público. También otras estatuas de dioses gozaron de su protección después de ser limpiadas como obras de arte. La estatua de la Victoria fue erigida nuevamente pero no como objeto de culto. Hasta en el mismo siglo V se conservaron las estatuas de los dioses como ornamento de las ciudades e incluso se restauraron aquellas afectadas por la guerra. El mismo emperador Justiniano llevó a Constantinopla la imagen de Atenea Promachos, donde pudo contemplarse hasta 1203.

El cristianismo (universal, luego catolicismo) pasó de ser el receptor de actos de violencia a ejercer la violencia en forma continua frente a los cismáticos o herejes pero especialmente contra los paganos y judíos. La unión del poder civil o temporal al poder de la iglesia tuvo consecuencias funestas para todos aquellos que desearan mantener su religión, la cultura occidental, en términos amplios, etc.

La transformación de templos paganos en iglesias en Roma no se puede documentar para antes del siglo VI, el papa Félix IV (526-530) reconvirtió el templum Sacrae Urbis y el templum Romuli en una iglesia bajo la advocación de los santos Cosme y Damián. Su ejemplo cundió, de forma que, a comienzos del siglo VI, el papa Bonifacio IV transformó con la aquiescencia del emperador Focas, el Panteón en la iglesia de Santa María ad Mártires. Los templos de Cumas y Fondi se tornaron iglesias. En Constantinopla predominaría la supresión física y espiritual de los fenómenos y elementos no católicos; en Roma se defiende la cristianización de los lugares paganos y su conservación para un nuevo uso.

El expolio, la «cristianización» de templos, más frecuente en Grecia y en Occidente que en Oriente, solía iniciarse con ritos de exorcismo, con una expulsión de los espíritus o demonios, después de lo cual se procedía a derribar y destrozar los eidola, el altar y la imagen venerada. A menudo se emplazaba allí una iglesia. También el arrasamiento a fuego equivalía a un exorcismo, puesto que el fuego ahuyentaría los malos espíritus! Después de la combustión, el lugar era purificado y los muros o los cimientos eran empleados para construir la iglesia.

En caso de conservar los muros, se destruían todos los ornamentos figurativos: esculturas, relieves, pinturas eran arrasados, revocados y recubiertos de pintura. Después se añadía una decoración con símbolos cristianos. Al igual que pasó con muchos templos, numerosas imágenes de dioses se salvaron de la devastación porque los cristianos las aplicaron a nuevos usos, especialmente para embellecer los palacios y plazas de Constantinopla. Por lo demás, los cristianos emplearon también otros muchos materiales de los santuarios para construir o equipar sus iglesias y monasterios.

Inequívocamente la Iglesia empujaba a la confrontación directa y dura con el paganismo y a su exterminio, se impacientaba viendo las vacilaciones ocasionales del Estado, el cual solía alternar las fases de moderación con otras en que atendía prestamente los deseos de aquélla para proceder con toda dureza. Era la Iglesia la que se quejaba por boca de sus obispos y a través de sus sínodos de la laxitud de los funcionarios estatales, que reputaba la perduración del culto a los dioses como perduración de la blasfemia y su erradicación como un deber sagrado. Y por más que circunstancialmente procurase liquidar al competidor religioso con los medios pacíficos de la misión, sus armas más frecuentes, especialmente en las zonas rurales, fueron las de la lucha y la violencia, de ahí que no fueran raras las refriegas sangrientas y que en su transcurso la muchedumbre cristiana «se dejara dirigir por monjes y sacerdotes».

Una ola de terror inunda los países pero pese a todo el paganismo perduró aún por mucho tiempo, especialmente en círculos griegos. También en el siglo v viven y se mantienen creativos paganos insignes. El primero de ellos Proclo, influyente cabeza rectora de la academia platónica, un filósofo fuertemente impregnado de sentido religioso, del que sin embargo se perdieron muchas cosas: entre ellas su escrito contra los paganos. Nonnos de Panópolis, o historiadores paganos como Eunapio de Sardes, enemigo resuelto del cristianismo e idolatra del emperador Juliano, Olimpodoro de Tebas (Egipto), que prosigue más o menos la obra del anterior con 22 libros sobre el imperio de Occidente. O bien Zósimo, adversario de los cristianos, que produjo su obra en la transición al siglo vi, y de quien nos ha quedado una nea Historia, una historia de los emperadores romanos en seis libros.

La destrucción y demolición de los santuarios se inicia en Occidente hacia el año 370, con Martín de Tours en la Galla, mientras que en Oriente el fenómeno es más tardío, ya en plena época de Teodosio. En las campañas de erradicación de los santuarios son lugar común: el enviado imperial para verificar los actos, la participación de comunidades de monjes fanáticos, los conflictos con las poblaciones paganas que defienden sus símbolos, los disturbios urbanos, la violencia y la sangre en los saqueos de los templos y en las destrucciones sistemáticas de bosques y templetes, la reconversión en iglesias católicas, la reutilización de los materiales como canteras, las mutilaciones de estatuas, etc.

5. Expolio y Reciclaje en Roma

La utilización de la palabra «expolio» en la historia del arte se inició a comienzos del siglo XVI en el círculo de anticuarios que incluía a Rafael. Con ese nombre se designaba a los antiguos ornamentos de mármol que en repetidas ocasiones se encontraban en lugares medievales de la ciudad. El expolio, il spoglia, implicaba la eliminación violenta del pasado clásico.

El expolio nos lleva a estudiar un edificio y especialmente partes de él que fueron reutilizados en un nuevo contexto. La inmensa actividad arquitectónica del Imperio Romano dejó una gran cantidad de edificios monumentales que permitieron el expolio.

Roma permitía la abundancia del expolio: por la cantidad de ruinas clásicas como el hecho de que durante muchos siglos fue realmente dos ciudades, una pagana y otra cristiana. A veces, este proceso se produjo sin pensar mucho en cuanto a simbolismos, en otros, se buscaba un efecto de manera muy consciente.

La reutilización de materiales de construcción es un continuo en la historia de la ciudad. Con el final de la República (123-23 a.C.), la reutilización del expolio fue un negocio próspero. Cicerón (Oratio ad Verrem II, 1, 54), una vez reprendió a su amigo Verres por restaurar el Templo de Cástor y Pólux en el Foro con piedras usadas de la estructura original. Mármol nuevo era preferible, argumentó, y los antiguos bloques debían ser descartados, dados a los contratistas como indemnización.

Una de las consecuencias para la existencia de un mercado de materiales reciclados resultó en que las viviendas más antiguas fueron las primeras en ser demolidas. Fue un problema tan serio que dos cónsules con visión de futuro, Hosidiano y Volusiano, prohibieron en el Senado, en el año 44, la compra y venta de bienes por parte de especuladores. Finalmente, el emperador Vespasiano, que gobernó del año 69 al 79, emitió un decreto para regular la especulación en la construcción con desechos por parte de particulares. Alejandro Severo renovó esta sanción en el año 222, a medida que las canteras imperiales en Luna comenzaron a reducir el suministro de mármol blanco.

El verdadero cambio en la ciudad se debe a Augusto, quien se comprometió a transformar la capital del Imperio de una ciudad de ladrillos en una ciudad de mármol. Al ampliar y crear nuevas vías, con la construcción de nuevos barrios, y la realización de un plan general para el saneamiento y embellecimiento de la metrópoli, se sacrificaron muchos monumentos históricos. Para despejar el espacio para la construcción del teatro de Marcelo, por ejemplo, la ermita de La pieta fue destruida. Añade Dion Cassius que se demolieron muchas casas y templos para hacer sitio a esta estructura que muchas estatuas de los dioses, tallados en madera y piedra, compartieron el destino de los templos.

Este cambio puede ser estudiado con claridad en el llamado templo de la Mater Matuta en el Foro Boario, después, la iglesia de S. Stefano delle Carozze, ahora S. María del Sole, en la Piazza Bocca della Verita. Aquí vemos los escalones de piedra que conducen a la cella de piedra de la época de Camilo, cubierto, pero no del todo ocultos, por los escalones de mármol y la cella de mármol de la época de Augusto.

En los primeros siglos de Roma edificios sagrados se construyeron de madera con adornos de paneles, cornisas y tejas de terracota, de forma policroma. Los cambios en la ciudad se efectuaron por razones de higiene, y la elevación consiguiente, de grandes extensiones de tierra, la reconstrucción de uno o más barrios de la Ciudad después de los incendios y la tala de grandes áreas para dar cabida a las grandes termas como la de Nerón, Tito, Trajano, Caracalla, el Decii, Diocleciano y Constantino.

En la época de Augusto una parte de la colina del Esquilino estaba ocupada por cementerios donde los cuerpos de los esclavos y mendigos y de los delincuentes que se habían sometido a la pena capital fueron arrojados a fosas comunes junto con los cadáveres de los animales domésticos y animales de carga. El distrito fue enterrado bajo tierra fresca a la profundidad de 24 pies, y un parque público se diseñó en él. Los veinticuatro millones de pies cúbicos de tierra y rocas, separados por Trajano desde la ladera oeste del Quirinal para hacer espacio para su Foro se distribuyeron en el cementerio entre la Via Salaria Vetus (Pinciana) y la Via Salaria Nova.

Cuando el emperador Nerón concibió la idea de la renovación y la reconstrucción de la capital del Imperio, las calles estaban llenas de templos, altares y templos pequeños e innumerables obras maestras del arte griego; muchas reliquias antiguas desaparecieron, la pérdida de las cuales los ciudadanos de más edad nunca dejaron que lamentar incluso en el esplendor de la nueva ciudad que surgió de las cenizas.

La construcción de las grandes termas públicas como las de Caracalla, con un área de 118.255 metros cuadrados, las de Diocleciano 130.000 metros cuadrados; el espacio en que se erigieron estaba ocupado por barrios ricos y populosos, con casas e insulae (edificios de apartamentos), templos, santuarios, columnatas y jardines. Los edificios fueron destruidos, se salvaron los materiales de construcción procedentes de éstos y se hicieron uso de nuevo en la nueva estructura. Los mismos acontecieron a las termas de Tito y de Trajano construidas sobre los restos de la Casa Dorada de Nerón o las Termas de Diocleciano, edificada sobre las oficinas del Collegium Fortunae Felicis.

La práctica de la construcción de paredes con mármoles de arquitectura, bloques que contienen inscripciones, estatuas y otros materiales finos de las estructuras anteriores, remonta al menos al reinado de Septimio Severo (193-211 d.C.). El Pórtico de Octavia fue restaurado por él, en el año 203, con fragmentos escultóricos de edificios dañados o destruidos por el fuego de Tito. La parte superior del Coliseo fue igualmente restaurado por Alejandro Severo en 223, y por Trajano Decio en 250, con un mosaico de piedras de todo tipo, troncos de columnas, fragmentos de entablamento, dinteles y jambas tomadas desde el anfiteatro en sí.

Un ejemplo más familiar es el arco de triunfo de Constantino, construido en el año 315 d.C. Tan compacto y perfecto a la vista, es realmente un ejemplo claro de la forma en que fueron saqueadas las viejas estructuras para erigir otras nuevas. Entre los bajorrelieves del frontón se observa las estatuas de los reyes dacios, los ocho medallones por encima de la pasajes laterales, las ocho columnas de giallo antico, y la mayor parte del entablamento fueron retirados de un arco de triunfo de Trajano, probablemente, el arcus dim Traiani que cruzaba la Vía Appia (o la Vía Nova), cerca de la Porta Capena. El interior de la estructura también se construyó con una gran variedad de materiales extraídos de las tumbas de los Fabios y del Arruntii, también las tallas e inscripciones.

Para los estándares antiguos el Arco de Constantino marcó un modo totalmente nuevo en el que fragmentos del pasado podría ser reapropiados y reconmemorados. Los emperadores se tomaron amplias licencias para canibalizar los proyectos de sus predecesores que hubieran sido deshonrados. Vespasiano, Tito, Galba y Trajano se acogieron a la «memoriae condemnatio» de Nerón para recuperar el sitio de su inmensa Domus Aurea para edificios públicos.

La apropiación de estos elementos formaba parte de un programa ideológico más amplio destinado a legitimar la autoridad soberana de Constantino sobre Roma. Como parte de este esfuerzo, la cabeza de Marco Aurelio fue sustituida por las de Constantino y Licinio el tetrarca. Sin embargo, los escultores que participaron en este proyecto también ubicaron estatuas honoríficas de Adriano y Marco Aurelio en el relieve de Constantino. Esta práctica impregnó gran parte de la construcción de Constantino en Roma, sobre todo en la basílica de Letrán, donde capitales se alternaron entre el estilo jónico y corintio.

El emperador Cómodo, que gobernó desde el año 180 hasta 192, llegó a remodelar la cabeza del coloso de bronce que representaba a Nerón con su propia imagen como el dios sol Helios.

La última intervención urbana fue la reparación del templo de Augusto dedicado a Saturno en el Foro Romano, que había sido arrasado por el fuego en algún momento entre los años 360 y 380.

El emperador Teodosio I, que pasó poco tiempo en Roma, emitió varias ordenanzas contra el transporte de mármoles dentro y fuera de los límites de la ciudad. Sin embargo, todos fue en vano y el saqueo de los sitios de culto pagano se convirtió de facto en algo cotidiano: en el año 382, su co-emperador, Graciano despojó a los prefectos de Roma, de su responsabilidad en el mantenimiento de los templos antiguos de la ciudad, que ya no tenían la condición de ser edificios públicos.

El departamento de la administración imperial llamado «Departamento de Mármoles» (marmorum statio), fue suspendido en sus operaciones antes de la mitad del siglo IV.

Después de la cristianización del Imperio Romano en el siglo IV, el uso de despojos de los monumentos mayores en las nuevas construcciones se hizo común, como fue el caso del Arco de Constantino, y el creciente vandalismo amenazó templos paganos y otros edificios públicos. Al mismo tiempo, sin embargo, se produjo un renacimiento de los estudios clásicos y un retorno a las viejas tradiciones. Leyes especiales fueron emitidas para la protección de los templos y tumbas antiguas, sobre todo en la época de Juliano el Apóstata y Símaco (340-402), el opositor más destacado del cristianismo en su época. En 458 d.C., Leo y Mayoriano (457-61) ordenó que «todos los edificios que han sido fundados por los antiguos como los templos y otros monumentos y que fueron construidos para el uso público o el placer no serán destruidos por cualquier persona». Los castigos incluían multas y hasta la mutilación de las manos.

Teodorico el Grande de los godos, rey de Italia 493-526, estaba particularmente preocupado por la arquitectura, el mantenimiento, reparación y restauración de edificios antiguos igualmente valiosos como la construcción de otros nuevos. Nombró un curador statuarum para cuidar de las estatuas, y un publicorum architectus, para cuidar los monumentos antiguos de Roma. El deber de poner los acueductos en orden, y mantener los baños y las fuentes bien abastecidos con agua fue confiada a una viene Urbis formarum, el cuidado de la red de alcantarillado a un ingeniero sanitario llamado Johannes, la carga del puerto de Roma fue dado a un capitán del puerto (viene Urbis Romae Portus), asistido por un adjunto (vicariu), los teatros y otros edificios fueron colocados bajo la supervisión de un «supervisor de diversiones1» (tribunus voluptatum).

La práctica de construcción con la utilización de elementos arquitectónicos de forma heterogénea en las nuevas estructuras, se profundizó con la decadencia y caída del imperio romano así como por su conversión al cristianismo. Bajo Teodosio, el cristianismo se convirtió en religión oficial del estado. La actitud hacia los lugares históricos de tipo utilitaria se debió a una necesidad urgente de material de construcción más que a una cuestión ideológica. Por lo tanto, una orden judicial del año 458 permitía retirar el adorno («ornatum») de edificios en ruinas para ser reutilizado para nuevos proyectos públicos. Esa legislación no llegó a la destrucción masiva de edificios antiguos, sin embargo, dejó abierta la posibilidad de que sus restos pudieran ser reutilizados para el culto cristiano. En última instancia, esto fue lo que salvó las antigüedades de los hornos donde los mármoles eran incinerados solo para producir cal. Los clérigos cristianos consideraron «necesario» exorcizar los sitios de culto pagano de sus demonios, una especie de «blanqueo» espiritual. Al llegar a Agrigento, en Sicilia, en 597, Gregorio Magno (540-604), en ese entonces un obispo, consumó como primer acto oficial la consagración del Templo de la Concordia a los santos Pedro y Pablo.

Llegado el pasaje de la antigüedad tardía a la Edad Media y especialmente durante ésta, Roma se transformó en una inmensa cantera con material prefabricado, por así decirlo.

En una carta dirigida a León X en torno al año 1519, Rafael y su colaborador, el erudito Baldassare Castiglione, expuso una relación completa de las obras de la arquitectura romana desde la antigüedad hasta ese entonces. Por primera vez, la antigüedad no era vista como monolítica sino como un proceso que fue evolucionado en distintas etapas estilísticas, desde Augusto a los Flavios, de éstos a los Severos.

Después de deplorar las incursiones de los godos, Rafael y Castiglione señalan que los monumentos de la época imperial solían ser restaurados (ristaurati), pero siempre «de la misma forma y con el mismo método» (con la medesima ragione e maniera). Como ejemplo indicó la Domus Aurea, en cuyos cimientos Tito después erigió sus termas (baños), y el anfiteatro Flavio construido en el sitio del lago artificial de Nerón. Claramente, no se referían a la restauración en nuestro sentido moderno sino en una continuidad en la forma «técnica» de la construcción.

Esta actitud hacia el pasado llegó a un abrupto fin con el Arco de Constantino: ambos artistas lo consideran poco menos que una aberración de la arquitectura clásica «tonto, sin arte o sin buen diseño.» Curiosamente, esta conclusión no se hizo sin una cuidadosa observación del propio monumento, de la que Rafael y Castiglione fueron capaces de discernir su hibridación distinguiendo los aportes de los emperadores Adriano, Trajano y Antonino. Casi dos docenas de iglesias cristianas y medievales tempranas sobreviven en Roma en otro lugar, con columnas proveniente del expolio.

Las columnatas en la catedral de Letrán y San Pedro están compuestas de expolio. Para Letrán los constructores parecen haber reunido dos grandes conjuntos de columnas: treinta y ocho o cuarenta monolitos de granito de más de 30 metros de altura para las principales columnas a lo largo de la nave, y cuarenta y dos columnatas de mármol de Tesalia (antico verde), un poco más de un tercio de la altura, para las columnas exteriores que dividen los pasillos. Veinticuatro de estas columnas fueron reutilizados por Francesco Borromini cuando remodeló la nave en el siglo XVII, y que puede verse la definición de los nichos en sus nuevos muelles.

San Pedro es aun más diverso en lo referente al origen de sus materiales de construcción. Los registros detallados de los arquitectos que demolieron la antigua iglesia en el siglo XVI indican que hubo doce columnas de granito gris, cuatro de granito rojo, dieciséis de cipollino, y seis canicas «mixtas» de las cuarenta y cuatro de la nave, y una mezcla diferente en los pasillos.

Los capitales y bases también fueron de origen heterogéneo: un observador del siglo XVI describió que «los capiteles estaban en parte sin terminar. Muchas bases eran diferentes a las columnas... Los dinteles eran de grandes bloques de mármol que fueron tomadas desde el circo, o de las ruinas de otro edificio... bajo uno de los bloques podían verse rosas talladas; bajo otro uno podría leer: CVM. SPECVLATOR...».

Las canteras romanas en la región de Carrara fueron abandonados en la antigüedad tardía y no se volvieron a abrir hasta el siglo XII. A partir del sigo IV hasta el siglo VI columnas y capiteles llegaron a la costa este de Italia desde Bizancio; algunos ejemplos espectaculares de estas importaciones sobreviven en las iglesias de Ravena, San Vitale y San Apolinar. Luego las importaciones cesaron. En algunas regiones, especialmente en el norte de Europa, donde el mármol nunca había sido abundante, los ornamentos desaparecieron o se ejecutaron con materiales de la zona (muchas veces con piedra caliza en lo que es llamado románico).

En Italia, sin embargo, el mármol siguió siendo una condición sine qua non de la pretensión arquitectónica. Tuvo que ser recuperado de edificios romanos. El análisis de la piedra utilizada por el escultor de la catedral de Módena, Wiligelmus del siglo XII, de los relieves de la fachada de la catedral demuestra que se trabajó con una variada colección de losas, incluyendo mármol griego que debe haber sido importado al comienzo del primer milenio.

Las piedras antiguas eran, ante todo material de obra: fue valorada por sus propiedades materiales, incluidos el brillo y el color, y apreciados por su alto costo. Muchas veces tallada en nuevas formas, como por ejemplo los brazos del trono episcopal en S. María en Cosmedin, o los fustes de las columnas y capitales de una columnata.

La capilla construida por Carlomagno en Aquisgrán, terminado en el año790, tiene un espacio central con una cúpula delimitada por ocho pilares conectados por dos pisos de arcos. Una cornisa horizontal continua sobre la arcada inferior marcando el piso de una galería envolvente que se ve en el centro a través de pares apilados de columnas corintias. El trono de Carlomagno se asienta en una plataforma en el lado oeste de la galería. Las columnas fueron proclamadas expolio por el consejero de Carlomagno Eginardo, quien escribió que Carlos «no pudo encontrar columnas de mármol para su construcción en otro sitio, así que se las había traído de Roma y Rávena». Se supone por lo general que la pretensión de haber adquirido expolio de las antiguas capitales imperiales se hizo por razones programáticas, para expresar pretensiones de imperio y grandeza.

En Roma los Papas siguieron un rumbo diferente: en lugar de mirar a los lugares de culto pagano se fijaron en el Foro Romano, específicamente en los edificios profanos. La iglesia de Santi Cosma y Damiano, consagrada en 527 por Félix IV, ocupa la sala de audiencias de la oficina del ex prefecto de la ciudad de (Templum Urbis Romae) y una biblioteca del Templum Pacis.

La antigua Curia del senado requirió sólo pequeñas modificaciones y fue dedicada nuevamente a Sant'Adriano por Honorio I (625-38). Y, después de ser donado a Bonifacio IV por el emperador bizantino Focas en 609, el Panteón se convirtió en el primero de una larga serie de templos romanos sometidos a la conversión oficial, dedicándolo a Santa María ad Mártires Omnes. San Nicola en Carcere, en el corazón del distrito de Ripa, se levantó sobre las ruinas de tres templos contiguos en el antiguo Foro Holitorio.

En 1128, el torreón de la iglesia se erigió en parte sobre el podio del templo norte (Janus) y parcialmente las columnas del templo de en medio (Juno Sospes- Juno el Salvador). En lugar de ocultar las ruinas, los constructores fortalecieron la columnata jónica del templo de la pared norte exterior de la basílica, utilizando, incluso, la antigua cella. Seis columnas dóricas del templo sur (Spes «Esperanza») también soportan el entablamento incrustado en el flanco sur de la iglesia.

La lápida de Iñigo Piccolomini, duque de Amain, marqués de Capistrano, Presidente del Tribunal Supremo del Reino de Nápoles, enterrado 29 de agosto 1566, en Santa María del Popolo, fue cortada de una cornisa de los Baños de Agripa.

El escudo de armas de Pío IV en la Porta Pia fue tallado fuera de la capital de una columna del Pórtico de Eventus Boni, cerca de la Stagnum Agrippae. La desaparición de los últimos restos del templo de Júpiter Optimus Maximus, sobre la roca Tarpeya detrás del Palacio de los Conservadores fue encontrada en el Pentélico. Sus capitales eran tan grandes que fue posible tallar en uno de ellos un león que está ahora en el balcón de la Villa Medici da al jardín. Los otros fueron utilizados por Vincenzo de Rossi por las estatuas de los profetas y otras figuras que adornan la capilla del Cardenal Cesi en la iglesia de S. María della Pace.

A mediados del siglo XV, se descubrieron una serie de columnas estriadas de antico giallo de trece metros de largo entre las ruinas del templo de Venus en los jardines de Salustio. El Cardinal Ricci di Montepulciano los compró y los utilizó para la balaustrada en su capilla en S. Pietro in Montorio. Compró también algunas columnas de alabastro que se encontraban en el mismo lugar: habían sido cortadas en losas y enviada junto a otros valiosos objetos a Lisboa como regalo al rey de Portugal, pero el barco se fue a pique en un vendaval.

El estadio de Domiciano, ahora Piazza Navona, ha suministrado material para la construcción de varios edificios modernos, entre ellos el palacio de Beneinbene en la Piazza Madama, la iglesia de San Nicola dei Lorenesi en la Via dell'Anima, y el Casino de Pío IV en los jardines del Vaticano. La capilla de Gregorio XIII en San Pedro se construyó sobre todo con los mármoles del mausoleo de Adriano. Giovanni Alberti, que se encontraba en Roma en el momento de su erección, dejó el siguiente memorando: «El friso con guirnaldas y cabezas de toros, esbozado en estas hojas, junto con el arquitrabe y la base, fue tomado desde el río - frente a la mausoleo de Adriano por orden del Papa Gregorio XIII. Los mármoles se utilizarán en la construcción de la Capilla Gregoriana de San Pedro. Hice estos dibujos el 20 de julio 1579.»

A mediados del siglo XVI había restos considerables de las Termas de Tito al este del Coliseo, entre S. Pietro in Vincoli y las Termas de Trajano. Las columnas de antico verde que adornan el balcón del palacio Farnese, y los de la villa de Julio III en la Via Flaminia, provienen de los Baños del Acque Albule, o manantiales de azufre, en la llanura de Tivoli.

Las dos columnas de alabastro de la capilla Odescalchi en el SS. Apostoli se encontraron en 1728 en el palacio de Augusto en el Palatino. El atrio de la iglesia de San Teodoro está pavimentado con piezas de pórfido que se encuentran en La Marmorata. Los escalones superiores del Porto di Ripetta, eliminado en 1888, estaban pavimentadas con bloques de serpentina del mismo lugar.

La plaza del Capitolio estaba pavimentada con losas de travertino de la zona frente al Panteón. Las columnas de corallina brecha en la capilla de San Sebastián en el Palatino provienen de la casa de las Vestales.

La Capilla Falconieri en S. Giovanni dei Fiorentini fue hecha con mármoles del gran templo de Juno en Veyes; la Capilla Borghese, en Santa María la Mayor, con los despojos de los templos y palacios en el Aventino, y el palacio de Bernini en S. Andrea delle Fratte con los despojos de los Baños de Licinio Sura.

A partir del Siglo X las Familias romanas más reputadas competían en la apropiación de las antigüedades, para presumir de su linaje romano y para lograr ventajas territoriales y estratégicas. Ejemplos son los Crescenzi, vecinos de los Pierleoni, familias rivales.

En San Lorenzo Fuori le Mura, basílica pelagiana de finales del siglo VI, la nave esta conformada por columnas corintias estriadas, excepto el último par que flanquean el arco de triunfo. Estas columnas llevan capiteles con relieves figurativos trofeo romana, lo que indica el triunfo cristiano sobre el pagano a través de su posición en el arco triunfal del edificio. El ábside de esta iglesia fue derribado en el siglo XIII, agregándose una nueva: la basílica pelagiana del siglo VI podría ser vista como una especie de expolio en la estructura de la nueva iglesia.

En Sant'Agnese Fuori le Mura, las columnas y capiteles siguen siendo originales. En la primera parte de la arcada de la nave, diversos ejes de mármol gris claro se utilizan con capiteles corintios. En la parte de la nave más cercana al ábside, se observa un par de ejes de mármol blanco estriado y dos pares de columnas de especies raras, espléndido mármol pulido de color rojo lleva compuestas capiteles completa de las hojas.

Estos ejemplos de edificios dan una idea de las formas en que los viejos elementos de construcción se reutilizaron, cómo las variaciones en el color, materiales y adornos eran explotados al interior de las iglesias, y cómo el sistema clásico de órdenes, fue reconstruido. De esta manera, la relación tradicional entre la base, el eje, el capital y entablamento horizontal se desintegró, aislando las partes individuales de su interdependencia monótona anterior.

Muchos debates en la historia del arte polemizan que el expolio fue usado porque no había otras posibilidades, y que la gente de la época hubiera preferido material idéntico si éste hubiera estado disponible. En la década de 1950 Bernard Berenson afirmó que el uso del expolio era «una confesión de inferioridad con el pasado».

En un tiempo se consideraba que la disposición heterogénea del expolio en las iglesias era «caótica», ya que profesaban una «completa falta de comprensión del canon clásico» y «una falta completa de sensibilidad para las proporciones», y «sin pretensiones de armonía». Hoy en día, muy por el contrario, la heterogeneidad de los materiales que expone el uso del expolio lo muestran como un objeto codiciado, con un lenguaje arquitectónico rico en significado.

Entre los tantos significados posibles dados al expolio se encuentra la posibilidad de considerarlo como un «trofeo» o triunfo en relación al pasado pagano, la idea de que los cristianos, literalmente, construyeron sus iglesias en o con partes de edificios paganos. Otra posible significación, no necesariamente excluyente con la anterior, podría ser un deseo en la Roma cristiana, personificada por el Papa, para continuar con el pasado glorioso del Imperio Romano, de asimilar su poder, su autoridad, por así decirlo.

Además de este contenido predominantemente ideológico, se pueden ver aspectos arquitectónicos: la idea de construir con expolio como una especie de estructura de la memoria, o de una vinculación entre lo viejo y lo nuevo, como la relación entre el Antiguo y el Nuevo Testamento. La combinación de un viejo y un nuevo edificio representando la relación entre el Antiguo y el Nuevo Testamento como una forma de renovación.

1. *Tumba de Adriano*, Piranesi 1740

2. *Templo de Vespasiano*, 1850. Alfred Nicolas Normand.

3. Canteras de Marmol.

4. *Arco de Tito*

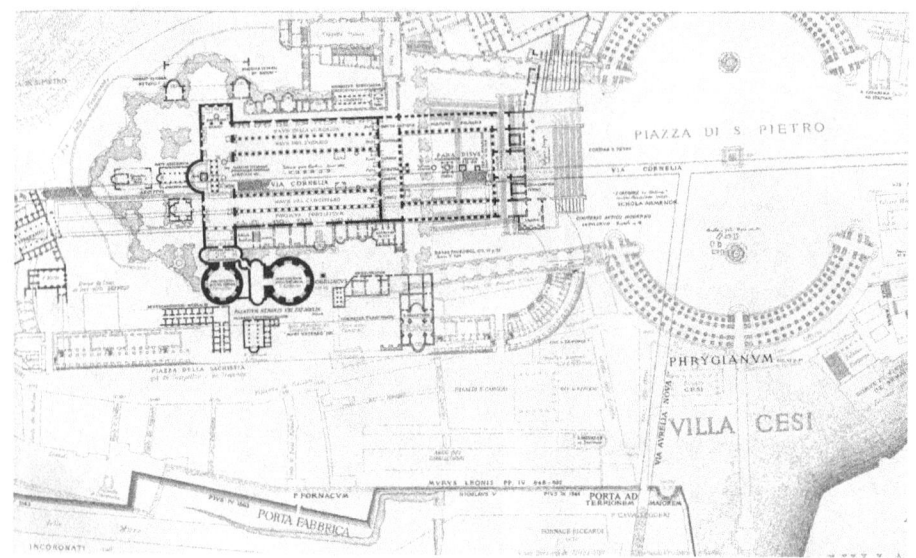

5. *Basilica de San Pedro*, Lanciani, 1901

6. *Bustos desfigurados de Germánico y Augusto*. El Signo de la cruz en sus frentes

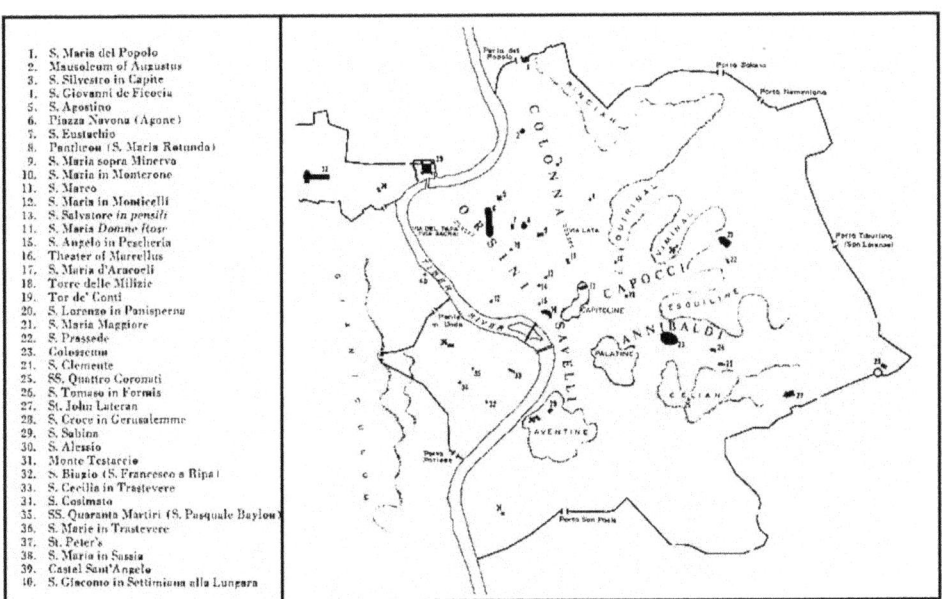

7. *Posiciones en Roma.* Colonna, Orsini

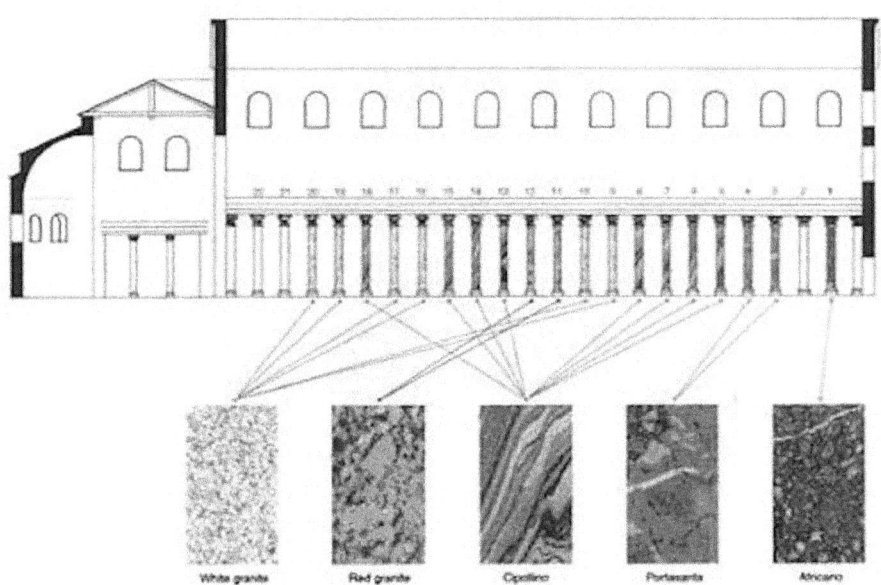

8. Corte longitudinal, antiguo San Pedro, tipos de granito y mármol del columnado

9. *El Coliseo*, Lawrence II

10. *Los Baños de Caracalla*. Sir Lawrence Alma-Tadema. 1899

11. *Historia de Roma*, George Willis Botsford, 1921

12. *Foro de Trajano*. Universidad de California Foro di Traiano

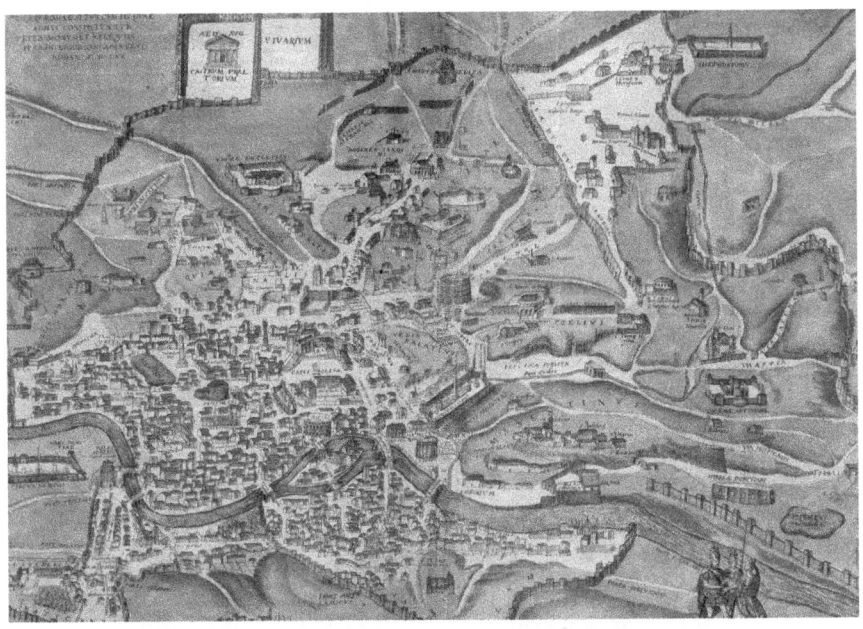
13. *Roma Antigua*

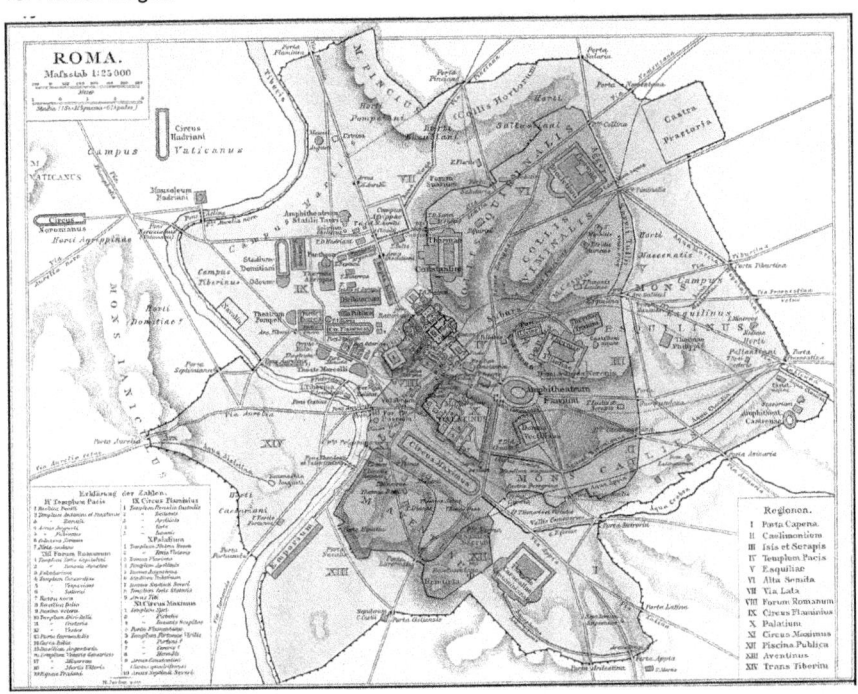
14. Roma Antigua 2

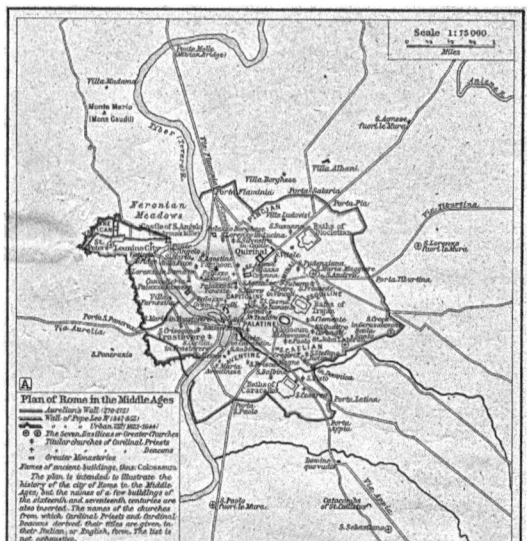

15. *Roma en la Edad Media*, William Shepherd (1923-26)

16. San Pablo, en el Laterano. Columnas verde antico y granito rojo provenientes de expolio

17. Templo de la concordia

18. Panteón

Segunda Parte:

Roma en la Edad Media

1. La Derrota Final: Roma Invadida por los Godos, Siglo V

A principios del siglo V, los grandes edificios aún permanecían sustancialmente intactos, y se hicieron algunas adiciones a la lista de los monumentos existentes. La grandiosidad arquitectónica de la ciudad se puede medir por el efecto que produce sobre la mente de Constancio II, quien la visitó en el 357, veinte y siete años después del Palatino había dejado de ser la sede del gobierno imperial.

Un relato gráfico de la visita es relatada por Amiano Marcelino: «Habiendo entrado en el Foro Trajano, la más maravillosa creación del genio humano, se quedó muy asombrado, y miró a su alrededor con asombro las grandes estructuras, que ninguna pluma puede describir, y que la humanidad puede crear... Entonces volvió su atención a la estatua ecuestre en el centro del Foro, y dijo a sus asistentes que tendría una igual en Constantinopla: al que Ormuz, un príncipe persa adscrito al tribunal, respondió: «En primer lugar debe proporcionar su caballo un establo como este.»

Los otros edificios mencionados son el templo de Júpiter en el Capitolio, los baños, el Anfiteatro Flavio, el Panteón, el templo de Venus y Roma, el teatro de Pompeyo, el Odeón y el Estadio. También hay un registro monumental de esta visita imperial: el más alto obelisco del mundo, construido por Tutmosis III, en el gran templo en Tebas, fue instalado en el Circo Máximo. Constancio se dice que ha quitado la magnífica estatua de la Victoria, presentado por Augusto, de la Curia; pero debe de haber sido salvad por Juliano el Apóstata (361-363) quien fue capaz de colocarla de nuevo en su pedestal. Es difícil para nosotros formarnos un concepto de la magnificencia de Roma, incluso en su decadencia.

Según el catálogo compilado en la época de Constantino, la ciudad contenía 2 circos, 2 anfiteatros, 3 teatros, 10 basílicas, 11 termas, 36 arcos de mármol, 2 columnas conmemorativas, 6 obeliscos (importados de Egipto), 423 templos, 1790 domus, es decir, residencias privadas extensas, o palacios, de los ricos, además de que no fueron contadas 46.602 viviendas (insulae). Los lugares abiertos estaban adornados con 2 colosos (probablemente los de Nerón y Augusto), contando no sólo las grandes estatuas ecuestres, como la de Marco Aurelio, ahora en la plaza del Capitolio, sino también los grupos de 22 grandes caballos de los Dioscuros en el Capitolio y de los caballos domadores del Quirinal, al que se añaden 80 dorados y 77 estatuas de marfil de los dioses, no se mencionan las innumerables estatuas menores en cada lado.

El año 403 fue memorable para la celebración de un triunfo, el último visto en la antigua Roma. Había transcurrido un siglo desde que los romanos habían contemplado erigido un obelisco: el pretexto fue el sometimiento de los rebeldes de Numidia, Conde Gildo. Este evento es conmemorado por varios monumentos existentes. Se trata de un pedestal de un grupo ecuestre, descubierto en el Foro, cerca del arco de Septimio Severo entre 1549 y 1565, que lleva una inscripción que indica que fue erigido por el Senado y el pueblo romano como testimonio de su alegría en el aplastamiento de la rebelión y la recuperación de África.

Presenta evidencia indiscutible de la decadencia de orgullo, gusto y recursos al inicio del quinto siglo. Está hecho de dos bloques, uno de travertino, que forma la base, y una de mármol. El bloque de mármol había sido utilizado como un pedestal de una estatua ecuestre de bronce, la estatua fue derribada, el pedestal creado torpemente en un extremo, las grietas en ella se reunió con abrazaderas de hierro, entonces la antigua inscripción se borró cuidadosamente. En el mismo año, 405, un arco de triunfo se elevó a los tres emperadores con despojos de otros edificios, el arco estaba junto a la iglesia de San Orso, cerca de S. Giovanni de Fiorentini.

El arco de Graciano, Valentiniano y Teodosio, erigido en el año 382, se puso de pie en la Piazza di Ponte S. Angelo, la de Arcadio, Honorio y Teodosio (405 d.C.), al acercarse a la Pons Vaticanus, el de Valentiiiian y Valens (366-367) por el Ponte Sisto.

Los emperadores Arcadio y Honorio, por temor a un avance de los Godos bajo Alarico, emprendieron la restauración general de las murallas de la ciudad bajo la dirección de Estilicón. La obra se terminó en enero de 402, y fue celebrada con varias inscripciones, tres de los cuales se encuentran en la Porta Tiburtina, Porta Praenestina y Porta Portuensis. Hablan no sólo de «la restauración de las paredes, las puertas y las torres de la Ciudad Eterna», sino también de « la eliminación de grandes masas de basura».

Roma vio por primera vez desde la invasión gala del 390 a.C. una gran cantidad de bárbaros que rodeaban sus muros. Esta vez Alarico fue inducido a mantener a su ejército a distancia a cambio del pago de un rescate exorbitante, al menos unas cinco mil libras de oro. Con el fin de responder a esta demanda, los romanos se vieron obligados a arrancar las estatuas de bronce de su dorado intenso. Dos años más tarde, en 410, Alarico y sus hordas entraron en la ciudad, en el vigésimo cuarto día del mes de agosto, en medio de la noche por la Porta Salaria, y prendieron fuego a las casas cerca de la puerta, entre los que estaba la mansión imperial en los jardines de Salustio. Las vidas de los ciudadanos se salvaron, pero la ciudad fue abandonada para ser saqueada, excepto los dos recintos sagrados de San Pedro y San Pablo.

Al final del tercer día, los bárbaros se retiraron, llevándose una cantidad increíble de artículos de valor, entre los cuales se encontraba, se cree, el tesoro del templo de Jerusalén, que Tito había colocado en el templo de la Paz.

En estos días de terror, el Aventino, con sus 130 palacios, el barrio más aristocrático de la ciudad, sufrió más que todas las demás regiones.

Zosiinus habla de la fusión de estatuas de oro y plata, y también de los adornos de oro y plata de bronce o de mármol estatuas. Las huellas de las llamas que ennegrecían el suelo, el rojo de los frescos, y causaron que los techos cayeran sobre los mosaicos de mármol o pavimentos de la planta baja; monedas esparcidas entre las ruinas, que pertenece, con raras excepciones, al siglo IV. Las estatuas que habían sido restauradas una y otra vez; mármoles robados de edificios paganos, la mayoría de los monumentos sepulcrales, y utilizado para restauraciones apresuradas; símbolos cristianos en las lámparas y utensilios domésticos. Todas estas indicaciones fijan el período y apuntan a un mismo hecho histórico, la captura y el saqueo de Roma por los godos en agosto del año 410.

Los bárbaros dañados los acueductos sólo en la medida en que necesario detener el flujo del agua: los acueductos romanos fueron destruidos al comienzo del Renacimiento. Procopio habla de una serie de monumentos que se mantuvieron ilesos hacia la mitad del siglo VI: la ciudad en general, y el Foro sobre todo, conservaba un arsenal imponente de bronce y mármol estatuas, las obras de Fidias y Lisipo, la estatua de bronce de Janus, de cinco codos de altura, aun se conservaba en la cela de su templo, y el grupo de las Tres Parcas, que Plinio clasifica entre las primeras obras de su especie en Roma todavía se encontraba en la esquina norte del Foro por parte de la Curia.

Lo más notable fue el entierro de diversos objetos de valor bajo Roma para no ser saqueados: Pío IV de Matteo da Castello, el arquitecto del Papa, mientras plantaba un viñedo cerca de la iglesia de S. Prisca, se encontró con dos o tres recipientes de plomo, que contenía mil ochocientas piezas de oro, con la imagen de la emperatriz Helena en un lado, y el símbolo de la cruz en la otra. Se notificó debidamente al Papa de su descubrimiento, y recibió todo el tesoro como regalo.

Flaminio Galgano, contemporáneo de Matteo da Castello, fue igualmente afortunado: a los pies de la colina cerca de S. Prisca descubrió una habitación cuadrada, con incrustaciones de ágatas y cornalina y las paredes cubiertas con paneles de cobre dorado, en la cornisa de los cuales medallas raras se establecieron como motivo de decoración.

Pietro Sante Bartoli, en sus Memorias da el siguiente relato de otro hallazgo, probablemente asociado a la misma invasión de los bárbaros: «Cuando Urbano VIII construyó el Bastión del Priorato di Malta, frente a la iglesia de S. María Aventina, se descubrieron muchas cosas curiosas. Entre ellas un escondite formado por dos paredes, en cuyo interior se ocultaba un servicio de mesa de plata. Las invasiones bárbaras permitieron rescatar a nivel arqueológico estatuas de bronce o de otro material en perfecto estado de conservación».

La fecha exacta de la segunda toma de Roma por Genserico y los vándalos, no se conoce, pero probablemente fue al comienzo de junio de 455, tres días después del asesinato de Petronio Máximo. Los vándalos entraron en la ciudad por la Porta Portuensis y saquearon a piacere por el espacio de catorce días. El botín fue sacado metódicamente a los barcos amarrados al lado de los muelles (La Marmorata y Ripa Grande). El palacio de los Césares, que Valentiniano III a diferencia de sus predecesores, había ocupado constantemente y había mantenido en restauración, fue despojado de su mobiliario común. El templo de Júpiter Optimus Maximus, sus estatuas y ofrendas votivas fueron llevadas a adornar la residencia Africana de Genserico, y la mitad del techo fue despojado de sus azulejos de bronce dorado.

También se informa de que los trofeos de la guerra judía, representadas en los bajorrelieves del arco de Tito y depositados por él en el templo de la Paz, cayeron en manos de los bárbaros. Estos despojos, así como la placa de oro macizo saqueado de las iglesias romanas, fueron descubiertos en Cartago, ochenta años después, por Belisario, y fueron llevados triunfalmente a la ciudad de Constantinopla.

Finalmente el emperador de Roma Oriental autorizó a Teodorico, rey de los ostrogodos a gobernar sobre estos y los romanos. Restaurando buena parte de la anterior estructura imperial mediante una alianza inestable con la aristocracia senatorial romana y la poderosa Iglesia.

La desconfianza de la nobleza romana, las intrigas de la corte bizantina, la cual aspiraba reconquistar Italia, y el mutuo rechazo de la población católica y los ostrogodos arrianos que detentaban el poder militar llevaron al reinado de Teodorico a un precipitado fin.

2. Roma en los Años Oscuros, años 476 a 1000

El término Edad Media refiere a un período de la historia de la humanidad que se extiende desde el quinto hasta el siglo noveno d.C. El término Edad Media fue utilizado por primera vez por los humanistas del Renacimiento en el siglo XV para subrayar el atraso de esta época con respecto a la antigüedad clásica, así como para marcar el comienzo de una nueva era por medio del renacimiento de la tradición clásica.

La Alta Edad Media es parte de la Edad Media y refiere al lapso de tiempo que se prolongó desde el siglo V hasta aproximadamente el año 1000. En el período se continuó la tendencia iniciada durante la antigüedad clásica tardía referida a la disminución de la población, especialmente en los centros urbanos, del comercio y el aumento de la migración bárbara.

La transición desde la antigüedad clásica hasta la Edad Media, se llevó a cabo de forma gradual. La Alta Edad Media no fue más que la continuación de un proceso que se inició mucho antes de la deposición del emperador Rómulo Augústulo. Mientras la mitad occidental del antiguo Imperio Romano pasó por un período de decadencia económica y cultural, el Imperio Romano de Oriente - Bizantino - estaba en su apogeo.

Este es el período que siguió a la caída del imperio occidental con una decadencia cultural y económica; muchos cambios en la Edad Media como el modelo de organización feudal tienen su origen en la antigüedad clásica. El derrumbe del Imperio Romano de Occidente estuvo marcado por la depresión económica, las guerras civiles y las invasiones que resultaron en cambios dramáticos. Las redes comerciales tradicionales se derrumbaron: el área rural se colonizó y surgieron los aparceros, que trabajaban en grandes propiedades mediante el pago de una renta a los propietarios de la tierra. El período también vio el desarrollo del cristianismo, que desempeñó un papel importante en la vida, tanto social y política a lo largo de la Edad Media.

Los asedios, el hambre, el pillaje, las masacres, los incendios y la peste en la última mitad del siglo V, fue tan desastrosa para los monumentos romanos como lo fue para los desdichados habitantes de la ciudad. Entre finales de la Antigüedad y la Alta Edad Media existía cierta continuidad, sobre todo en cuanto a la población rural, compuesto por el 90 por ciento de la población total. También el derecho romano, el latín y la religión cristiana mantenían la continuidad.

La población comenzó a disminuir, pero aún era abundante y había una inmensa cantidad de nuevos edificios construidos por la aristocracia local y el papado: casas palaciegas de la ciudad, grandes iglesias y otras estructuras eclesiásticas (monasterios, oratorios, albergues), incluyendo algunos proyectos extraordinarios tales como la de S. Stefano Rotondo. La población de Roma en el siglo IV se estimó en aproximadamente 500.000 habitantes la cual pronto sufrió una estrepitosa caída. Durante la Edad Media, la zona edificada se contrajo hasta que la ciudad se limitó a la orilla del Tíber, donde había agua disponible. Sólo uno de los antiguos acueductos todavía funcionaba.

La estructura política cambió y las ciudades se redujeron; las zonas del interior de Europa perdieron el barniz de la cultura romana, el edificio se derrumbó, pero la transición fue gradual pero constante y condujo a la identificación y afirmación de las diferentes culturas de la Europa medieval.

Durante un tiempo, Italia experimentó un período de paz, pero pronto se convirtió en un nuevo campo de batalla. En el siglo VI, la ciudad era disputada por los godos y bizantinos. Pero en el siglo VII Roma pasó a estar bajo la protección temporal de los Papas.

En junio del año 455 d.C., el templo de Júpiter Optimus Maximus en la colina Capitolina y el palacio de los Césares todavía eran saqueados para retirar objetos móviles. En el año 536 la guarnición de la mole de Adriano, que hacía tiempo se había convertido en una fortaleza (el Castillo de S. Angelo), pudo resistir un asalto de los godos arrojando sobre sus cabezas las obras maestras del arte griego que todavía adornaba el mausoleo. Un cuarto de siglo más tarde, el historiador Procopio afirmaba que muchas estatuas de Fidias y Lisipo todavía se podían ver en Roma.

Entre las Basílicas e Iglesias del siglo IV deben mencionarse: Sta. Costanza (330 ?) Sta. Pudentiana, (335, reconstruida en 1598); Baptisterio de Constantino; San Pablo Fuera de Muros (386); San Juan Laterano. De Siglos Posteriores: Sta. Sabina (425); Sta. María Maggiore (432); S. Pietro in Vincoli (442), San Lorenzo (580); SS. Cosmo e Damiano; Sta. Agnese (625); S. Giorgio in Velabro (682); Sta. María in Cosmedin, y S. Crisógono. San Pedro será considerada en un capítulo aparte.

La emperatriz Eudoxia, esposa de Valentiniano III (424-455) empleó veinte columnas dóricas de mármol procedentes de un templo pagano para la iglesia de San Pedro ad Vincula que ella misma había mandado a construir y que consagró en el año 439.

En el año 590, en la elección del Papa Gregorio el Grande (3 de septiembre), Roma parecía haber llegado al extremo de su desgracia. Una inundación del Tíber, al final del año anterior, había causado la ruina de algunos templos, monumentos y viviendas particulares y este diluvio como de costumbre, fue seguido por el hambre y la peste.

En el año 630 el papa Honorio I, con el consentimiento del emperador Heraclio, retiró las tejas de bronce dorado del techo del templo de Venus y Roma, para el adorno del techo de la Basílica de San Pedro; el templo, por lo tanto, todavía estaba intacto. En 663, cuando Roma por última vez, y para su desgracia, fue visitado por un emperador cristiano también hubo un gran saqueo. En el breve período de doce días, que Constante pasó por la ciudad removió muchas estatuas de bronce, y puso sus manos sobre los azulejos de bronce del Panteón, aunque éste ya hacía tiempo que había sido convertido en una iglesia cristiana.

3. Roma Bizantina, 554 - 727

Tras la reconquista bizantina de Italia por Justiniano I durante la prolongada y devastadora Guerra Gótica que se extendió entre los años 535 a 554, Roma se volvió bizantina, sin sustituir a la capital occidental que siguió siendo Ravena.

La población de la ciudad en ese entonces era de 40.000 habitantes, descendiendo en forma intermitente del medio millón existente en el año 400. Esta considerable disminución en los siglos V y VI lleva aparejada una profunda modificación del reparto de la población intramuros. Los barrios altos perdieron su aprovisionamiento de agua tras el corte de los acueductos en el año 537 y fueron gradualmente abandonados. La población se concentraría en el Campo de Marte y en la orilla derecha del Tíber en torno a la antigua basílica de San Pedro.

El resto de la ciudad quedó prácticamente desocupada o en ruinas, con la excepción de las iglesias y los monasterios, separados de hecho de las zonas habitadas. Se abandona el cuidado de los monumentos públicos y los templos de la Antigüedad, que a partir de ese entonces sirven de «cantera».

El aspecto de la «Ciudad de Oro» estaba desolado y melancólico en extremo. A lo largo de la Vía Sacra, en el Foro, en el Campus, se observaban rastros de la ruina y la decadencia. Vastas obras producto de la riqueza y de la industria, heridos por la tormenta y el fuego, pero no reparados; magníficas basílicas con nadie para hacer negocios en las mismas; columnas alineadas rodeando los templos siempre cerradas y abandonadas. Los arcos de triunfo erigidos en medio de los escombros; bibliotecas, cuyos contenidos habían sido destruidos; palacios vacíos, con hiedra coronando sus paredes carcomidas. Los cuartos de baño, tan magníficos, así como las fuentes una vez abastecidas por los acueductos, estaban secos y sin agua. Las innumerables estatuas que adornaban las plazas y edificios públicos, y que dieron a Roma una segunda población de bronce y mármol, se presentaban en su mayoría mutilados o habían caído de sus pedestales.

Los teatros se desmoronaban, los estadios estaban desolados, y los pavimentos de mármol, una vez pisados por los pies de las multitudes de todos los cielos de las diversas naciones, estaban abandonados.

La ciudad de los parques y palacios, de arcos y de templos adornados con frescos y oro se había convertido en poco más que un cúmulo de ruinas. En menos de 150 años Roma había sido capturada cuatro veces, y en menos de veinte años fue asediada por la fuerza de las armas. Es cierto que ni Alarico ni Genserico, ni Ricimero ni Totila, parece haber causado daños sin sentido a las estructuras de la ciudad; en todo caso, los tres primeros estaban inclinados únicamente al saqueo, y se abstuvieron de lesionar la urbe.

Sin haber un intento deliberado de demolición, el daño hecho a los edificios romanos por los ejércitos de saqueadores sucesivos debió haber sido considerable. Las estatuas fueron arrancadas de sus pedestales y mutiladas, tejas y vigas, puertas de bronce y decoraciones, fueron eliminados. Los monumentos desfigurados quedaron sin reparación hasta que el proceso natural de descomposición completó su destrucción.

La ciudad fue sacudida por los terremotos o por el fuego y el pillaje, pero nadie luego la restauraba. Los hermosos templos, que en otro tiempo sirvieron no sólo como lugares de culto, sino también como museos públicos y galerías de arte, fueron cerrados. Incluso en los días de Jerónimo leemos que el Capitolio estaba lleno de lodo, y varios santuarios de Roma contaminados con suciedad y telarañas. Los primeros edificios que sufrieron la violencia fueron los templos, cerrados en el año 394, poseídos, de acuerdo a la superstición popular, por los malos espíritus. Pero las estructuras seculares pronto compartieron la misma suerte. Los edificios erigidos a partir del siglo IV fueron construidos, sin excepción, con expolio.

A comienzos del siglo VIII el poder de Bizancio sobre Roma estaba a punto de quebrarse debido a la querella iconoclasta desarrollada en Constantinopla: Roma cortaría su dependencia política en forma definitiva con el imperio de Oriente.

Los primeros años del siglo VII fueron marcados por tres acontecimientos de especial significación para los monumentos. Estos son, la erección de la columna de Focas (año 608), la transformación del Panteón en una iglesia, y la inauguración de la práctica de trasladar las reliquias de los mártires de las catacumbas a los santuarios dentro de las paredes.

La donación del Panteón a la Iglesia fue responsable de la primera conversión de un templo pagano en una iglesia cristiana. Bonifacio IV elegido obispo de Roma, en el mismo año en que se dedicó la columna de Focas, obtuvo del emperador permiso para dedicar el Panteón de Agripa a la Virgen María y a todos los mártires cristianos. Esta concesión marca un momento sumamente importante en la destrucción y la transformación de la antigua Roma: hasta comienzos del siglo VII los cristianos se habían abstenido de adorar en templos anteriormente paganos. Ningún templo clásico, o edificio oficial hasta ese entonces había sido utilizado como iglesia, pero en ese momento todos los escrúpulos desaparecieron.

A manera de ejemplo, de los edificios que bordean la vía Sacra y el Foro, desde allí en más nos encontramos con la Curia dedicada a San Adriano, el pasillo interior del Augusteum de S. María Antiqua, el templo de Antonino y Faustina a San Lorenzo, la de Jano a San Dionisio, el de Saturno al Salvador. El Heroon de Rómulo, hijo de Majencio, se convirtió en el atrio de la iglesia de SS. Cosme y Damianus; una capilla a San Pedro se levantó en el atrio del templo de Venus y Roma, y otro a S. Martina en el Secretarium Senatus; un tercio a SS. Sergio y Baco, cerca de las escaleras del templo de la Concordia, y una cuarta a una santa desconocida en la Basílica de Constantino.

El Panteón fue sometido a diversas alteraciones en el proceso de transformación en una iglesia. Las estatuas colosales de Augusto y Agripa todavía en pie, en el año 608, en sus nichos bajo el pórtico, o las de los dioses ancestrales de la gens juliana en sus santuarios bajo la cúpula, fueron finalmente retirados (especialmente antes de la expoliación de Constante II en 663 (5 de julio), de Urbano VIII en 1625, y de Benedicto XIV en 1747).

Constante II robó los azulejos de bronce dorado que cubría el techo del pronaos y la cúpula; Urbano VIII fundió para construir cañones 410.778 libras de metal del pronaos, y Benedicto XIV destruyó el enchapado de mármol del piso del ático. Las tres Cariátides creadas por Diógenes el ateniense, anteriormente en los palacios Paganica y Giustiniani, que formaban parte de la decoración del ático, no se sabe su destino. La visita de Heraclio a Roma en el año 629 se conecta con otro evento en la destrucción de la ciudad: regaló al Papa Honorio I (625-640) los azulejos de bronce dorado que cubrían el techo del templo de Venus y Roma, para ser trasladado a la de San Pedro.

A medida que el país alrededor de Roma se hizo más y más inseguro e insalubre, fue prácticamente abandonada por sus habitantes. Para ese entonces se trasladaron los huesos de los mártires, cuyas tumbas que se habían transformado en centros de peregrinación desde la época de Constantino al interior de los santuarios. El primer traslado de los restos pertenece al tiempo de Bonifacio IV; la segunda es del año 648, y la tercera del año 682, cuando se retiraron los cuerpos de Primo y Feliciano de Nomentum, y los de Faustino, y Simplicio. El último traslado de los restos desde las catacumbas pertenece a la época de Pascual I. (817-824): documentos de la época refieren a transferencias « innumerables» de reliquias. El registro oficial de reliquias, del 20 de julio del año 817, a S. Prassede, menciona dos mil trescientos cuerpos depositados bajo la capilla de San Zenón por Pascual I.

Otro famoso edificio cayó al mismo tiempo en manos del Papa: la curia o senado, la cual fue dedicada a San Adriano, un santo por lo demás desconocido. Las antiguas decoraciones de la sala, los cofres dorados del techo abovedado, el revestimiento de mármol de las paredes, los bajorrelieves del frontón y la puerta de bronce no sufrieron daño o alteración con la «cristianización» del edificio. Desaparecieron en parte en 1589, y también en 1654, a manos del cardenal Agostino Cusano y de Alfonso Sotomayor, quienes levantaron el suelo de la iglesia al nivel actual, y alteraron la forma clásica del edificio. Las puertas de bronce fueron trasladados a la iglesia de San Juan de Letrán por Alejandro VII.

4. Los Monumentos Paganos Convertidos en Iglesias

El destino de los edificios paganos y sus valiosas obras de arte se sellaron en el año 383 cuando Graciano abolió todos los privilegios de los templos y sacerdotes, y confiscó sus ingresos. Ocho años más tarde Valentiniano y Teodosio prohibieron los sacrificios, aunque en el ámbito estrictamente doméstico y privado. Estas medidas decisivas condujeron a la rebelión abierta por parte de aquellos que todavía se aferraban a las antiguas creencias, pero después de la derrota del líder rebelde Eugenio, que tuvo lugar a principios de septiembre, 394, los templos se cerraron para siempre.

Dos siglos más tarde, cuando se habían superado los escrúpulos acerca de la conveniencia de la adoración a Dios en los templos paganos, los templos, fueron ocupadas por los cristianos y se convirtieron en iglesias.

Como se ha mencionado, el primer templo pagano convertido en iglesia sería el Panteón en el año 609 por el Papa Bonifacio IV, dedicado desde ese entonces a la Virgen María (al igual que el templo de Minerva).

Antes de este año sólo edificios civiles fueron transformados, parcial o totalmente, en iglesias tales fueron la Oficina de Registro, que se convirtió en la iglesia de SS. Cosme y Damián, y el mercado en el Celio, ahora S. Stefano Rotondo. Después del 609, casi todos los edificios disponibles, cada edificio pagano que era capaz de dar cobijo a una congregación, ya sea secular o sagrado, fue convertido en iglesia o capilla.

Edificios más pequeños, como los templos y mausoleos, se adaptaron a su nuevo «oficio» mientras que los más grandes, como las termas, teatros, circos, y cuarteles fueron ocupados sólo en parte.

El Coliseo, por ejemplo, fue transformado en varias iglesias: una a los pies del Coloso del Sol, donde los cuerpos de los dos mártires persas, Abdón y Senneno, se expusieron en el momento de la persecución de Decio. Había cuatro dedicadas al Salvador (S. Salvador en Tellure, de Trasi, de Insula, de Rota Colisei), una sexta dedicada S. Jacobo, una séptima a S. Agata (ad caput Africae), además de otras capillas y oratorios dentro el anfiteatro en sí.

En la Vía Sacra y el Arco de Tito se edificó la iglesia de S. Pedro, entre las ruinas del atrio del Templo de Venus (el S. María Nova de épocas posteriores). La tradición popular conecta esta iglesia con la supuesta caída de Simón Mago.

Enfrente, aun existe una iglesia, al pie del Palatino, entre las ruinas de los baños atribuidas a Heliogábalo. Ascendiendo, en la plataforma una vez ocupada por los «jardines de Adonis», y luego por la Vigna Barberini, podemos ver la iglesia de San Sebastián, antes llamada de S. María in Palatio o en Palladio. La iglesia de S. Cesareus de Palatio, la capilla privada, que los emperadores cristianos sustituir al clásico Lararium.

La basílica de Constantino es otro ejemplo de esta transformación: hay restos de pinturas religiosas en el ábside de la nave oriental: ahora apenas se pueden observar. El templo de las Urbs Sacra y el Heroon de Rómulo, hijo de Majencio, se convirtió en una iglesia en conjunto con SS. Cosma y Damiano, durante el pontificado de Felix IV (526 530), el Templo de Antonino y Faustina fue dedicada a San Lorenzo, el Janus Quadrifrons a S. Dionisio, la sala del Senado para S. Adriano, las oficinas de la Senado para S. Martino, la prisión Mamertino a S. Pedro, el Templo de la Concordia a SS. Sergio y Bacco.

La Virgen María fue venerada en el Templum Divi Augusti, en lugar del fundador deificado del imperio, y también en la Basílica Julia: el vestíbulo norte se transformó en la iglesia de S. María del Foro. Por último, el Aerarium Saturni transmite su nombre clásico a la iglesia de San Salvatore in Aerario. El Templo de la Piedad se transformó en la iglesia de San Nicola in Carcere.

La basílica de Junius Baso fue dedicada a S. Andrea, el templo de Ceres a S. María en Cosmedina, el templo de la Piedad a S. Nicolás, el de Mater Matuta a S. Stefano, el de la Fortuna viril a S. María Egiziaca, el Macellum Magnum se convirtió en el iglesia de S. Stefano, y así indefinidamente.

Estas adaptaciones como iglesias, fortalezas o viviendas contribuyeron indirectamente a su preservación. El templo de Ceres en el Foro Boario fue demolido para salvar a la iglesia de Santa María en Cosmedina por el papa Adriano de ser aplastado por la caída de las ruinas que sobresalían. El mismo Papa se vio obligado a reconstruir la iglesia de SS. Sergio y Baco cien metros al sur de su sitio original, para salvarlo del peligro de ser arrastrado por la caída del templo de la Concordia. Los ornamentos y partes de los antiguos templos paganos fueron incorporados en la decoración de las iglesias. En la iglesia del Aracoeli había un altar dedicado a Isis por alguien que había regresado sano y salvo de un peligroso viaje. Ésta llevaba el emblema convencional de dos huellas, que los cristianos atribuían a las huellas del ángel visto por Gregorio el Grande en la cumbre de la tumba de Adriano.

La indiferencia con que lo profano fue admitido dentro de las iglesias es asombrosa. El altar mayor de la iglesia de S. Teodoro fue apoyada, hasta 1703, por un ara redonda, en el borde de las cuales las siguientes palabras están grabadas: «En este mármol el incienso se ofrecía a los dioses». Otro altar, en la iglesia de S. Miguel en Borgo, estaba cubierto de bajorrelieves y leyendas pertenecientes a la superstición de Cibeles y Atis, un tercero, en la iglesia del Aracoeli, se había dedicado a la diosa Annona por un importador de trigo. El pavimento de la basílica de San Pablo fue parchado con novecientas treinta y uno inscripciones diversas, así como los de S. Martino ai Monti, S. María in Trastevere, SS. Giovanni y Paolo, etc. La iglesia de SS. Quattro Coronado en el Celio tiene tantas insripciones que podría llamarse «museo epigráfico».

Las decoraciones paganas no se vieron afectados por el cambio: cuando el Papa Félix IV tomó posesión de la Templum Sacrae Urbis, y lo dedicó a SS. Cosma y Damianus, las paredes del edificio estaban cubiertas con incrustaciones de la época de Septimio Severo que representaban al lobo y otros emblemas profanos. Similarmente, el Papa Simplicio (468 a 483), en la transformación de la basílica de Junius Baso en el Esquilino en la iglesia de S. Andrea: desde el altar se veían las figuras de Cristo y sus apóstoles en un mosaico, a un mismo tiempo se observaba a Nerón, Galba, y otros seis emperadores romanos, así como a Diana cazando un ciervo, Hylas robado por las ninfas, Cibeles en el carro tirado por leones, un león atacando a un centauro, el carro de Apolo, ritos mistericos egipcios, y otras representaciones paganas.

Este panel fue destruido en el siglo XVI por los monjes franceses antonianos; solo perduraron cuatro imágenes: dos se conservan en la iglesia de San Antonio, en la capilla del santo, y otras dos en el Palazzo del Drago alle Quattro Fontane, en el rellano de la escalera.

El baldaquino de San Pedro levantado con dudoso gusto por Arnolfo di Cambio, discípulo de Nicolò Pisano (año 1285), se soporta en cuatro columnas de alabastro oriental, de las canteras de Sannhur, del distrito de Beni Souef: fue ofrecido a Gregorio XVI por Mohammed Ali, virrey de Egipto. Los pedestales tienen incrustaciones de malaquita, un regalo del emperador Nicolás de Rusia. Fue en la construcción de esta monstruosidad que este mismo Papa sacrificó el magnífico techo de bronce dorado del Panteón.

Cuando las oficinas contiguas a la Sala del Senado se transformaron en la iglesia de S. Martina, las paredes laterales se adornaron con los bajorrelieves del arco de triunfo de Marco Aurelio, ahora en el Palacio de los Conservadores. Uno de ellos representaba al emperador sacrificando en el Templo de Júpiter. Teseo matando al Minotauro en el laberinto de Creta, y los laberintos en general eran los temas favoritos de los pavimentos de la iglesia. La costumbre es muy antigua, un laberinto se representaba en la iglesia de San Vital en Rávena ya en el siglo VI. Los de la catedral de Lucca, de S. Michele Maggiore en Pavía, de S. Savino en Piacenza, en Santa María in Trastevere en Roma (destruido en la restauración de 1867), son de una fecha posterior.

5. La Roma Carolingia, años 774-843

En el año 799, el Papa León III había sido maltratado por los romanos, que intentaron cegarlo y arrancarle la lengua. León se escapó y huyó para reunirse con Carlomagno en Paderborn y pedirle que interviniera en Roma y restaurarlo. Carlomagno, aconsejado por Alcuino de York, accedió a viajar a Roma, en noviembre del año 800, celebrándose consejo el 1 de diciembre.

El 23 de diciembre León juró su inocencia. En la Misa del día de Navidad (25 de diciembre), cuando Carlomagno se arrodilló ante el altar para orar, el Papa lo coronó Imperator Romanorum («Emperador de los Romanos») en la Basílica de San Pedro. Al hacerlo, el Papa estaba tratando con eficacia de transferir el dominio de la ciudad de Constantinopla a Carlomagno.

Según la crónica de Eginardo, Vita Caroli Magni: «[Carlomagno] vino a Roma para restaurar la condición de la iglesia romana, que había sido muy perturbada, y pasó todo el invierno allí. En el momento en que recibió el título de emperador y Augusto, a pesar de que se oponía al principio, dijo que no habría entrado en la iglesia ese día sin prever la intención del Papa, aunque luego la jornada culminó en una gran fiesta. Sin embargo, soportó con mucha paciencia la envidia de los emperadores romanos que estaban indignados por su aceptación del título, y, mediante el envío de muchas embajadas a ellos y tratándolos como hermanos en sus cartas, se sobrepuso a su arrogancia por su magnanimidad, de la cual todos carecían».

6. Los Sarracenos en Roma, Siglo IX

La conquista de Palermo por los sarracenos en el 831 hizo que el Papa reinante, Gregorio IV adoptará determinadas medidas de defensa. La primera fue la construcción de un fuerte como puesto de avanzada en la desembocadura del Tíber, otra fue el abandono de las iglesias fuera de los muros, en el desierto de la Campania, sus contenidos se transfirieron dentro del refugio de las defensas de la ciudad.

El 27 de agosto, los sarracenos marcharon sobre Roma, mientras que su flota avanzaba río arriba, y tomaba sin molestias las basílicas de San Pedro y San Pablo fuera de las murallas. Según el Liber Pontificalis, el peso del oro y la plata prodigo en las ricas decoraciones de las dos iglesias de la época de Constantino, unas tres toneladas de oro y treinta de la plata, cayeron en manos de los sarracenos, un botín casi fabuloso.

Saquearon los tesoros de la cripta donde reposaba el cuerpo del Príncipe de los Apóstoles. León III había colocado sobre la tumba un bajorrelieve de plata dorada, en representación del Redentor, la Virgen María, Pedro, Pablo, Andrés y Petronila. El bajorrelieve fue robado por los sarracenos, y una copia fue sustituida en su lugar por León IV después de la retirada de los invasores.

La consecuencia más notable de estos eventos, desde un punto de vista topográfico, fue la inclusión del distrito del Vaticano en la ciudad propiamente dicha, y la construcción de dos fortalezas periféricas de gran alcance, una en San Pablo, y otra en torno a la iglesia de S. Lorenzo fuori le Mura.

Del siglo IX data el Itinerario Einsiedlen que da una descripción resumida de Roma, preparado para el uso de los peregrinos. Se formaban once itinerarios o rutas, entre los principales centros de atracción religiosa. El autor del documento tuvo dos propósitos: primero, mostrar a los peregrinos el camino de una basílica a otra, de la tumba de un mártir a la de otro, y en segundo lugar, para señalarles los edificios más notables, profano o sagrado. El Itinerario es una edición revisada del mapa de la época de Constante, ya que algunos de los nombres son claramente clásicos (como Vicus Patricii, Minervium, etc.). Las calles por donde el peregrino es conducido son exactamente las calles de la Roma imperial. Este documento arroja luz sobre el estado de los monumentos romanos (edificios, tumbas, arcos, vías de comunicación) en el siglo IX.

7. El Saqueo de los Normandos a Roma, año 1084

Los dos siglos entre el pontificado de Juan VII (872-882) y Gregorio VII (1073-1085) fueron testigos de la degradación más profunda del Papa. Los pontificados duran sólo unas semanas o incluso días, como el de Bonifacio VI (quince días), de Teodoro II (veinte días), y Benedicto V, que se sentó en la silla de San Pedro durante sesenta y tres días.

Hubo cuarenta y nueve papas en 200 años, y la sucesión se definía por la prevalencia en uno u otro momento de facciones rivales. Muchos Papas fueron elegidos en oposición a los estatutos de la ley canónica: Marinus I (882-884), Formoso (891-896), y Juan X (914-928). La elección fue asegurada por una compra abierta de votos, como la de Benedicto, la de Sergio II, la de Juan IX en 898 y Gregorio VI en 1045.

Se sucedieron las trifulcas en las calles y los ataques al castillo de San Angelo, apelando a menudo y con éxito a los invasores extranjeros, el hambre, la peste, los incendios, robos y asesinatos. Algunos grandes edificios se convirtieron en bastiones, otros fueron arrasados para evitar su ocupación por parte de la facción contraria. Unos pocos fueron ocupados por las órdenes más bajas por lo que el Foro Transitorium fue poseído por los carniceros, la Basílica Julia por los cordeleros, la Cripta Balbi por los fabricantes de velas, y el Circo Flaminio por los quemadores de cal.

Se observó una disminución en el número de peregrinos que visitaron la Ciudad Santa, debido a la inseguridad de los viajes no sólo en la Campagna, sino también en el resto de Italia y en los pasos alpinos. Había bandas de salteadores de caminos organizados para acechar a los peregrinos y robarles sus peniques.

La falta de conocimiento en lo que se refiere a la lectura y la escritura se había extendido al punto en que, después de la doble elección de Silvestre y Gregorio, en 1045, ambos papas ya eran analfabetos y un tercer pontífice fue nombrado para ayudarles a celebrar los sagrados oficios.

La pérdida de ingresos procedentes de las contribuciones de los peregrinos se vió compensada por la aparición de una fuente inesperada. En el pontificado de Esteban VI (896-897), la venerable basílica de San Juan de Letrán cayó, negligentemente construida con despojos de edificios anteriores, al igual que las otras iglesias de la época de Constantino.

La basílica guardaba incalculables tesoros acumulados en el transcurso de los siglos, los usurpadores de la Sede Apostólica, llevaban desde la basílica todos sus tesoros, todos sus utensilios de oro y plata, y todos los utensilios.

El 28 de mayo los normandos y sus aliados efectuaron una entrada doble por la Porta Flaminia (ahora Porta del Popolo) y la Porta Tiburtina (ahora Porta di S. Lorenzo), abriéndose paso por el barrio este de la ciudad, tuvieron éxito en la liberación de el Papa desde el Castillo de San Angelo.

El Campo de Marte y la colina de Celio fue devastada por las llamas, y la ciudad se convirtió en el infeliz escenario de horrores, al punto que la comparando este instante con los vándalos, su saqueo parece misericordioso. En el tercer día los ciudadanos trataron de acometer una vez más contra sus enemigos, pero el intento fue sofocado a sangre y fuego. La escena está bien representado por Gregorovius: «Cuando las llamas y el tumulto de la batalla habían disminuido Roma yacía en un montón de cenizas humeantes ante los ojos de Gregorio, las iglesias quemadas, las calles en ruinas, los cadáveres de los romanos...».

Las mujeres nobles, los hombres que se hacían llamar senadores, los niños y los jóvenes se vendían abiertamente como ganado a la esclavitud, mientras que otros, y entre ellos el prefecto imperial, fueron llevados como prisioneros de Estado a Calabria.

La ciudad estaba ahora terriblemente empobrecida, e incluso las iglesias estaban desprovistos de ornamento. Las estatuas mutiladas permanecían en pie en las calles ruinosas o yacían en el polvo en medio de las reliquias de los baños y templos.

La decadencia definitiva de la ciudad, el abandono del antiguo nivel de calles y plazas, la desaparición de los restos de las casas particulares, e incluso de algunos edificios públicos, data de esta conflagración. Las colinas, durante mucho tiempo fueron afectadas por el hambre; el agua había cesado por completo.

Los monumentos más importantes como templos, teatros y baños, no fueron muy dañados por el fuego. Las columnas de Trajano y de Marco Aurelio no sufrieron en absoluto, pues se emplazaban en medio de plazas abiertas. La colección de obras de arte en bronce en el Lateranense, y el de las estatuas de mármol en el Quirinal, también salió intacta. Hildebert, arzobispo de Tours, que visitó Roma en 1106 o 1107, habla de grandes restos que le habían herido con admiración, y también de las hermosas estatuas que aun abundaban en la ciudad.

Las columnas de Trajano y de Marco Aurelio se salvaron en estos siglos de la destrucción masiva. Una inscripción en el vestíbulo de la actual iglesia de S. Silvestro in capite, fechada en 1119, establece que tanto la columna de Marco Aurelio y la pequeña iglesia de San Nicolás que se sitúa a los pies de ella se arrendaron como lugares turísticos de observación de la ciudad.

Los obeliscos fueron menos afortunados, todos ellos conservan evidencias de los esfuerzos hechos por el hombre para derribarlos, mediante la perforación de agujeros para insertar palancas, o mediante el incendio de los pedestales. Tales operaciones requieren más tiempo y paciencia, jamás los bárbaros se habían dedicado a este fin.

Sin la protección de los franceses, Roma se vió envuelta, desde fines del siglo IX y durante casi todo el siglo X, en conflictos intestinos, ya fuese entre las principales familias de la nobleza urbana o rural, o entre éstas y el Papado. La nobleza feudal romana que dominaba la política local estuvo representada por los condes de Túsculo, los Crescencios, los duques de Spoleto; más adelante serán los Colonna y los Orsini. Libres de la tutela de los emperadores y reyes carolingios la nobleza local encontró las mejores condiciones para su desarrollo. La institución del papado terminó cayendo inexorablemente en sus manos, y de las filas de estas familias salieron numerosos Papas y antipapas

8. Roma en la Baja Edad Media

Durante esta época surgieron movimientos comunales de tipo popular que intentaron restaurar la independencia de la ciudad, tanto de los nobles como del Papado. En el año 1143, los romanos se rebelaron ante la autoridad papal, reinstaurándose el Senado y proclamándose una nueva República Romana.

Se exigió al Papa Lucio II que renunciara a la autoridad temporal, a lo que por supuesto éste se negó: asaltó con sus tropas la ciudad, pero fue muerto de una pedrada. La existencia de la República fue precaria debido a la hostilidad de los nobles, del Papado y del propio Imperio. El Papa Adriano IV con la ayuda de Federico Barbarroja derribó la República, no obstante, a fines del siglo XII el Papado reconoció el movimiento comunal y creó el cargo de senador único

Poco a poco, Roma tuvo un doble significado: siguió recordando a la gente de su grandeza como la capital de un imperio mundial al mismo momento en que asumió una función simbólica como capital de la Iglesia Cristiana. Aunque perdió su poder económico, Roma mantuvo su valor simbólico, y se convirtió en un centro de peregrinación, así como un ambicioso objetivo de los conquistadores durante la Edad Media. Los ataques enemigos, inundaciones y terremotos, por un lado, y la demolición para la reutilización de los materiales de construcción por el otro, llevaron a la reducción gradual de los magníficos monumentos de la antigua Roma a las ruinas.

Algunos monumentos fueron, sin embargo, preservados y protegidos debido razones patrióticas o simbólicas: por ejemplo, la Columna de Trajano, el Arco de Constantino y la estatua ecuestre de Marco Aurelio, retenidos para ser la imagen de Constantino el Grande, padre de la Iglesia Cristiana. Los romanos proclamaban sus ancestros romanos mediante la construcción con fragmentos de monumentos antiguos en sus viviendas, como en el caso de la Casa dei Crescentii.

Los gobernantes de otros países adquirieron mármoles antiguos que servirían en la construcción de sus palacios o catedrales - como Carlomagno en Aquisgrán u Otto en Magdeburgo. Durante la Edad Media, el nivel del suelo de Roma se había elevado debido a varios factores - inundaciones, acumulación de escombros, rellenos - por lo que el nivel existente era entre dos y cinco metros mayor que el nivel original de la época imperial. A finales del siglo XIV, Roma contaba con unos 17000 habitantes, y sólo una pequeña parte de la antigua ciudad amurallada estaba habitada; la población se concentraba en la zona del Campo Marzio, Trastevere y el de Letrán.

Todavía había, sin embargo, un gran número de monumentos antiguos en pie, aunque en ruinas. Cabe destacar la zona del Foro Romano, que incluye partes de las basílicas, aunque la zona había cambiado hasta el punto de ser llamada la ciudad de las torres, debido a las fortificaciones construidas sobre muchos de los monumentos. Los arcos de triunfo de Constantino y Septimio Severo todavía conservaban algunas de estas estructuras en ellos durante el Renacimiento.

La Mirabilia Urbis Romae («Maravillas de la ciudad de Roma»), es un texto latino medieval muy utilizado por los peregrinos cuyo destino era la ciudad de Roma, su fecha de escritura se ubica, aproximadamente, el año 1140, debido a un escriba de San Pedro.

La descripción que se hace de la ciudad está llena de ignorancia, describiendo edificios y sus restos con nombres extraños y fabulosos. No obstante, el escriba pudo distinguir y enumerar siete teatros, once baños públicos, doce arcos y dieciocho palacios, muchos de los cuales posteriormente desaparecieron. Por lo que se puede deducir que varios monumentos de la antigüedad sobrevivieron hasta un periodo tardío, y que la destrucción se acentuó durante los siglos XIII y XIV. Los edificios permanecían en pie pero al menor toque se precipitaban los fragmentos de arcos y columnas.

A mediados del siglo XI, los espacios abovedados del Coliseo habían sido alquilados y el estadio fue utilizado como fortaleza por los Frangipani, que fortificaron toda la zona del Fórum. En 1200, el edificio entró en la propiedad de la Annibaldi quienes lo conservaron hasta 1312 cuando pasó a ser propiedad pública y se derribaron las fortificaciones. En 1340, fue utilizado como escenario para corridas de toros. Los terremotos ya habían causado algún daño a la estructura del Coliseo, pero, en 1349, uno daño gran parte de la zona sur hasta colapsarse. En 1362, el Papa polemizó con los Frangipani sobre el uso de los despojos, una enorme cantidad de travertino y otros materiales que se habían caído al suelo. En 1397 una tercera parte del edificio fue entregado a una organización religiosa, que también tenía el derecho de vender su expolio.

Muchos templos antiguos se habían transformado en las iglesias: una capilla fue construida en la parte superior del mausoleo de Augusto en el siglo X, y más tarde se transformó en una fortaleza por la familia Colonna, siendo devastada en 1167. El Teatro de Marcelo había perdido su ornamento arquitectónico ya en el siglo IV, cuando se utilizó parte de su material para la reparación del Ponte Cestio. En 1150, los Fabios lo transformaron en una fortaleza. A finales del siglo XIII, fue propiedad de la familia Savelli, y más tarde se transformó en un palacio. La colina del Palatino estaba llena de agujeros producto de la extracción de material de cantera de fundaciones antiguas.

Los acueductos habían sido arruinados. Sólo dos lugares permitían cruzar el Tíber: el Ponte Sant'Angelo, cerca del Vaticano, y el Ponte Santa María de la isla Tiberina.

La ciudad es bien descrita por el Itinerario Benedicto del siglo XII, también conocido como Ordo Romanus, parte del Liber escrito por Benedicto XVI, canónigo de San Pedro, bajo el pontificado de Inocencio II (1130/43).

Se describen siete rutas por las que los Papas solían atravesar la ciudad en las procesiones públicas de determinados días del año. Estas rutas se corresponden, en parte, a los aplicados por el Itinerario Einsiedlen, y refieren a un mayor número de puntos de referencia que los mencionados por aquel.

Se observa que desde el siglo IX se sucedieron muchos cambios en las arterias de la Ciudad; el itinerario de Benedicto tiene un marcado carácter medieval, y muestra las huellas de la influencia del libro-guía «Mirabilia Urbis Romae».

La iglesia de la Anástasis, ya transformada en Sancta Anastasia, el Pórtico Que ad Elephantum convertido en el Porticus Cralla, ahora era representado por la iglesia y hospital de S. Galla Patricia; los templos de La Pietas y Esperanza en el Foro Holitorio pasaron a tener el nombre de Cicerón, el teatro de Marcelo se transformó en la basílica Jovis, el Porticus Minucia es ahora el Porticus Crinorum, y la Cripta Balbi es el Templum Craticulae. Un desplazamiento similar desde los nombres de la antigüedad hasta los nombres medievales se encuentra en todas las rutas del Ordo.

La Roma medieval casi ha llegado al límite de sus mayores cambios. El nivel de la antigua ciudad en la mayoría de lugares se encuentra tres o cuatro metros por debajo de la superficie. Una gran parte del sitio de la metrópoli, una vez orgulloso está completamente desierto; los grandes monumentos, cubiertos de musgo y en ruinas, no eran útiles ni como materiales de construcción y, en parte, se les dejará reposar en medio de este desierto.

La ciudad estaba dividida entre la familia Colonna y Ursini, Malatesta, Polenta, della Valle, Cafarello, Savelli, Capoccio, Conti, Annibaldi, Altieri, Corsi. Los Savelli, se habían atrincherado en el teatro de Marcelo, y dentro del templo de Libertas en el Aventino, se encontraban los Conti, cuya torre, cerca de la famosa Piazza delle Carrette descansa sobre las ruinas de la Templum Telluris; los Frangipani, cuyo centro fortificado era el palacio de los Césares estaba rodeado de obras independientes, erigidos en el Coliseo, en el arco de Tito, el arco de Constantino, el Foro Boario era ocupado por los Colonna, y el templo del Sol en el Quirinal por los Crescenzi; finalmente los Orsini buscaron refugio entre los grandes salones de las termas de Severo, su fortificación se ubicaba en el teatro de Pompeyo el Grande.

9. El Papa deja Roma, 1305 - 1377

El Papado en la Edad Media Tardía tenía un papel secular esencial además de su papel espiritual. Las tesis hindebrandianas concebían al papado como líder espiritual y secular de la cristiandad, y abogaban por el establecimiento de facto de un régimen teocrático en Europa Occidental, (de Gregorio VII) que propugnaba la primacía del papado. Sin embargo, las distintas casas reinantes europeas no se sintieron cómodas ante la injerencia papal, a veces contraria a sus intereses. Con el Papa a la cabeza y los líderes seculares actuando y reconociendo su primacía, estas pretensiones no se materializaron nunca por completo, especialmente con el conflicto entre el Papa y el Emperador del Sacro Imperio, Federico II. Esta última institución, aunque coronada, y por tanto legitimada, por el Papa, desarrolló a su vez la pretensión de primacía sobre la cristiandad, al entender que era la legítima heredera del Imperio romano.

El emperador heredó el reino ignorando totalmente la autoridad papal: sería excomulgado dos veces por el Papa. De hecho, el papado comenzó a usar la excomunión como instrumento político, lo que comenzó a desprestigiarla. El Papa predicaría una cruzada contra Federico II, para escándalo del resto de los monarcas que consideraban que la cruzada sólo estaba justificada contra los infieles o los herejes.

La impopularidad de los Papas era tal que durante siglos muchos fueron asesinados o expulsados de Roma por turbas o enemigos imperiales. Ya en 1119, por ejemplo, los romanos se rebelaron contra el Papa Gelasio II (1118), que huyó a Gaeta al sur de Italia remando por el río Tíber en una embarcación auxiliar. Al escapar, la multitud enardecida corrió por la orilla del río, lanzando piedras y flechas.

Del mismo modo, el Papa Gregorio VIII (1187) fue tan odiado por su crimen de cegar a sus oponentes (al igual que el Papa Adriano III, 884-85) que los lugareños lo ataron de espaldas a un camello y le pasearon por las calles de Roma, gritando vulgaridades contra él, finalmente lo apedrearon hasta matarlo. Para evitar inminentes acusaciones de asesinato, el Papa Calixto II (1119-1124) profanó la supuesta tumba de San Pedro y huyó a Constantinopla con «paneles de la plata de las puertas», «placas gruesas de oro» que habían cubierto los altares y «una estatua de oro sólido».

El Papa Bonifacio VIII (1294-1303, un político experimentado a veces descrito como brusco y arrogante, era un feroz defensor de la soberanía universal del Papado sobre toda la cristiandad, así la define en su Dictatus Papae en el siglo XI. La cuestión concreta que le hizo entrar en conflicto con el rey Felipe IV de Francia era si los señores seculares podían establecer impuestos al clero. En su bula Clericis laicos (1296), Bonifacio VIII prohibía cualquier imposición sobre la propiedad de la Iglesia. Solamente un año más tarde concedió a Felipe IV el derecho a recaudar impuestos en el clero en casos de emergencia.

El gran éxito del año Jubilar de 1300 (se cree que hasta 2 millones de peregrinos visitaron Roma) incrementó considerablemente el prestigio del papado, atrayendo fondos a la ciudad e induciendo al papa a sobreestimar extremadamente sus poderes temporales. Después de la detención del obispo de Pamiers por Felipe IV, el Papa emitió la bula Salvator Mundi, retractándose de todos los privilegios que confirieron al rey francés los papas precedentes, y unas pocas semanas más tarde con la Ausculta fili presentaba cargos contra el rey, citándole para que compareciera ante un consejo en Roma. En una afirmación atrevida sobre la soberanía papal, Bonifacio VIII declaró que «Dios nos ha situado sobre los Reyes y los Reinos».

Felipe IV respondió a esa afirmación escribiendo: «Su venerable estupidez puede que sepa que no somos los vasallos de nadie en cuestiones temporales», y convocó en una reunión del Estado General a un consejo de los Señores de Francia, que respaldaron su posición. El rey de Francia presentó cargos de sodomía, simonía, hechicería, y herejía contra el Papa y lo llamó ante el consejo. La respuesta del papa fue la más fuerte afirmación de soberanía papal. En su Unam sanctam (18 de noviembre de 1302), decretaba que «es necesario para la salvación que todas las criaturas humanas sean súbditos del pontífice Romano.» Estaba preparando una bula que excomulgaría al rey de Francia y pondría todo su reino en interdicto, y depondría a todo el clero de Francia, cuando en septiembre de 1303, Guillermo de Nogaret, el crítico más fuerte del papado en los círculos franceses, llevó una delegación a Roma, con órdenes intencionadamente ambiguas dadas por el rey para llevar al Papa, si fuera necesario a la fuerza, ante un consejo para enjuiciarlo por los cargos presentados contra él.

Nogaret colaboró con los cardenales de la familia Colonna, rivales del Papa desde hacía mucho tiempo, y contra los que el pontífice había predicado en una cruzada con anterioridad a su papado. En 1303, tropas francesas e italianas atacaron al Papa en Anagni, su ciudad natal, y allí lo detuvieron para ser llevado a Paris y ser juzgado.

Antes cinco arzobispos, 22 obispos, muchos monjes y frailes, Bonifacio VIII abucheado hizo esta notable declaración: «No hubo Jesucristo y la Eucaristía es sólo harina y agua; María no era más virgen que mi propia madre, y no hay más daño en el adulterio que en frotar las manos «.

Fue trasladado de regreso a Roma con una fuerte escolta proporcionada por la familia Orsini, pues temían que las tropas papales intentarían liberarlo. Un mes mas tarde moriría en prisión, en octubre de 1303, probablemente de intoxicación o asfixia. Sus enemigos señalaban que en sus últimos momentos les había confesado su pacto con el demonio y que murió con llamas saliendo de su boca.

La muerte del Papa Bonifacio VIII privaba al papado de su político más competente, el cual podía defenderse del poder secular del rey de Francia. Después del Papa conciliador Benedicto XI (1303-04), Clemente V (1305-1314) se convirtió en el siguiente pontífice. A partir de ese momento, Francia y los otros Estados tomaron parte activa en la elección papal, y con la entronización del francés Clemente V en Lyon, elegido en 1305, el Papa trasladó su residencia a la ciudad de Aviñón. El Papa no solía residir en la ciudad de Roma, de hecho, muchos pasaron algunos meses de su pontificado en esta ciudad: solían residir en Viterbo, Ostia, Perugia, Anagni, Viterbo, Orvieto, Tivoli, aunque no eran raros sus viajes y estancias en lugares mucho más lejanos, como Aquisgrán o Lyon.

El gobierno papal hizo de Roma una ciudad rica con los ingresos judiciales y los impuestos: Roma asumió los aires y las riquezas de una ciudad capital. Fue durante la época de Aviñón que adoptaron muchos rasgos de la corte real: el estilo de vida de sus cardenales recordaba más al de los Príncipes que al de los clérigos.

Aviñón estaba rodeada por las tierras del Condado Venaissin, feudo papal, bajo la fuerte influencia del rey francés. Siete Papas residieron en Aviñón: Clemente V 1305–1314; Juan XXII 1316–1334, Benedicto XII 1334–1342, Clemente VI 1342–1352, Inocencio VI 1352–1362, Urbano V 1362–1370 y Gregorio XI 1370–1378.

Francisco Petrarca, en una carta de 1350 llamada «Sobre la Corte Papal en Aviñón» escrita durante su estancia en esta ciudad, la describe como la «Babilonia de Occidente», refiriéndose a las costumbres mundanas de la jerarquía eclesiástica:

«... ahora estoy viviendo en Francia, en la Babilonia de Occidente... Aquí reinan los sucesores de los pobres pescadores de Galilea; extrañamente han olvidado su origen. Me asombra, cuando recuerdo a sus predecesores, ver a estos hombres cargados de oro y vestidos de púrpura, presumiendo de los despojos de príncipes y naciones; ver palacios lujosos y altos coronados con fortificaciones... Ya no encontramos las redes sencillas que se usaban en el pasado para ganar un sustento frugal en el lago de Galilea, y con el cual, habiendo trabajado toda la noche sin coger nada, tomaban, al amanecer, una multitud de peces, en nombre de Jesús. Uno se queda estupefacto hoy en día al oír las lenguas mentirosas, y al ver pergaminos sin valor convertidos, con un sello de plomo, en redes que se usan, en nombre de Cristo, pero gracias a las artes de Belial, para captar a multitudes de incautos cristianos... En lugar de santa soledad encontramos un anfitrión criminal y una muchedumbre de los más infames satélites; en lugar de sobriedad, banquetes licenciosos; en lugar de peregrinajes piadosos, pereza sobrenatural y sucia; en lugar de los pies descalzos de los apóstoles, los corceles blancos como la nieve de bandoleros vuelan por delante de nosotros, adornados con oro y alimentados con oro, para ponerles pronto herraduras de oro, si el Señor no observa antes este lujo servil. En resumen, parece que estemos entre los reyes de los persas o los partos, ante los cuales debemos arrojarnos al suelo y venerarlos, y a los que no se puede acercar excepto si se les ofrecen regalos.»

En 1378, el papa Gregorio XI trasladó de nuevo su residencia a Roma y allí murió. Debido a una disputa sobre las posteriores elecciones, una facción de cardenales estableció un nuevo antipapa en Aviñón: Clemente VII en 1378–1394 y Benedicto XIII en 1394–1423 (expulsado de Aviñón en 1403). En su decisión de volver a Roma, el Papa fue también influido por Catalina de Siena, más tarde canonizada, que predicaba en favor de su regreso a esta ciudad. El cisma en si terminó con una serie de concilios que se prolongaron hasta 1417.

En el siglo XIV Roma era todavía medieval, en el siglo XV comenzó a transformarse poco a poco en una ciudad moderna. Mientras que la sede del papado estaba en Avignon (1305-1377), tres cuartas partes del espacio dentro de los muros fue puesto bajo cultivo. Los habitantes, enfermo de fiebre y de la pobreza, vivían como sus antepasados prehistóricos en chozas de barro con techos de paja, y saciaban su sed con las aguas del Tíber. En el año 1377, en el momento del retorno de Gregorio XI de Avignon, sólo había 17000 personas viviendo en la ciudad.

En las partes más abandonadas de Roma, un remanente de vida urbana se podía encontrar en las iglesias y monasterios fortificados del Celio, Esquilino y Aventino, como la de S. Balbina, que conservaba su carácter medieval hasta su «modernización» en 1884. Vides y olivos crecían en los pasillos del palacio imperial en el Palatino y el ganado pastaba donde alguna vez estaba el Foro. Aquí y allí yacían las ruinas de las casas señoriales desmanteladas, destruidas por el vencedor del momento, otros barrios del Campo Torrecchiano, por ejemplo, estaban cubiertos de torres cuadradas de ladrillo, almenadas, una prueba de guerra perpetua y del derramamiento de sangre.

Las fortalezas de Normanni, Papi, Stefaneschi, Anicii y Anguillara dominaban la región de Trastevere, mientras que las de los Pierleoni controlaba la entrada del Puente de Santa María (el antiguo Puente Emilio, ahora Ponte Rotto), y las del Frangipani, la isla de S. Bartolomeo. Las ruinas del anfiteatro de Estatilio Taurus (Monte Giordano) y del teatro de Pompeyo (Campo di Fiori), estaban en manos de los Orsini. Los Savelli habían suplantado a los Pierleoni en el teatro de Marcelo (Monte Savello). La familia Colonna ocupó un recinto fortificado en el área abandonada sobre el Foro de Trajano, con el centro de su bastión en el templo del Sol en el Quirinal (Villa Colonna), mientras que el mausoleo de Augusto y la colina de Monte Citorio, fuertemente guarnecida, fueron utilizados como avanzadas. Una de sus torres, en la esquina de la Vía Tre Cannelli y Via Nazionale, sigue en pie, también hay torres de los Mellini y Sanguigni cerca del estadio, de los Sinibaldi y Crescenzi cerca del Panteón. Estas estructuras cuadradas y feas se erigieron para proteger estas familias; alrededor de ellas vivían sus vasallos y partidarios.

La gran fortaleza de los Frangipani cubría la mitad sur del Palatino, el núcleo de la fortificación era el Septizonio, y tenía puestos avanzados también en el Coliseo, en la Turris Cartularia, en los Quadrifrons Janus del Foro Boario, y en los arcos de Tito y Constantino. La gran Torre de los Conti, erigido por Nicholas I en el año 858, y reconstruida por Inocencio III en 1216, semiderruida por el terremoto de 1348. Mejor conservada se encuentra la Torre delle Milizie, cuya construcción fue popularmente atribuido a Nerón: probablemente fue construida por Pandolfo della Suburra en el año 1210. En la segunda mitad del mismo siglo pasó a ser propiedad de los Annibaldi, y más tarde pasó a manos a los Caetani. El aspecto de Roma, pues, era de un conglomerado de torres coronadas con almenas; su número era tan grande que un barrio de la ciudad en las laderas, al pie de la colina Oppio, se llamaba "Campo Torrecchiano».

Todo sentido de lo bello, toda la apreciación del arte, parece haberse perdido por los romanos. Mientras que en otras ciudades de Italia se levantaban iglesias, ayuntamientos, fuentes, palacios y espléndidas viviendas que llevan a la admiración hasta la actualidad debido a la elegante sencillez de sus proporciones y el acabado de su trabajo, los constructores en Roma hicieron poco más que acumular fragmentos de viejas estructuras, sin tener en cuenta la forma o condición física. Tivoli, Viterbo, e incluso Corneto, eran ciudad que en este período destacaban por su calidad en su arquitectura pública y doméstica con respecto a Roma.

Se podría decir que la ciudad, en el periodo del exilio papal de Aviñon (1305-1378), fue verdaderamente dueña de su vida. Los romanos fueron finalmente árbitros de sí mismos y de su destino. A principios del siglo XII habitaban Roma 35000 personas: ya no era la metrópoli de un imperio.

10. El Mármol Romano

El mármol parece haber empezado a usarse al comienzo del siglo primero antes de Cristo. El orador Craso fue el primero en utilizarlo en su casa en el Palatino, construida alrededor del 92 a.C., y, aunque tenía sólo seis pequeñas columnas de mármol era considerado un lujo, apodado el «Venus Palatino» (Plinio, HN, xxxvi 3.). El teatro de madera temporal de Marco Emilio Escauro, construido en el año 58 antes de Cristo, parece haber sido el primer edificio en el que se utilizó más ampliamente el mármol: sus 360 columnas y el orden inferior eran de mármol griego (Plin., HN, XXXVI. 3, 24). En muy pocos años, bajo el imperio de Augusto, el mármol se volvió muy común.

No existen canteras de mármol en las cercanías de Roma. Las colinas Sabina son de hecho de formación caliza, y las grandes masas de travertino, piedra caliza de agua dulce de origen ígneo. La fuente más cercana está en Cesi, unos cuarenta y cinco kilómetros de Roma, donde «Cotanella», el mármol rojo de los Estados romanos, se encuentra: las grandes columnas que sostienen las bóvedas de las naves laterales de San Pedro son formadas con ella.

Las colinas y rocas de Roma son volcánicas: los monumentos más antiguos de la época real, como la Cloaca Máxima, la Prisión Mamertino, las Murallas de Servio Tulio, y algunos de las primeras subestructuras sobre la colina del Palatino, fueron construidas en toba volcánica de color marrón.

Aunque el período Consular o Republicano fue muy tormentoso, y la reconstrucción de la ciudad, después de su demolición parcial por los galos, más variedades ornamentales de piedra volcánica se introdujeron. El ladrillo también fue empleado en gran medida en la construcción de los cimientos y las paredes interiores de edificios públicos, siendo dispuestos en una fecha posterior en patrones ornamentales.

Hacia el final del período republicano, Roma comenzó a ser distinguida por la magnificencia de sus monumentos públicos. Con sus conquistas incremento sus lujos. Nuevas divinidades fueron introducidas desde el extranjero, éstas requerían una adoración más suntuosa que las deidades nativas.

La toba de color marrón de la roca Tarpeya fue suficiente para el santuario grosero de Vesta, la primitiva piedra del hogar de la antigua Roma, pero en la reconstrucción del templo suntuoso de Júpiter Capitolino, que marcó el período más grande de la historia de Roma, las piedras más preciosas fueron de Asia y África. Las estatuas fueron importadas al por mayor de Grecia para adornar templos y teatros, construidos después siguiendo los modelos de la arquitectura griega, con columnas, frisos y pisos de metales preciosos del Pentélico y mármol siciliano. Durante el último siglo de la República, el mármol se convirtió en una piedra de uso común. La tumba de Cecilia Metella, y los templos de Ceres, Juno Sospita, y Castor y Pólux indican la introducción de este material precioso y hermoso.

Pero estaba reservado para el período del Imperio para completar las glorias arquitectónicas de la ciudad. El travertino, generalmente llamado Lapis Tiburtinus, una piedra volcánica de color pajizo excavado en la llanura de Tivoli, que tiene la propiedad de endurecerse con la exposición, se utilizó como material de construcción en lugar de las antiguas lavas y tobas.

Los mármoles de cada nuevo territorio anexado al Imperio fueron llevados con un gasto enorme a la Ciudad Imperial. Un muelle se construyó en la parte más ancha del Tíber, donde se desembarcaba la piedra. Aquí numerosos bloques de mármol tuvieron variado destino: los enviados a Nero desde una cantera en Carintia, y otra, una columna de incluso las más colosales dimensiones, pesando cerca de treinta y cuatro toneladas de valioso mármol africano, estaba destinado a servir como un pilar conmemorativo, etc.

Tan abundante era el mármol en los dos primeros siglos del Imperio, que no era nada de estima. Cada templo, palacio, edificio público fue construido en mármol, ya sea en su totalidad o en parte. Las tumbas que se alineaban en la Vía Apia a ambos lados durante quince millas tenían sus núcleos de ladrillo cubiertas con losas de mármol.

De las estatuas de mármol blanco se utilizaron cuatro variedades principales: el Marmor Lunense, de Luna, cerca de la moderna Carrara (Estrabón, v;. Ex, las once columnas corintias en la Dogana di Terra), el Marmor Hymettium, desde el monte Hymettus, cerca de Atenas (Estrabón, x.;. Ex, los cuarenta y dos columnas en la nave de S María Maggiore y las columnas de S. Pietro in Vincoli), el Marmor Pentelicum, del monte Pentélico, también, cerca de Atenas, y el Marmor Parium, de la isla de Paros.

Se utilizaron nueve variedades principales de mármoles de colores en Roma.

- Marmor Numidicum (mod. giallo antico. Plin, HN, v. 3), de Numidia y Libia, amarillo, profundizando al naranja e incluso rosa. (Ex., seis grandes columnas en el Panteón y siete en el arco de Constantino, tomada desde el arco de Trajano. La octava columna se encuentra en la basílica de Letrán)

- Marmor Carystium (mod. cipollino), desde Caristo en Eubea (Estrabón, x.), tiene estratos ondulado alternativa de blanco y verde pálido - el « undosa Carystos « de Estacio (Silv., i. 5, 36). De sus capas bien definidas, como una cebolla (cipolla) deriva su nombre moderno. (Ej., las columnas del templo de Faustina)

- Marmor Phrygium o Synnadicum de Synnada en Frigia (Estrabón, xii,... Juv, xiv 307;.. Tibull, iii 3, 13), ricos marcas púrpuras, violeta rayando en rojo. (Ex., doce columnas estriadas en S. Lorenzo fuori le Mura, y grandes columnas en el ábside de S. Paolo fuori, salvó de la antigua nave de la basílica, quemado en 1823)

- Marmor lasium de Yaso, es de color rojo, verde oliva y blanco. La «puerta santa» de San Pedro se enmarca con ella, las losas en frente de la Graecostasis y cuatro columnas de S. Agnese fuori le Mura)

- Marmor Chiumfrom Chios, es similar en color y marcado con el porta santa, pero más brillante en el tinte. (Ex., una gran parte de la pavimentación de la Basílica Julia, y dos grandes columnas en el centro de la fachada de la Basílica de San Pedro.)

- Rosso antico de Grecia, de color rojo, como la sangre. Por regla general, no se produce en grandes piezas, pero se utiliza mucho, por pequeñas cornisas y otras molduras (las piezas más grandes conocidos son los catorce pasos para el altar mayor de S. Prassede y dos columnas de casi 12 metros de altura en el casino Rospigliosi dell'Aurora.)

- Antico Nero, desde Cabo Ténaro en Esparta (Ex., dos columnas en el coro de la iglesia de Ara Coeli)

- Lapis Atracius (antico verde), que se encuentra en Atrax en Tesalia (Liv.., xxxii 15), era uno de los materiales preferidos para la arquitectura decorativa, no es estrictamente una canica, pero una piedra calcárea (los mejores ejemplares conocidos son los veinticuatro columnas al lado de los nichos en la nave central de la basílica de Letrán.)

- Alabastro oriental duro, el «onyx» o «alabastrites» de Plinio (HN, xxxvi 12, xxxvii 32); sus canteras principales estaban en el Nilo, cerca de Tebas, en Arabia, y cerca de Damasco. Fragmentos de un gran número de columnas se han encontrado en el Palatino, en los baños de Caracalla, y en otros lugares.

Con la introducción del mármol como elemento constructivo se produjo un profundo cambio en el estilo arquitectónico de la ciudad de Roma. Dado que el mármol exige unas técnicas específicas de labranza que los artesanos locales desconocían, es lógico pensar que, o bien éstos se formaban en las canteras con las que se sostenían relaciones comerciales, o bien que existían equipos de artesanos que se desplazaban al punto de destino de esos bloques de mármol. Las piezas se importaran esbozadas y eran terminadas en el lugar de destino (fuera éste Roma u otras ciudades del Imperio). Sin embargo, las importaciones debieron realizarse en bloques, y no piezas, dados los riesgos de fractura que presenta un capitel, en los lóbulos superiores de sus coronas, sus volutas, sus flores de los lados del ábaco, en definitiva, de todos aquellos ornamentos que sobresalen. Y ya que, de cualquier modo, viajaron juntos material y artesano, era más seguro y no más costoso que se realizara enteramente en la propia ciudad.

Mármoles fueron transportados por vía marítima con naves capaces de transportar de 100 a 300 toneladas de piedra. El principal lugar de destino era, por supuesto, Roma y Ostia, el puerto cerca de la desembocadura del Tíber. De allí el mármol derivaba al Aventino, a la zona de la Marmorata y, posteriormente, para la venta y el procesamiento de los trabajadores en las fábricas de mármol, como por ejemplo en el Campo de Marte, o en el área entre las iglesias de Santa María en Vallicella y de San Apolinar. El Tíber siguió siendo la vía de comunicación de mármoles hasta mediados del siglo XVII, como lo demuestran los vestigios de talleres marmorari que datan de este período. Los naufragios, que se encuentra en el Mediterráneo nos permiten reconstruir las rutas principales. Estas reliquias aportan pruebas de que los buques que transportan no sólo a bloques de mármol, sino también los elementos arquitectónicos y otros tipos de objetos escultóricos en varias etapas de procesamiento, tales como tambores, bases, capiteles, estatuas, sarcófagos y muebles. Cada pieza llevaba marcada un número y el nombre del emperador que reinaba en ese entonces.

Entre el segundo y el primer siglo a.C., con la conquista casi total del Mediterráneo Oriental, el legado de las monarquías helenísticas fue reconocido por la clase dirigente romana que tomó posesión de los valores ideológicos que se derivan de la utilización de mármol attico blanco y piedras de colores.

Las grandes construcciones arquitectónicas realizadas por la sociedad tradicionalista de la república romana se realizaban casi siempre en tufo, peperino, sperone y travertino. Estas piedras, abundantes en los alrededores de Roma, eran excelentes para el uso edilicio aunque, desde un punto de vista estético poco vistosas. No será hasta el periodo tardo republicano, y como consecuencia de la expansión político-económica romana por la cuenca mediterránea -especialmente la oriental-, cuando de una manera progresiva se irá introduciendo la utilización del mármol en Roma. Este fenómeno responde a una serie de acontecimientos que en gran medida también tienen que ver con la expansión militar: la destrucción de Cartago en el 146 a.C., la conquista de Grecia por parte de los generales Metello Macedonico y L.Nummio, la cesión a Roma del reino de Pérgamo en el 130 a. C. y la conquista de Egipto en el 31 a.C. Estos cuatro acontecimientos contribuyeron a que se iniciaran las exportaciones de mármol pantelénico, insular y africano hacia Roma. Con el ambicioso proyecto de monumentalización que inicia Augusto en Roma. A partir de este momento, y sobretodo en el reinado de Tiberio, se establece un efectivo monopolio imperial de la extracción, distribución y utilización del mármol. Se establecerá un sistema fuertemente centralizado bajo el control de un alto funcionario llamado procurador marmorurn. De este alto funcionario dependían una serie de procuradores de las canteras y otros procuradores de menor graduación como por ejemplo el dispensator que tenía por misión el control de la contabilidad de las canteras.

El mármol no solo es un elemento de construcción: pulverizado sirve en una mezcla como un excelente concreto. Esculturas, columnas, frisos, edificios que se derrumbaban e incluso en pie (como el coliseo) aportaron mármol simplemente para ser incinerado y utilizado como mezcla. Al pulverizarse el mármol mediante golpes o calor se transforma en un excelente concreto.

Con la caída de la Roma imperial, el mármol no solo se transformó en expolio a reutilizarse sino también en material de obra como concreto (mezclado con la pozzolana volcánica, con uso del mortero de cal) cambió la dirección de las construcciones en la ciudad y aceleró la desaparición de la ciudad marmorea...

11. Marmoleros y Morteros de Mármol en Roma Medieval

En la explotación de los monumentos romanos para el uso de sus materiales, dos clases de trabajadores actuaron en la Edad Media: los Marmorarii y los Calcararii o quemadores de cal. Los cortadores de mármol romanos son generalmente llamados de la «Escuela de los Cosmatis».

Los Cosmatis, sin embargo, son sólo una rama de esta gran sucesión de trabajadores que fue fundada, hacia el año 1150. Laurencio, hijo de Cosme, jefe de la rama Cosmati, floreció hacia fines del siglo XII, y fue seguido por cinco generaciones de artistas del mismo nombre. Los Vassalecti formaron la tercera rama, que también incluye a tres o cuatro generaciones, desde 1153 hasta 1275, la última rama es la de Ranuccio Romano, con sus hijos Pedro y Nicolás, su sobrino Giovane Guittone, y su nieto Giovane, 1143-1209.

El nombre de la familia rememora el género llamado «comatesco»: una técnica de «opus sectile» («corte de trabajo») elaboradas por incrustaciones de pequeños triángulos y rectángulos de piedras de colores y mosaicos de vidrio establecidos en matrices de piedra o de incrustaciones sobre las superficies de piedra. Las distintas franjas en intrincados mosaicos alternaban con otras franjas contrastantes, y formas geométricas simples de mármol blanco. Pavimentos y revestimientos fueron ejecutadas en técnica cosmatesco, las columnas lo fueron con incrustaciones de filetes y bandas, y el mobiliario de la iglesia, inamovible, como cátedras y ambones fueron tratados de manera similar. Los miembros de los Cosmati también participaron en el comercio de esculturas antiguas, algunos descubiertos en el transcurso de excavaciones para ser reutilizadas como material de construcción.

Las principales obras de la Cosmati en Roma son:

- Los ambones de Santa María en Aracoeli (Lorenzo)
- La puerta de Santa Saba, año 1205
- La puerta con mosaicos en San Tommaso en Formis (Jacopo)
- La capilla Sancta Sanctorum de Letrán (Cosimo)
- • El pavimento de San Jacopo alla Lungara
- El magnífico trono episcopal y coro en San Lorenzo fuori le Mura, de 1254.
- El Baldaquino de Letrán y de Santa María in Cosmedin, c. 1294.
- Las tumbas de Santa María Sopra Minerva (c. 1296), en Santa María la Mayor, y en Santa Balbina (Giovanni).

Por espacio de tres siglos prosperaron y cumplieron su trabajo a expensas de las ruinas de la antigua Roma. Los marmolistas hicieron excavaciones y destruyeron monumentos antiguos para encontrar modelos y materiales. Eran especialmente aficionados, sea pagano o cristiano, a las losas delgadas de mármol en la que se inscribían los epitafios, ya que fácilmente se podrían adaptar a su fin, estando casi listas para su uso. Este es el motivo por el que los pisos de las iglesias medievales son tan ricos en documentos epigráficos; unas doscientas inscripciones fueron utilizadas en la fabricación de pavimento de SS. Quattro tras la destrucción de la iglesia por los normandos, y cerca de un millar fueron entregados de manera similar a su uso en el suelo de San Pablo Extramuros. Los marmolistas también inauguraron un tráfico interprovincial e incluso internacional, de mármoles romanos, que floreció durante dos siglos y medio.

La primera voz influyente de protesta contra las prácticas de los cortadores de mármol, y el abandono total de los monumentos romanos, fue la de Petrarca. Se dirigió especialmente a los nobles, a quienes describe como siguiendo el camino de la destrucción, siguiendo las huellas de los godos y los vándalos. Sin embargo, si los patricios eran los culpables, las clases medias y bajas se ajustaron a su ejemplo. Se demolieron templos, baños, teatros y palacios, sus adornos de mármol, rotos en pedazos y arrojados a los hornos de cal, e incluso sus muros derribados y sus fundaciones divididas para usar sus piedras. Después de un tiempo los productos de esta industria crecieron por encima de la demanda, y el botín se acumulaba pues no podía eliminarse en el mercado local.

El primer traslado de mármoles de Roma a tierras lejanas data de la época del rey Teodorico. En una carta dirigida a Festus el patricio, Cassiodorius, secretario del rey, ordena que las columnas de la Domus Pinciana una posesión imperial cerca de la puerta del mismo nombre debían ser enviadas a Ravenna. Una parte de la catedral de Aix -la- Chapelle erigida por Carlomagno en los años 796 a 804, y consagradas por León III, fue diseñada y construida por marmoleros romanos. El piso superior está decorado con una doble hilera de columnas de longitud desigual, de mármoles raros, traídos de Roma, Treves, y Ravenna.

La catedral de Pisa, cuya obra se inició en 1063 y se consagró en 1118 por el Papa Gelasio II, está construida en su mayoría de mármoles extraídos de Roma y Ostia. Algunos de los mármoles llevan claramente la marca de su origen, uno cerca de la esquina suroeste del transepto indica «Coloniae Ostiense».

A Roma se recurrió para la construcción de las catedrales de Lucca (1060-1070) y de Monte Cassino (1066), de las de S. Matteo en Salerno (1084), y de S. Andrea en Amalfi (undécimo siglo); del baptisterio de San Giovanni en Florencia (iniciada en 1100); del monasterio de Nostra Signora di Tergu, en la costa norte de Cerdeña, entre Sorso y Castel Sardo, de la iglesia de S. Francesco a Civita Vecchia, de la catedral de Orvieto (1321-1360), e incluso de algunas partes de la abadía de Westminster. Para probar esta afirmación no necesitamos de ninguna evidencia literaria: la forma y calidad de los mármoles y las inscripciones grabadas sobre ellos, dan testimonio inequívoco en cuanto a su origen.

Una de las consecuencias del saqueo de 1084 fue el rapto de las columnas y los mármoles de diversos tipos por parte del ejército para el adorno de la catedral de Salerno. Por espacio de casi cuarenta años, los Maestri Delli Opera del Duomo o «superintendentes de construcción», envió a sus agentes a Roma en busca de bloques de mármol para sus esculturas.

Las ruinas de Porto (el Portus Augusti, cerca de la desembocadura del Tíber) fueron atacadas en mayo de 1321, con el consentimiento de sus propietarios; las de Ostia compartieron el mismo destino en 1322. Con el devenir del tiempo, la villa de Domiciano en Castel Gandolfo, el mausoleo de Adriano, el pórtico de Octavia, el templo de Isis y Serapis, y las ruinas de Veyes, fueron tratados de la misma manera.

Los trabajos en la villa de Domiciano efectuado por los Pandolfo y Giovanni Savelli, fue recompensado con regalos en especies, pimienta, la cera, y el azafrán. En 1354, mientras que Andrea di Ugolino supervisaba el trabajo, un bloque de mármol comprado por treinta y cinco florines fue tomado de la columnata de Octavia, y cortado para ser usado en la ventana ovalada y hermosa que ocupa el centro de la fachada.

El uso de materiales romanos en la Abadía de Westminster, en el suelo románico frente al altar mayor se debe al abad Richard de Ware. Después de su elección, en 1258, el abad hizo una visita a la Ciudad Eterna, y trajo consigo, como recuerdo de su peregrinación, algunas lajas de pórfido y serpentina. Sobre su tumba se puede leer: HIC Portat Lapides Urbe.

En 1870, pocos meses antes de que Roma se convirtiera en la capital de Italia, el Papa Pío IX determinó erigir una columna monumental en memoria del Concilio Ecuménico. Para ahorrar tiempo y dinero, y el problema de la explotación de canteras de travertino del territorio de Tivoli, una de las puertas más interesante y mejor conservada de la ciudad, la Porta Tiburtina de Honorio, fue sacrificada.

La destrucción creció aún más en el Renacimiento: Chrysoloras, maestro de Poggio Bracciolini, dice, refiriéndose a los mármoles extraídos que «las estatuas se encuentran rotas en fragmentos, listas para el horno de cal, o para su utilización como material de construcción».

Los funcionarios públicos no sólo toleraban la búsqueda de mármoles esculpidos y de la piedra caliza, sino que incluso a veces reclamaban una participación en los beneficios. Un documento del primero de julio de 1426, conservado en los archivos del Vaticano, indica que las autoridades papales habían dado vía libre a una empresa de morteros y quemadores de cal para destruir la Basílica Julia en la Vía Sacra para usar los bloques de travertino con los que los pilares de las naves fueron construidos; se reservó para sí la mitad de la producción de los hornos.

La Basílica Julia siguió la surte de la tumba de Alejandro Severo en el Monte del Grano, así como la mitad del Coliseo, el Arco de Léntulo, el Circo Máximo, el basamento del mausoleo de Cecilia Metella, y un centenar de otros monumentos. Todos estos despojos sirvieron para construir San Pedro, San Marcos, el Palazzo di Corneto, el Palazzo Farnese, la Cancillería, la Villa Giulia, etc.

En la época de Pablo III (1534-1550), muchos torsos y estatuas descubiertas en la excavación de sótanos, en la plantación de jardines y viñedos, y en la apertura de nuevas calles, sirvieron para ser arrojadas a los hornos, especialmente aquellos esculpidos en mármol griego, a causa de la cal que se producen. Este Papa dictaminó que nadie debía atreverse a destruir la estatuaria antigua, so pena de muerte, pero estas leyes no produjeron un efecto duradero. La expoliación de mármol y piedra edificios continuó con un aumento en la actividad hasta finales del siglo XVI. Otro decreto del mismo Papa, de 22 de julio de 1540 puso a merced de los «diputados» de la Fabbrica di San Pietro todos los monumentos del Foro y de la Vía Sacra. Pirro Ligorio, el arquitecto, por ejemplo, argumentaba cual era la mejor manera de obtener un yeso particularmente fino a partir del uso de mármol de Paros en polvo, obtenida de las estatuas constantemente destruidas.

Fra Giocondo da Verona, indicaba que algunos ciudadanos romanos se jactaban de que los cimientos de sus casas y palacios se construían con estatuas antiguas. La sede de estos destructores de la antigua Roma estaba en el «Botteghe Oscure» en un ala del Circo Flaininius: tan importante era la cal allí que todo el distrito recibió el nombre de calcarario (calcararia). El área está delimitado por las actuales iglesias de San Nicolás ahora S. Nicola ai Cesarini, SS. Quaranta de Calcarario, ahora S. Francesco delle Stimmate y S. Lucía de Calcarario, ahora S. Lucia dei Ginnasi. También hubo Calcararios en la Piazza dell' Olmo. Otros hornos famosos fueron los de S. Adriano, por la quema de los mármoles de los foros imperiales, los de Agosta, alimentado con los despojos del mausoleo de Augusto, y el de La Pigria, alimentados con materiales de los Baños de Agripa y del templo de Isis.

Había establecimientos temporales abiertos cerca de diversos edificios abandonados tan pronto como el suministro se agotó: en las Termas de Diocleciano, en la villa de Livia en Prima Porta, en la necrópolis entre el Via Latina y la Via Appia, los de la Regia, y los de la Basílica Julia, y del templo de Venus y Roma. Fuera de la ciudad se practicó la quema de cal durante muchos años entre las ruinas de Ostia y Porto.

El ejercicio de este comercio continuó sin interrupción y con la tácita, si no abierta aprobación de las autoridades papales, En el pontificado de Pío VII, Giuseppe Vitelli, arrendatario de la finca en Ostia en el año 1816, destruyó unas millas de la pavimentación del camino antiguo de Ostia, que estaba en excelente estado de conservación, así como muchas de las grandes piezas de cornisa tallada del templo de Vulcano, una obra maestra de la época de Adriano, para usar los fragmentos en un horno de cal. Éstos fueron rescatados de las llamas; hornos similares fueron descubiertos en 1796 por Robert Fagan, no muy lejos del templo.

Un horno de cal se encontraba en el palacio de Tiberio en la colina Palatina de Rosa, en 1869. Estaba lleno hasta el borde con bellas obras de arte, algunas calcinadas, algunas intactas. Entre estos últimos eran el busto velado de Claudio, ahora en el Museo delle Terme, una cabeza de Nerón; tres cariátides, en antico nero, la estatuilla exquisita de un efebo en basalto negro, una cabeza de Harpócrates, y otros fragmentos menores.

En 1883, en las excavaciones en el lado sur del atrio de Vesta, una pila de mármol fue encontrada de unos 14 metros de largo, 9 pies de ancho y 7 metros de altura. Fue enteramente compuesta por estatuas de las Vestales. Las estatuas y fragmentos habían sido embalados cuidadosamente juntos, dejando el menor número posible de intersticios entre ellos, y los espacios formados por las curvas de los cuerpos se rellenó con virutas. Se encontraron ocho estatuas casi perfectas, y sorprendió gratamente encontrar los fragmentos de la parte inferior de la encantadora Vesta sentada con el escabel. Estas hermosas estatuas habían sido amontonadas por buscadores de expolio.

Cuando no hubo nada más de valor sobre tierra, los romanos atacaron los muros de las tumbas, los pórticos, columnatas y techos. Desde los tiempos de Bonifacio VIII, que instituyó el Giubileo en 1300, los caminos reales seguidos por los peregrinos en el camino a Roma fueron reparados cada veinticinco años, en detrimento «de las tumbas que bordeaban los senderos.

Algunos mausoleos, de gran tamaño y riqueza en mármol y travertino, sobrevivieron hasta nuestros días, como el de Cecilia Metella y el de Lucilio Peto, y las tumbas de Vibio Mariano y de Vergilius Eurysaces. Las habitaciones subterráneas, o hypogaea, sufrieron menos daños. En el caso de algunas tumbas, para evitar la profanación, los antiguos la sellaban y luego las enterraban o bloqueaban con piedras o bloques de piedras que se asemejaban en color y forma a los del resto del mausoleo, por ese motivo todo rastro de la entrada desaparecía.

Esta es la razón por la cual algunas criptas, rico en decoración fúnebre, han escapado de estos abusos hasta un período relativamente reciente. El pasadizo secreto que conducía a la tumba de Cecilia Metella fue descubierto por accidente, en el tiempo de Pablo III (1534-1550), por un cortador de piedra dedicada a arrancarles los bloques de travertino de la base cuadrada. El hermoso sarcófago que se encuentra en la cámara interior se encuentra aun en el palacio.

Un descubrimiento similar, esta vez bajo el pontificado de Alejandro VII (1655-1667), tuvo lugar en relación con la pirámide de C. Cestio, cuya entrada estaba disfrazada con tal arte que pudos ser ubicada sólo por el sonido hueco de las piedras con las que había sido bloqueado.

12. La Destrucción de los Tesoros Artísticos de la Antigua Roma

Antiguas guías turísticas romanas, publicadas a mediados del siglo IV, mencionan que en la ciudad se erigían cuatrocientos veinticuatro templos, trescientos ochenta y cuatro capillas, estatuas de dioses hechas en metales preciosos, sesenta y cuatro de marfil y tres mil setecientos ciento ochenta y cinco estatuas de bronce diversos. No se indica el número de estatuas de mármol. Se ha dicho, sin embargo, que Roma tenía dos poblaciones de igual tamaño: una con vida, y otra de mármol.

Los templos romanos fueron utilizados no sólo como lugares de culto, sino como galerías, museos de la estatuaria, y « gabinetes « de objetos preciosos. El catálogo de las obras de arte exhibidas en el templo de Apolo en el Palatino incluye: Apolo y Artemis conduciendo una cuadriga, por Lisias, cincuenta estatuas de las Danaides, cincuenta de los hijos de Egipto, el Heracles de Lisipo; Augusto con los atributos de Apolo (una estatua de bronce de cincuenta metros de altura), el frontón del templo, por Bupalos y Anthermos; estatuas de Apolo, por Skopas; Leto, por Cefisodoto, hijo de Praxíteles ; Artemisa, por Timoteo, y las nueve Musas, también una lámpara de araña, anteriormente dedicada a Alejandro Magno en Kyme; medallones de hombres eminentes; una colección de placas de oro, otra de joyas y entalles, tallas de marfil, ejemplares de paleografía, y dos bibliotecas.

El templo de Apolo no era el único, en la antigua Roma había decenas de ellos similares empezando por el Templo de la Concordia. Fue arrasado hacia el año 1450: «Cuando hice mi primera visita a Roma», dice Poggio Bracciolini, «Vi el Templo de la Concordia casi intacto, construido en mármol blanco. Desde entonces, los romanos han demolido y transformado la estructura en un horno de cal». El entablamento está ahora en el pórtico de la Tabularium, y uno de las capitales de la cella, en el Palacio de los Conservadores. La cella contenía uno nichos centrales y diez secundarios, en los que se colocaron once obras maestras griegas, a saber, Apolo y el héroe, por Baton; Apolo y Artemisa, por Eufranor; Asklepios y Hygieia, por Nikeratos ; Ares y Hermes, por Pistón, y Zeus, Atenea y Deméter, por Sthennis. Plinio menciona también una imagen de Theodoros, en representación de Cassandra, cuatro elefantes tallados en obsidiana, un milagro de la habilidad de la mano de obra, y una colección de piedras preciosas, entre las cuales se encontraba el legendario anillo de Polykrates de Samos.

Según Plinio (xxxv.9), César para su Foro, dio $ 72,000 talentos, por dos obras de Timomachos, en representación de Medea y Ajax. En la base del templo de Venus Genetrix colocó su propia estatua ecuestre, el caballo de los cuales, según modelo de Lisipo, alguna vez habían llevado la figura de Alejandro Magno. La estatua de Venus fue el trabajo de Arcesilao, y su pecho estaba cubierto de collares de perlas británicas. Plinio (XXXVII.5), después de mencionar la colección de joyas hechas por Escauro, y otro realizado por Mitrídates, que Pompeyo Magno había ofrecido a Júpiter Capitolino, añade: «Estos ejemplos fueron superados por César el dictador, que ofreció a Venus Genetrix seis colecciones de camafeos y entalles».

Un catálogo descriptivo de estos objetos de valor y obras de arte se mantuvo en cada templo, en ocasiones grabado en mármol. Los inventarios incluían también los muebles y las propiedades de la sacristía. En 1871 un inventario fue descubierto del Templo de Diana Nemorensis: «Los objetos que se ofrecen a [o pertenecientes a] los dos templos [el templo de Isis y la de Bubastis]: Diecisiete estatuas, una cabeza del Sol, cuatro imágenes de plata, un medallón, dos altares de bronce, uno de trípode (en la forma de una de Delfos), un vaso de libaciones, una patera, una diadema [para la estatua de la diosa] tachonada de piedras preciosas; un sistro de plata dorada, una copa dorada, una patera adornado con mazorcas de maíz; un collar tachonado con aguamarinas, dos pulseras con piedras preciosas, siete collares con piedras preciosas; nueve pendientes con piedras preciosas, dos nauplios [conchas raras de la Propontis]; una corona con veintiún topacios y ochenta carbunclos; una barandilla de bronce con el apoyo de ocho hermulae ; un traje de lino que comprende una túnica, un palio, un cinturón, y una estola, todo adornado con plata, como un traje sin recortar. [Objetos ofrecidos] a Bubastis: un traje de seda morada, otro de color de la turquesa, un jarrón de mármol con pedestal, una jarra de agua, un traje de lino con adornos de oro y una cinta de oro, otra de lino blanco sin formato «.

Las estatuas y monumentos honoríficos erigidos en plazas, foros y vías públicas se acumulaban en Roma desde tiempos muy remotos. Con el paso de los siglos, estos monumentos se fueron multiplicando tan desmesuradamente, que llegaron a entorpecer el normal tráfico ciudadano. Era una verdadera población estática de mármol y de bronce, pues, además de las efigies erigidas a aquellos ciudadanos romanos legítimos acreedores a ellas por sus méritos había otras muchas conmemorativas, o simplemente decorativas, oriundas de los botines de guerra, de las depredaciones de ciudades y Estados vencidos. Recuérdese, por ejemplo, que el cónsul Nobilior, tras sus victorias en Grecia (187 a. J. C.), se llevó a Roma 785 estatuas de bronce y 230 mármol (Liv. XXXIX 5, 13-17). Y que Emilio, a su vuelta de Macedonia (167 a. J. C.), exhibió su cortejo triunfal 250 carros cargados de estatuas y pinturas ut. P. Em. XXXII 4). Y que Mumio, el depredador de Corinto en el 146 a. J. C., llenó la ciudad (repleuit urbem) de estatuas griegas (Plin. XXXIV 36), cosa que confirmará Estrabón al decir que la mayoría de las que se veían en la Roma de su tiempo (época de Augusto) procedían de Corinto (Estr. VIII 6, 23). Solo el teatro que levantó M. Emilio Escauro estaba decorado por 3000 estatuas de bronce. Tantos eran los monumentos acumulados en el foro que, ya en el año 158 a. J. C., hubo que «limpiarlo» (Plin. XXXIV 30; Aur. Víct. De uir. ill. XLIV 3).

Incontables estatuas e imágenes fueron robadas a casi todas las ciudades importantes en Grecia, la Magna Grecia, Sicilia, y al oeste de Asia Menor. Estos robos comenzaron temprano, y se llevaron a cabo por muchos siglos. Largas listas nos brinda Plinio (HN, xxxiii.-Xxxvi) y pedestales incluso ahora existen con los nombres inscriptos de Praxiteles, Timarchus, Policleto, Bryaxis, y otros.

Augusto tuvo que mandar despejar el Capitolio llevando las estatuas retiradas al vecino Campus Martius, «zona de ensanche» de la ciudad. Pocos decenios después, Calígula acabó por destruirlas sin piedad (Suet. Calíg. XXXIV 2).

En un volumen manuscrito de la biblioteca del Vaticano perteneciente a la colección siríaca, se ha encontrado una breve descripción de Roma escrita en el año 546, por Zacarías, un historiador bizantino y obispo de Mitilene en la isla de Lesbos. Según su registro había en Roma: ochenta estatuas de dioses de bronce dorado, tres mil setecientos ochenta y cinco estatuas de bronce de temas diversos, y veinte y cinco estatuas de bronce que, según la tradición, había sido retiradas de Jerusalén por Vespasiano.

De esta colección inmensa y valiosa sólo una pequeña parte ha llegado hasta nosotros, de hecho, la lista de los bronces antiguos en Roma actual es muy breve. Nuestra lista incluye, en primer lugar, el grupo del Capitolio, a saber, la Loba de Bronce, la estatua ecuestre de M. Aurelio, la colosal cabeza de Domiciano, Camilo o El sacrificio de la Juventud, el Niño que se extrae una espina, y el Hércules en el Foro Boario.

De la estatua ecuestre de M. Aurelio tenemos registros desde el siglo X. En el año 966, Pedro, prefecto de Roma, fue ejecutado por rebelión contra el Papa Juan XIII, y se le colgó del pelo del caballo. Escuchamos de nuevo sobre ella en 1347, durante los festejos que siguieron a la elección de Rienzi al tribunado, cuando, por casi un día entero, el vino fue hecho para pasar de una de las narinas del caballo y agua por la otra.

Los bronces antiguos en el museo del Vaticano son menos importantes en número y en interés que los del Capitolio, de hecho, sólo dos son dignos de mención, - la piña en cono, en el Giardino della Pigna, y el Hércules, descubierto en el otoño de 1864 bajo los cimientos del palacio Pío di Carpi, en el sitio del teatro de Pompeyo el Grande. El Papa Símaco (años 498 y 514), quitó la piña de su antiguo lugar, muy probablemente de un lago artificial de Agripa en el Campo de Marte, y lo utilizó para adornar la magnífico fuente que había construido en el centro del llamado «Paraíso de San Pedro», en el centro del pórtico plaza que está enfrente de la basílica.

El colosal Hércules, descubierto a mediados del siglo XIX cerca de la Piazza di Campo dei Fiori, bajo los cimientos del teatro de Pompeyo, es más notable por haber sido una estatua oracular que por su belleza. Hay un agujero en la parte posterior de la cabeza, de treinta y ocho centímetros de diámetro, a través del cual un joven podía introducirse en el coloso. El experimento se hizo realidad con un joven albañil, llamado Pietro Roega, en noviembre de 1864, en presencia del Comendador Tenerani y otros personajes eminentes, y el sonido de su voz, al responder las preguntas dirigidas a él, fue realmente impresionante y casi sobrenatural. La colosal estatua debió de pertenecer al templo romano de Hércules, cerca del Circo Flaminio.

La fuente de mármol que estaba antes en la plaza del Popolo, y ahora en los jardines públicos en el Janículo, cerca de la iglesia de San Pietro in Montorio, fue construida con la base de una de las columnas del templo al sol de Aureliano. Vopiscus, biógrafo de Aureliano, relata que las bóvedas bajo el pórtico del templo fueron utilizadas como almacén y salas de degustación de vinos.

El antiguo puente que conecta la isla de San Bartolomeo con Trastevere, fue construido hace veintidós siglos por Lucio Cestio, y restaurado en el año 380, por el emperador Graciano, con bloques de travertino robados al teatro de Marcelo, ubicado muy cerca de allí.

Durante la larga agonía de la capital del mundo, una agonía que duró casi siete siglos, desde la época de Constantino a la toma final de la ciudad por los normandos (año 1084), nadie, salvo unos pocos quemadores de cal, prestaron atención a los mármoles: las obras de bronce y otros metales se buscaron, robados y fundidos en razón de su valor en el mercado y la facilidad de transporte. En justicia debemos reconocer que los emperadores dejaron un mal ejemplo con el robo de bronce y otros objetos de valor de lugares públicos, especialmente de templos paganos y santuarios, especialmente después del reconocimiento del cristianismo como religión del Estado.

La primera incursión en esta forma de actuar fue hecha, sin duda, por Constantino, cuando trasladó la sede del imperio a Bizancio: bajo su égida comenzó la práctica sin sentido de cambiar las cabezas de las estatuas de bronce y mármol para ser dedicadas a personajes nuevos, sin costo alguno y sin problemas.

El siguiente paso importante hacia la destrucción de los tesoros artísticos de Roma fue hecho en el año 383 por Graciano, cuando ordenó, por decreto imperial, la supresión y la confiscación de los privilegios y el patrimonio de todos los lugares de culto pagano. En el año 391, el edicto de Graciano fue confirmado por su hermano Valentiniano II.

La prohibición del culto pagano contribuyó al embellecimiento de ciertas partes de la ciudad, como los foros, los baños, y los tribunales de justicia, en los que las estatuas de los dioses, expulsados de sus pedestales, se exhibieron como obras de arte. No hay duda que es a partir de entonces, que todas estas obras quedaron expuestas al odio y fanatismo de los grupos cristianos de Roma de ese entonces. El Hércules del Vaticano, por ejemplo, todavía presenta evidencias de un ataque innoble, que debió haber tenido lugar cuando las puertas del templo cerraron definitivamente.

Para que Alarico (año 408) se retirara de Roma hubo que pagarse un rescate exorbitante, especialmente cinco mil libras de peso en oro.

Con el fin de satisfacer tal demanda, los romanos se vieron obligados a desnudar las estatuas de su bronce y dorados. Dos años más tarde, el día 24 de agosto, 410, Alarico y sus huestes irrumpieron en la ciudad, y la saquearon durante tres días consecutivos, llevándose una cantidad increíble de objetos de valor. Según Procopio, el botín judío de Jerusalén, que Tito y Vespasiano habían dejado en el templo de la Paz, y que están tan bien representados en los bajorrelieves del arco triunfal de Tito, fue en parte expropiado.

En junio del año 455, los vándalos entraron a Roma por la Porta Portese y la saquearon a placer durante quince dias. En esta ocasión, el palacio de los Césares, fue despojado por completo, no sólo de sus preciosas estatuas, sino incluso de sus utensilios de bronce más comunes. Genserico parece que se dedicó sobre todo al saqueo del templo de Júpiter Capitolino: sus estatuas fueron llevadas para adornar la residencia en África del rey vándalo, incluso el techo del edificio fue despojado de sus azulejos de bronce dorado. La parte del botín judío que escapó del saqueo anterior de Alarico, al parecer, desembarcó con seguridad en Cartago, donde ochenta años después fue descubierto por Belisario, y trasladado a Constantinopla.

En el año 500, Teodorico el Grande dio a un magistrado el deber de cuidar las estatuas. El dorado que cubría las estatuas romanas parece haber sido motivo de robo, o al menos, mutilación. En cuanto a los metales empleados en los edificios públicos, especialmente en sus techos, un edicto de Majoriano, del año 457, prohibía la utilización de los materiales de las estructuras antiguas con nuevos propósitos, con una multa de cincuenta libras de oro, lo que está delatando que los edificios clásicos ya eran considerados en Roma como canteras de piedra y minas de metal.

El 11 de julio, en el año 472, Roma fue capturada, por tercera vez, por Ricimero y sus hordas de alamanes, y saqueada otra vez, excepto en el distrito del Janículo y el Vaticano. En 537, durante el asedio de Roma por Vitiges, el mausoleo de Adriano fue asaltado con furia, y las estatuas que adornaban sus cuarenta y ocho espacios intercolumnarios, integrado en su mayor parte por obras maestras del arte griego, fueron destrozadas o saqueadas por los asaltantes. El 17 de diciembre del año 546, los godos, bajo el liderazgo de su rey, Totila, irrumpieron en Roma, haciendo más daño a sus monumentos y obras de arte que lo hecho hasta entonces por los vándalos.

Al año siguiente, Belisario reparó la línea aureliana entre la Porta Pinciana Porta y la Porta Maggiore: el trabajo se completó en menos de un mes, sin duda, a costa de los monumentos vecinos. El emperador Heraclio obsequió al Papa Honorio sobre las tejas de bronce que formaban parte del techo del templo de Adriano de Venus y Roma, a favor de la basílica de San Pedro. Por otra parte, el emperador Constante II, con la conciencia culpable por ser fratricida, emprendió la peregrinación a Roma en la primavera de ese año, y fue recibido por el Papa Vitalianus y los pocos habitantes de Roma. La breve visita de esta emperador cristiano demostró ser absolutamente fatal: no dejo prácticamente nada en pie, después de los asedios de los vándalos, godos y lombardos. Se llevó estatuas de bronce, y aunque el Panteón parecía poseer una doble protección por haber sido convertido en iglesia cristiana, usurpó las tejas de bronce de su bóveda exterior. Después de cometer estos actos y asistir a misa en la tumba de San Pedro, Constante llevó su botín a Siracusa, finalmente, su botín cayó en manos de los sarracenos.

La protección pública se extiende sólo a las obras de arte que adornaban las calles, plazas, baños, parques y edificios públicos, pocas en número en comparación con los miles que pertenecían a propietarios privados. Un magistrado especial fue designado para hacerse cargo de esta rama de la administración pública, bajo el título de Curador Statuarum, «Guardián de las Estatuas «; pero la oficina no se mantuvo por mucho tiempo. El Rey Teodorico y su asesor Cassiodorius, en el año 500, salvaron algunas estatuas de los morteros de cal, canteros y albañiles; por ejemplo, los tres cuerpos de mármol cazadores mencionados por Cassiodorius (Variar. VII. 13). El curador

Statuarum luego tuvo la ayuda de dos asesores, uno para proteger los edificios abandonados de saqueo ilegal, el otro para controlar los hornos de cal; y sin embargo, el propio Teodorico llevó columnas y mármoles de la Domus Pinciana de Roma a Rávena.

La destrucción de las estatuas de mármol bien puede ser ilustrado por el destino de los simulacros deorum pretiosissima, «las imágenes más preciadas de los dioses « colocadas por Augusto en los santuarios en los cruces de las principales arterias de la ciudad, en el año 10-7 a.C. El número de estos santuarios, unos doscientos en la época de Augusto, se había incrementado a doscientos sesenta y cinco en el año 73 d.C. y trescientos veinticuatro a principios del siglo IV. Ofrecían una serie cronológica casi completa de las obras de arte plástico griego. Estas imágenes fueron rotas en pedazos, los cuales fueron lanzados a los hornos de cal, o integrados en las paredes de los edificios nuevos, como si se trataran de los escombros más baratos.

Después de una impresionante sucesión de robos y expoliaciones, no hay razón para preguntarse por la escasez de bronces antiguos de Roma. El resto de los bronces encontrados en Roma desde el Renacimiento ha sido cuidadosamente oculto o enterrado, evidentemente, con la aprehensión de un gran peligro inminente. Los escondites nunca fueron revelados, ya sea por asesinato o muerte del que los ocultó o por la destrucción del edificio en el que había sido enterrado. Un ejemplo es el tesoro oculto de la Vicolo delle Palme en Trastevere. En 1849, unas semanas antes de la toma de Roma por el ejército francés del general Oudinot, una colección notable de obras de arte fue descubierta por mero accidente. Incluía la Apoxiomenos de Lisipo, ahora en el Braccio Nuovo, - una copia en mármol del original en bronce ubicada en los baños de Agripa, un caballo de bronce, un pie de bronce, con un zapato bellamente adornado, que posiblemente pudo haber pertenecido al jinete del caballo, un toro de bronce, y muchos otros fragmentos de menor importancia.

Hubo estatuas que no fueron enterradas a toda prisa, sino ocultadas y tratadas con el máximo cuidado. Otras esculturas, finalmente, se descubrieron en el lecho del Tíber, en la fundación del muelle central para el puente (Ponte alla Regola Garibaldi), que se extiende por el río entre el Puente Sixto y la isla de San Bartolomeo.

Las estatuas de mármol cuando se descubren entre las ruinas de los edificios a los que pertenecían, por lo general carecen de cabeza y los brazos, pero los que se han utilizado como material de construcción en paredes de la fundación a menudo puede ser reconstruido en su totalidad, la cabeza y los brazos están a corta distancia. Antes de la caída de la antigua Roma, muchas de las estatuas habían sido heridas extirpando sus partes más prominentes y de ruptura más fácil. La pérdida de cabezas y brazos en algunos casos pudo haber resultado del derrocamiento de la estatua, el cuerpo cayó y rodó la cabeza hacia un lado. La mayoría de las cabezas sueltas fueron pulidas como bolas para jugar el popular juego de bochas. Algunas de ellas tienen un gancho o un anillo en la corona, y debieron haber sido utilizados como parte de balanzas.

Tercera Parte:

Roma en la Edad Moderna

1. Roma en el Renacimiento Temprano

Con el Renacimiento se pasará de la industria de la lana a una forma más congenial de vida, la actividad se limitará al sector terciario de los servicios. Imposible para Roma y sus habitantes liberarse de su pasado histórico, existía una tremenda pasividad en la población y a pesar del esfuerzo, los resultados no fueron tan positivos como en muchas ciudades italianas y francesas. Es muy difícil plantear la modernización de una ciudad con un sustrato histórico tan importante. El sello urbanístico, por lo tanto, que imprime el florecimiento de las distintas ciudades estado italianas no es posible encontrarlo en Roma.

Roma reflejaba en la Edad Media arquitectónica y urbanísticamente el espíritu cívico y religioso de la época, el espíritu que impondrá la contrarreforma pesará de nuevo sobre ella como una pesada losa, de la que podrán liberarse otras ciudades libres como Florencia. En Roma se concentraba la cultura italiana, a un mismo tiempo de mantenerse como modelo de la cristiandad. Los Papas Inocencio III a Pio IX, vuelven a la ciudad y la reorganizan devolviéndole el esplendor del Imperio: la extienden dentro de sus murallas, recuperan las colinas más elevadas y reordenan los antiguos jardines y villas.

Arquitectos y urbanistas se muestran insensibles al deber de una conciencia civil y política y se prestan a cumplir las ambiciones de los Papas. La reconstrucción se extendió por espacio de dos siglos aproximadamente: se actuó en los centros principales del Capitolio y del Vaticano, se renovó la Piazza Farnese y la Piazza Navona, se saneó y limpió el Tíber, se alcanza la Vía del Corso y la Piazza Colonna. El poder pontificio acapara las mejores zonas de la ciudad, las mejores vistas, la salubridad del aire, la vegetación y tranquilidad.

Francesco Petrarca (1304 – 1374), poeta del renacimiento temprano tuvo oportunidad de visitar Roma por primera vez en el año 1337. La impresión que se lleva Petrarca de la ciudad lo deja mudo: «miraculo rerumtantarum, et stuporis mole obrutus…Praesentia vero, mirum dictû nihil imminuit: vere major fuit Roma majoresque sunt reliquiae quam rebar. Jam non orbem ab hâc urbe domitum, sed tam sero domitum, miror»

Contemplando las ruinas de la ciudad le escribe al Cardenal Colonna de la siguiente manera: «actualmente, me he quedado tan impresionado por tan grandes cosas que no sé por donde empezar… Roma es grandiosa y sus restos son más fascinantes a la imaginación que lo que hubiera podido concebir.» Entre sus meditaciones Petrarca queda sorprendido por la ignorancia de los habitantes de la ciudad hacia sus monumentos y su pasado. «Es lamentable», señala, «en ningún lugar en el mundo se conoce menos a Roma que en la propia Roma».

A finales del siglo XIV, cada vez más artistas viajan a Roma para estudiar las obras de arte antiguas, entre ellos, Filippo Brunelleschi, Donatello y Masaccio, los grandes maestros de principios del Renacimiento. Brunelleschi (1377-1446), orfebre, escultor y arquitecto, que construyó la cúpula de Santa María del Fiore en Florencia; midió todos los edificios importantes, templos, basílicas, acueductos, baños, arcos, teatros y anfiteatros. Excavó para entender las proporciones de los edificios, estudió los detalles, e hizo dibujos de modo que cuando uno miraba en ellos era posible imaginar la antigua Roma.

Los restos antiguos eran de gran interés para otros, además de los arquitectos, para los humanistas, historiadores, anticuarios, poetas, artistas, coleccionistas, y los políticos. Los humanistas eran los herederos y discípulos de Petrarca. Uno de los primeros fue Gian Francesco Poggio Bracciolini (1380-1459), fundador de la Accademia Valdarnina y secretario papal, que escribió su De Fortunae Varietate Urbis Romae et de Ruina Eiusdem Descriptio entre 1431 y 1448, donde ofrece una larga descripción de las ruinas de Roma. Hizo un intento de identificar los monumentos, el uso de fuentes literarias, comparándolos con las inscripciones.

Poggio describe la ciudad en esa época: pudo observar los puentes, la pirámide de Cestio, de los tiempos de la República pudo discernir una doble hilera de arcos, amén de templos visibles desde el Panteón, la columna de mármol del Templo de la Paz, las siete termas o baños Públicos, especialmente la de Diocletiano y Caracalla, así como los restos de los baños de Constantino, de Domiciano y de Tito. Los arcos triunfales de Tito, Esteban Severo y Constantino estaban incólumes, tanto la estructura como sus inscripciones. Los Teatros de Marcelo y Pompeyo estaban ocupados en parte por edificaciones públicas y privadas. Observó que aun quedaban restos del Circo Agonalis (plaza real Nabona) y Máximo. Las Columnas de Trajano y Antonino aun permanecían pero los obeliscos egipcios yacían rotos o enterrados. Solo pudo observar una estatua ecuestre de bronce y cinco Esculturas de Mármol (especialmente los dos caballos de Fidias y Praxíteles). Los dos mausoleos o sepulcros de Augusto y Adriano no se habían perdido pero era el primero era tan solo un montón de tierra y el último se había transformado en el castillo de San Ángelo. A lo anterior debe agregarse columnas anónimas y algunos restos ubicables de las murallas.

El sucesor de Poggio, Flavio Biondo (1392-1463), también un oficial de la curia, fue más sistemático en la consideración de los edificios: siguió una tipología y los dividió por regiones en su Roma Instaurata, entre los años 1444-46.

El culto a las ruinas encontró su expresión sobre todo en la poesía: Enea Silvio Piccolomini (1405-1464), más tarde Papa Pío II, fue probablemente el primero después de Petrarca en observar las ruinas con la sensibilidad de un poeta y describirlas con una emoción casi romántica.

Alrededor del año 1500, las ruinas se convirtieron en tema de la literatura neolatina. Por ejemplo, Giovan Battista Spagnoli (1448-1516) hizo una analogía en sus versos entre la grandeza decadente de Roma y de la muerte prematura de su joven discípulo. Las ruinas también fueron vistas como un símbolo de la vergüenza y el descrédito de la barbarie y la destrucción moderna, como en los poemas de Cristoforo Landino (1424-1504), o más tarde en los versos del poeta francés Joachim Du Bellay (1522-60).

Los edificios clásicos fueron representados en las pinturas ya en el siglo XV: los frescos de Andrea Mantegna en la Capilla de la Ovetari en Padua, o la pintura de San Sebastián atado al fuste de una columna clásica rota (1459) muestran ruinas de templos que el santo mismo hubiera querido destruir. Del mismo modo, el «Castigo de Coré, Datán y Abiram» (1485) de Sandro Botticelli en la Capilla Sixtina, en Roma, presenta el Arco de Constantino en ruinas en su fondo para recordarnos la continuidad de la ley. En Ferrara, en torno a 1470, Francesco del Cossa pintó la serie de «meses» en el Palazzo Schifanoia, en el que las ruinas clásicas aparecen como fondo.

Sin embargo, fue a partir del siglo XVI que las ruinas se convirtieron en tema de moda para los artistas. Sobre todo en la pintura de paisaje, se convirtieron en un elemento esencial como en las pinturas de Rafael, o en los dibujos de Peruzzi, Giulio Clovio, Francesco Salviati y otros. Roma atrajo a artistas no sólo de todas partes de Italia, sino también del extranjero: desde Holanda, Francia hasta Alemania. Marten van Heemskerck (1498 - 1574), por ejemplo, se quedó en Roma desde 1532 hasta 1536 la preparación de una serie de dibujos de ruinas con admirable precisión. Otros eran Hendrick van Cleve, Cornelis Cort, Mathijs Bril y Jan Brueghel el Viejo. Etienne Dupérac (1525-1604), arquitecto y diseñador francés jardín, hizo grabados importantes de Roma y, además, preparó dos mapas, uno de la antigua Roma, en 1574, el otro de la Roma moderna en 1577. Estos dibujos y pinturas son importantes como la documentación, ya que a menudo eran una ilustración exacta del estado de los monumentos de la época. También grabaron muchos edificios que luego fueron destruidas. Por otro lado, como obras de arte, que allanó el camino para la ' vedutistas ' XVII y del siglo XVIII.

Además de los propios edificios, la fuente clásica más importante para la arquitectura fue el tratado De Architectura de Vitruvio Polión, arquitecto e ingeniero, quien parece haber tenido una posición oficial en la reconstrucción de Roma durante el reinado de Augusto. El tratado fue escrito probablemente antes del año 27 a.C., y durante el primer siglo de nuestra era ya era una obra de referencia. El texto sobrevivió en varios manuscritos de la Edad Media, el más antiguo de los cuales data de alrededor de finales del siglo VII. Algunas copias existían en Italia y humanistas como Petrarca, Giovanni Dondi, Niccolo Acciaiuoli, y posiblemente Boccaccio parecen haber tenido copias de él en sus bibliotecas. Fue sólo después de 1414, cuando Poggio lo redescubrió en la biblioteca del monasterio de Montecassino, al sur de Roma, que se hicieron copias para una distribución extensa. El libro proporcionó información única sobre los edificios y las técnicas de construcción de la antigüedad constituyéndose en una valiosa fuente de conocimiento.

2. Roma en el Programa Político de los Papas, Siglo XV

Los primeros impulsos hacia la reconstrucción de la ciudad fueron dados por los Papas Eugenio IV 1431-1447, Sixto IV, Inocencio VIII (1484-1492) y Alejandro VI (1492-1503), y Baccio Pontelli quienes llevaron a Roma las tradiciones artísticas de Brunelleschi, y erigieron sucesivamente las iglesias de Santa María del Popolo, S. Pietro in Montorio, S. Agostino, S. María della Pace, la capilla Sixtina, las fachadas de S. Pietro in Vincoli y de las SS. Apostoli, el hospital de S. Spirito, el palacio del Governo Vecchio, y el gran atrio del palacio pontificio, cerca de la iglesia de Santa María la Mayor.

A Bramante debemos el hermoso patio de S. Dámaso en el Vaticano, el Belvedere, las galerías de conexión de este último con la residencia pontificia, el templo circular en el claustro de S. Pietro in Montorio, y los palacios de los Riario (Cancillería) y del cardenal di Corneto, ahora Torlonia - Giraud. El aspecto de la ciudad fue cambiado considerablemente con la construcción de estos edificios. A principios del siglo XV, el espíritu moderno, tan metódico en todas las cosas y gustozo de las líneas rectas, comenzó a manifestarse con el corte de amplias calles a través de las ruinas y las moradas de la Ciudad.

A través de una bula del 30 de marzo de 1425, Martín V restableció el cargo de los comisarios de calles (magistri viaruni). Esta organización fue reconfirmada por sus sucesores. Eugenio IV (1431-1447) ordenó también la protección del Coliseo, pero siguió utilizándolo como una cantera para sí mismo. Este Papa enderezó y pavimentó varios caminos en el Campo de Marte; Nicolás V la Via di S. Celso (hoy Via de Banchi), y Pablo II abrieron el Corso entre el Arco di Portogallo cerca de S. Lorenzo in Lucina, y la Piazza Venezia. Sixto

IV, fue nombrado « el gran constructor « a causa de las numerosas mejoras realizadas bajo su gobierno, y Alejandro VI llevó a la Vía de Alejandría a través del Borgo. No se puede negar que estas mejoras en el aspecto y el bienestar de la Ciudad involucraron grandes pérdidas a nivel arqueológico.

Poggio Bracciolini en su paseo por la ciudad en 1447, año de la elección de Nicolás V, describe la plataforma sur de la colina, donde se ubica el palacio Caffarelli, ya cubierto por los restos colosales del templo de Júpiter, pero algunos décadas más tarde columnas, capiteles, friso y habían desaparecido tan completamente que los arqueólogos desde entonces han encontrado serias dificultades para determinar cuál de las dos cumbres de la colina fue ocupada por el Capitolio, y cual por la ciudadela. Hablando del templo de Isis y Serapis, cerca de la iglesia de La Minerva, Poggio menciona dos datos interesantes: que un jardinero local en la plantación de un árbol había descubierto una cabeza de uno de los colosales ríos -dioses, que, junto con otras figuras reclinadas, lo cual movilizó la curiosidad de la gente, quien corrió a ver a su descubrimiento. Habla también de los restos de un pórtico con muchas columnas, ya sea en el suelo o medio enterrado bajo las ruinas del templo. Algunas de estas columnas se retiraron en diciembre de 1451, a la Logia de la Bendición en San Pedro, bajo la hábil gestión del ingeniero de Bolonia, Maestro Aristotile di Fioravante degli Alberti. Del templo de la Concordia, Poggio dice que cuando visitó por primera vez en Roma en 1431 el pórtico frontal, frente al Foro, estaba casi intacto, pero que luego todo el templo con una parte del pórtico fue destruido. Casos similares de destrucción sin sentido son observados por él en el Coliseo, en Ostia y otros lugares suburbanos.

La práctica general seguida por los constructores del siglo XV, fue la siguiente: antes de comenzar su trabajo se aseguraban una Petraia, es decir, una estructura antigua o una parte de una estructura, de la cual podían obtener los materiales de construcción, cal y mármoles ornamentales. No hay ningún edificio en Roma que date del siglo XV que no conlleve simultáneamente la destrucción o la mutilación de algún tipo de estructura antigua. Cuando Martín V en julio de 1425, llevó a cabo la colocación de la hermosa pavimento cosmatesco de San Juan de Letrán, Antonio Picardi y Nicolao Bellini, contratistas de la obra, recibieron el permiso del Papa para despojar de sus mármoles todas las iglesias, tanto dentro como fuera la Ciudad, en el que el servicio divino ya no se celebraba.

Al parecer, los contratistas dieron a la concesión una interpretación muy amplia, y echaron mano no sólo a los lugares abandonados de culto, sino a la propia tumba del Príncipe de los Apóstoles. En una carta del 29 de marzo 1436, Eugenio IV se queja de que algunas losas preciosas de pórfido y serpentina habían sido arrancadas de la silla pontificia, que era el altar de bendito de Pedro. El mismo Papa emitió otro informe para la protección del Coliseo contra los «buscadores de fragmentos», pero usó piedras del Coliseo en la restauración del ábside de San Juan de Letrán, y mármoles de la Curia y el Foro Julio en el restablecimiento del palacio apostólico.

La defensa fue uno de los aspectos importantes considerados en los programas papales: Nicolás V (1447-1455) reparó y mejoró las fortificaciones en diferentes partes de los estados papales, en Gualdo, Asís, Fabriano, Civita Castellana, Narni, Orvieto, Spoleto, y Viterbo. Estas preocupaciones también fueron importantes en Roma, junto a la mejora de la infraestructura de la ciudad y la reparación y mejora de la residencia papal (transferida desde el palacio de Letrán a San Pedro) y las propiedades religiosas.

Nicolás V tuvo la intención de restaurar y gradualmente reconstruir las cuarenta iglesias de las Estaciones instituidas por el Papa Gregorio I: completando gran parte de este trabajo, la restauración de Santa María de Trastevere, Santa Prassedia, San Teodoro, San Pietro in Vincoli, y muchas otras iglesias menores. Y, según él, con el mayor espíritu, se cuidó seis de las principales iglesias - San Juan de Letrán, Santa María la Mayor, Santo Stefano en Monte Celio, Sant'Apostolo, San Pablo, y San Lorenzo extramuros.

Los monumentos que más sufrieron bajo el gobierno de Nicolás V son el Coliseo, el Circo Máximo, la Curia, y el templo de Venus. Un documento de 1452, certifica que un único contratista, Giovanni Lombardo Paglia, se le permitió retirar del Coliseo 2.522 carretadas de travertino en el espacio de nueve meses. El templo de Venus y Roma se trabajó como cantera de 1450 a 1454, las columnas de pórfido de ambos cellae fueron utilizadas como revestimiento de los hornos de cal teniendo en cuenta sus cualidades refractarias. El mismo Papa destruyó el arco de triunfo de Graciano, Valentiniano, y Teodosio, por la iglesia de S. Celso en Banchi, con el fin de ampliar la Piazza di Ponte S. Angelo, y construyó también las bases de las dos capillas expiatorios en el entrada al mismo puente con estatuas y mármoles ornamentales desde el mausoleo de Adriano.

El Papa humanista Pío II (1458-1464) emitió la bula «Cum almam Nostram urbem» del 28 de abril 1462, dedicada específicamente a la preservación de los restos antiguos. Con el fin de conservar en el pueblo su dignidad y esplendor era necesario mantener y preservar los edificios eclesiásticos, así como las que sirvieron de protección y cobertura para los entierros y las reliquias de los santos.

Sin embargo, el Papa no pudo cumplir sus planes. El edificio de la Logia de la Bendición en San Pedro, obra maestra de la época de Pío II tuvo más daños que los efectuados por una invasión bárbara. Se extrajo material y cal del Coliseo, el Templo de Júpiter Capitolino, el Foro Julio, la Curia, el puente de Nerón, el Palatiolum en la colina de S. Spirito, el templo de la Dea Dia en la Via Campana, el pórtico de Octavia, las Termas de Caracalla, el templum Sacrae Urbis (anexos Cosma e Damiano), las ruinas de Ostia, el puente Milvio, y las tumbas masivas de la Vía Flaminia, cerca de las masías de Valca y Valchetta.

El siguiente Papa, Pablo II construyó el palacio de San Marcos con el botín del templo de Claudio en el Celio, del Coliseo, de un templo cerca de Santa María in Cosmedin, de las tumbas de la Vía Flaminia, de los tabiques Julia, y de un edificio de travertino desconocido (¿el Gaianum?) en la viña del banquero Tommaso Spinelli, y levantó el hermoso Castello en Tivoli con materiales tomados del Anfiteatro. Sin embargo, emitió su famoso escrito del 28 de abril 1462, que comienza, «Cum almam nostrum urbem « en el que amenazaba con fuertes sanciones y la ira pontifical contra los destructores de restos antiguos. De Sixto IV tenemos dos escritos que son importantes para nuestro tema. Uno es de fecha 17 de diciembre 1471, en que autoriza a los arquitectos de la biblioteca del Vaticano para hacer excavaciones en cualquier lugar con el fin de asegurar la piedra necesaria «para el trabajo». El otro, de fecha 7 de abril 1474, inflige «la mayor excomunión» en los que traspasan los mármoles de «las iglesias y basílicas patriarcales».

El hermoso templo redondo de Hércules Víctor, el dios tutelar de los aurigas del circo, que se situó cerca del Ara Maxima y el Foro Boario, fue uno de los monumentos destruidos bajo el gobierno de este pontífice. Las dos torres de planta cuadrada a ambos lados de la Porta del Popolo, mismo pontificado con mármoles de las tumbas de Aelius Gutta Calpurnianus, el famoso auriga; de Lucius Nonius Asprenas, cónsul del año 6 d.C., de Valerius Nicias; de una dama patricia llamado Postuma y de una tumba desconocida de forma piramidal que se situaba donde hoy se encuentra la iglesia de Santa María de los Milagros. En total se utilizaron 250 bloques de mármol de gran tamaño en la construcción de los dos bastiones. La lista se cierra con la destrucción de un arco de triunfo (llamado novus Arcus), cerca de Santa María in Vía Lata, los materiales fueron utilizados por Inocencio VIII en la restauración de esta iglesia, y la eliminación de la gran pirámide del Borgo la llamada Meta Romuli que se llevó a cabo por Alejandro VI para ensanche y enderezamiento de la Vía Alexandrina.

Pablo II fue el primer Papa que lidió con otros monumentos, así, como los arcos de triunfo y la estatua ecuestre de Marco Aurelio. Este último sobrevivió a San Juan de Letrán, porque se creía que representaba a Constantino. Se completó su restauración durante la época de Sixto IV (el sucesor de Pablo II) en 1473/74 para el jubileo de 1475. Hubo trabajos de reparación también en el Arco de Tito por albañiles de Florencia en 1466, así como en el Arco de Septimio Severo, las estatuas ecuestres de los Dioscuros en el Quirinal y en una columna de la Termas de Diocleciano 1469-1470. El mismo Papa construyó una torre redonda, cerca de la puerta del castillo de San Angelo con el friso de mármol y de recubrimiento del mausoleo de Adriano.

Entre los palacios construidos por particulares fue relevante el palacio del cardenal Adriano di Corneto, ahora Torlonia - Giraud, que fue construido con los despojos de la Basílica Julia y del templo de cuatro caras de Jano, y el Palacio de la Cancillería, construido por Cardenal Riario con piedra del Coliseo y con mármoles del arco de triunfo de Gordiano, cerca del campamento pretoriano.

Sixto IV (1471-1484), el «Restaurator Urbis», estableció la mejora de las constituciones para el crecimiento y el esplendor de Roma dejando una huella significativa en la ciudad de Roma. Sus actividades de construcción incluyen la reconstrucción del Ponte Sisto en el sitio de un antiguo puente romano y la construcción de un nuevo hospital. Aunque sus actividades no siempre eran conservadores, fue responsable en la reparación y reconstrucción de muchos palacios y edificios religiosos. Emitió la bula «Quum provvida» del 25 de abril de 1474, contra la destrucción y degradación de los edificios eclesiásticos o eliminación de partes de ellos, lo que fue confirmado más tarde por Julio II (1503-1513), y recordada incluso en pleno siglo XIX.

3. El Saqueo de Roma en el Año 1527

El saqueo de Roma del año 1527 fue una calamidad comparable sólo con la quema de la ciudad por los galos en el año 390 antes de Cristo y la destrucción causada por los normandos en 1084. Carlos de Borbón se presentó ante los muros derruidos de la ciudad el 5 de mayo 1527, y estableció su campamento en el convento de S. Onofrio, frente de la puerta de S. Spirito.

Aunque él mismo falleció por una bala perdida, al día siguiente sus fuerzas, que comprendía veinte mil alemanes, catorce mil italianos y seis mil españoles, lograron asaltar el Borgo mientras el Papa buscaba refugio en el castillo de S. Angelo. El saqueo de la ciudad, con horrores indescriptibles, se prolongó por ocho días, del 6 al 14 de mayo. En tan poco tiempo los tesoros recogidos en los palacios romanos, iglesias y conventos, durante el transcurso de los siglos, se dispersaron. A los recintos sagrados les fue peor que cuando cayeron en manos de los sarracenos en 846. Los españoles buscaron en las tumbas y quitaron al cadáver de Julio II sus vestiduras pontificias, utilizaron los cálices medievales como tazas para beber, y ataron sus caballos en los pasillos de San Pedro, preparando sus lechos con preciosos manuscritos recogidos por Pío II y Sixto IV.

Las vidrieras de Guillaume de Marcillat se rompieron en pedazos, y los tapices flamencos diseñados por Rafael fueron robados por sus hilos de oro. El destino de estos tapices de fama mundial está estrechamente relacionado con el de la ciudad, y arroja luz sobre las vicisitudes de las que reliquias de la antigua Roma. El Papa León X trece años antes de estos acontecimientos, había dado a Rafael la comisión de ilustrar escenas del Nuevo Testamento. Estas ilustraciones fueron copiadas en el tapiz de Bernhard van Orlay y Michael Coxie, y las telas de valor incalculable así producidos fueron exhibidos en la capilla Sixtina en ciertas fiestas de la iglesia. Los tapices fueron robados y llevados con otros despojos del Vaticano. En 1553, sin embargo, llegaron a posesión de Anne de Montmorency, quien los devolvió a su dueño legítimo, pero algunos de ellos se perdieron para siempre.

Los vasos sagrados, de pequeño tamaño, fueron embalados en sacos y llevados, mientras que otros fueron destruidos, y las reliquias más preciadas fueron tratadas con injurias. Los bustos de San Pedro y de San Pablo, la cabeza de San Andrés, y la de Juan Presbítero, respectivamente, fueron robadas de sus santuarios en la Lateranense, en el Vaticano, y de la iglesia de S. Silvestro in capite.

La cruz de Constantino, que se cernía sobre la tumba del Apóstol, en San Pedro, fue arrojada en el lodo de la Via di Borgo y pisoteada. Incluso la capilla de San Lorenzo, en el palacio de Letrán, el santuario más augusto del mundo católico, fue profanado y despojado de todo su contenido. Muebles, cuadros y obras de arte de todo tipo fueron destruidas en casas particulares y palacios; perlas y piedras preciosas se distribuían entre los mercenarios alemanes: la participación de un soldado raso en el botín era de tres a cuatro mil ducados.

No es sorprendente encontrar que Giovio, Cappella, Brantome, y otros afirmen que muchas estatuas antiguas, debidas al trabajo de cinceles griegos, fueron mutiladas o destruidas; que los frescos de Rafael en las Estancias y los de Pinturicchio en la Venta Borgia del Vaticano eran deliberadamente dañados por el humo de las hogueras encendidas en medio de los pasillos, que la propia tumba de San Pedro, bajo el ábside de la basílica constantiniana, fuera asaltada, y los restos del Apóstol esparcidos a los cuatro vientos, pero estas declaraciones no son del todo correctas y a veces son exageradas.

Se dispone de información precisa sobre el número y calidad de las estatuas descubiertas y expuestas en los palacios romanos y villas antes de 1527. La principal de ellas fueron las figuras yacentes colosales del Nilo y del Tíber, que se encontraban en la época de León

X, entre las ruinas del templo de Isis, la de Cómodo con los atributos de Hércules (Heracles y Telephos), que se encuentran desde el 15 de mayo de 1507, en la plaza de Campo dei Fiori, luego trasladadas a los jardines Belvedere por Julio II. Un torso de Heracles en posesión de los Colonna, otro torso del Belvedere descubierto en 1513 bajo la casa Ciampolini en el Campo di Fiori, retirado al Vaticano por el Papa Clemente VII; Ariadna durmiente, cuyo lugar de descubrimiento no se conoce, el Apolo de Belvedere, que se encuentra, no en Anzio, como se dice generalmente sino en una granja del cardenal Giuliano della Rovere, cerca de Grotta Ferrata, y el grupo del Laocoonte, descubierto el 14 de enero de 1506, por Felice de Fredis en su viña de la colina Oppio.

Hubo también obras de bronce que representaban a la gente en el Senado, que se exhiben en el Palacio de los Conservadores, la estatua de Marco Aurelio, ahora en la colina Capitolina, los domadores de caballos de mármol, los tres Constantinos, y los dos ríos - dioses del Quirinal. Todos estos mármoles y bronces han llegado hasta nosotros ilesos, salvo uno, el Heracles del palacio Colonna, que ha desaparecido, y los frescos de Rafael, así como los de Pinturicchio.

4. San Pedro

A partir de una colina pantanosa y arcillosa, salpicada de pozos naturales y artificiales que conformaban un inmenso y pestilente en el lado oriental inferior del río. La colina Vaticana se mantuvo por varios siglos como un hábitat salvaje que incluía la presencia de lobos y osos tal vez, incluso, un león ocasional en sus primeros días.

Allí se encontraba Cibeles, la sangrienta Madre Tierra, organizada por sacerdotes eunucos; había rumores de viajeros desaparecidos y de sacrificios humanos. Existía un camino sobre la colina, utilizable sólo durante las horas del día para reducir la pegajosa arcilla hasta el río. A diferencia de la mayoría de los caminos que conducen fuera de Roma, en un principio no existían tumbas o monumentos.

Mucho antes de que hubiera alguna Cesar, la Colina del Vaticano pertenecía a los Julianos, la familia de la primera Cesares. No mucho fue construido en la colina del Vaticano hasta que el emperador Gayo trazó una pista de carreras de caballos en la zona plana entre la colina del Vaticano y el Janículo. Gayo fue conocido como Calígula por sus botitas que llevaba cuando era niño en el campamento militar de su padre en España. El Circo propuesto por Calígula tenía un eje aproximadamente de este a oeste con su línea de salida y meta en el extremo oriental. Ese circo, luego hipódromo jamás fue concluido.

Los trabajos en el Circo de Calígula se continuaron con Claudio y luego con Neón. El conjunto del Circo Neroni no ha sido completamente excavado, pero se sabe que se extendía desde aproximadamente el extremo oriental de las columnatas de Bernini elípticas al frente de la Piazza S. Pietro hasta más allá de la parte posterior del ábside de la actual catedral. La pista de caballos corría en tramos de casi la misma anchura de la nave central de la catedral. Por el centro de la pista existía un pequeño muro llamado bífida, y en el punto medio de la spina un obelisco que Calígula había saqueado de Heliópolis, en Egipto. Se trataba de una pista privada para el emperador y sus amigos, nunca abierto al público.

La leyenda dice que Pedro Apóstol fue enterrado a las afueras del Circo, en su parte norte, y el sitio de su entierro fue rápidamente venerado. Después de Nerón, no hay constancia de que se siguiera utilizando el circo, y en el siglo II, el área había sido invadida por tumbas como las de algunos cristianos que deseaban estar lo más cerca posible de la tumba de Pedro. Los miembros de otros cultos orientales, habitantes de Transtiberium, también enterraban a sus muertos en las inmediaciones, en las tumbas más ricas.

En algún momento, entre el año 160 a 180 d.C., el sitio cristiano fue amurallado. La pared se arqueaba sobre una de las tumbas y se añadió una cubierta a dos aguas, con el apoyo de pilares laterales. Dos pilares más apoyaron una losa que sobresalía hacia delante. Para el año 200 d.C. el lugar era conocido como el Tropaion o « trofeo « de San Pedro presentaba una pared pintada de rojo. Esos arreglos no eran infrecuentes en los cementerios de la ciudad, y las paredes detrás de las tumbas veneradas eran a menudo adornadas con graffiti. Uno de estas inscripciones, del siglo III, indicaba que el lugar claramente era el sepulcro de Pedro.

5. La Antigua Basílica de San Pedro

Transcurrieron 125 años y Constantino estaba tratando de establecer el cristianismo como religión de Roma. Construyó sus grandes basílicas cristianas en la periferia de Roma, a partir de la iglesia de San Juan de Letrán. Otros siguieron rápidamente, pero San Pedro fue una adición posterior, comenzada diez a once años después de Constantino conquistó Roma en el año 312 d.C.

Al igual que las basílicas civiles, basílicas cristianas de Constantino eran estructuras oblongas con columnas, con un deambulatorio de menor altura, y que posee una adición sobresaliente (el ábside). para proporcionar un lugar un lugar para el fallo civil, y cuando el tribunal no estaba en la sesión, allí se ubicaba la imagen del emperador. En las basílicas cristianas, se mantuvieron estos conceptos: la silla del obispo (la cátedra) estaba delante o directamente debajo de una imagen, generalmente un mosaico o fresco, de Cristo sentado en el día del juicio.

La planta basilical de San Pedro estuvo inicialmente al mismo nivel que la base del trofeo, ubicado en la entrada del ábside. Para lograrlo, los constructores de Constantino tuvieron que derruir las tumbas adyacentes y extraer un millón de pies cúbicos de la ladera para hacer una zona de nivel para el gran rectángulo de la nave central y dos laterales en cada uno de sus lados. Un pequeño pabellón fue construido por encima del trofeo, una tradición oriental que todavía está en la práctica.

La iglesia fue terminada después de la muerte de Constantino en el año 337 d.C. y se mantuvo sin cambios en su decoración hasta el 600 d.C. Algunos investigadores modernos, basando sus análisis en los sellos de impresión en los ladrillos que se encuentran en las bases, dicen que la iglesia incluso se inició hacia el 350 d.C., durante el reinado de Constante, hijo de Constantino.

La nave, con dos pasillos laterales a cada lado fue hecho especialmente amplia para dar cabida a grandes multitudes: tiene una longitud de 90 metros y un ancho de 64 metros, la longitud interior total de la iglesia era de 119 metros. La pared anterior fue pensada originalmente para una decoración no figurativa, pero en el siglo V fue cubierta con frescos que ilustran escenas del Antiguo Testamento. La fundación de San Pedro tuvo lugar bajo el pontificado del Papa Silvestre (314-335).

El altar superior estaba decorado con columnas salomónicas talladas con las vides que él había traído de Grecia. La basílica fue construida a toda prisa a expensas del circo contiguo. Constantino aprovechó sus tres paredes del norte, donde se ubicaban los asientos de los espectadores, del lado de la Vía Cornelia, para descansar sobre ellos el ala izquierda de la iglesia, y construyó nuevas bases para la derecha solamente. Su arquitecto parece haber sido más bien negligente en sus mediciones, ya que la tumba de San Pedro no se corresponde exactamente con el eje de la nave, y no estaba en el centro del ábside, sino a algunos centímetros a la izquierda.

Las columnas fueron recogidas de todas partes, su número era de ciento treinta y seis en total, con estilos y edades diversas. Una excepción debe haberse hecho con las doce columnas de la Confesión, las cuales, según el «Liber Pontificalis» (muy dudoso) fueron traídas de Grecia, y una vez pertenecieron al Templo de Salomón en Jerusalén. Las paredes de la iglesia fueron parcheados con fragmentos de baldosas (tegolozza) y piedra, excepto el ábside y los arcos, que fueron construidos con buenos ladrillos que llevan el nombre del emperador: «Dominus Noster CONSTANTINVS AVGustus».

No se pueden encontrar dos capitales o dos bases iguales, los arquitrabes y frisos diferirían, y algunos de ellos presentaban inscripciones y alabanzas a Tito, Trajano, Galieno, y otros. El atrio o pórtico quadri ha sido proporcionado con tres puertas de bronce, la de en medio con incrustaciones de plata. El nielli representaba castillos, ciudades y territorios que estaban sujetos a la Sede Apostólica. Las puertas fueron robadas en 1167, y llevadas a Viterbo como trofeos de guerra.

La fuente en el centro del atrio era una obra maestra de la época de Símaco (498 a 514), que tenía una gran predilección por los edificios relacionados con la higiene y la limpieza, tales como los baños y fuentes.

La estructura se componía de un tabernáculo cuadrado sostenido por ocho columnas de pórfido rojo, con una cúpula de bronce dorado. Noventa y dos columnas sostenían un techo abierto. Pavos reales, delfines y flores, también de bronce dorado, se colocaron en los cuatro dinteles, de la que los chorros de agua fluían hacia una cuenca inferior. Allí había bajorrelieves en mármol antiguos representando panoplias, grifos, etc. En la parte superior de la estructura existían adornos de bronce semicirculares trabajados «à jour», es decir, en relieve, abierto, sin fondo, y coronados por el monograma de Cristo.

Esta joya del arte del siglo sexto fue cruelmente destruida por Pablo V. Las ocho columnas de pórfido, uno de los cuales fue adornada con un busto imperial en alto relieve, han desaparecido, y también los bajorrelieves, aunque Grimaldi dijo haber salvado una. Los bronces fueron retirados al jardín del Vaticano, pero, con la excepción de la piña y dos pavos reales, el resto fue destruido.

En 1613 los frontones semicirculares, los cuatro delfines, dos pavos reales, y la cúpula fueron fundidas para proporcionar las diez mil libras de metales necesarios para la fundición de la estatua de la Virgen que Pablo V colocó en la columna de S. María Maggiore. A pesar de las frecuentes reparaciones, como consecuencia de los incendios, la decadencia y la edad, algunas de estas armaduras aún llevaban la marca del nombre de Constantino. Filippo Bonanni, en 1606 examinó y midió una viga horizontal y encontró que tenía setenta y siete pies de largo y tres metros de espesor.

Grimaldi se subió al techo a principios de 1606, y lo describe como hecho de tres tipos de azulejos, bronce y ladrillo; el bronce era del tiempo del emperador Adriano ubicado originalmente en el techo del Templo de Venus y Roma. Las baldosas de ladrillo tenían todos el sello del rey Teodorico, con el lema BONO ROMAE (por el bien de Roma). Las láminas de plomo llevaban los nombres de varios Papas, desde Inocencio III. (1130 1138) a Benedicto XII. Todos estos materiales desaparecieron, salvo unos tablones del techo, con el que se hicieron las puertas de la iglesia moderna.

Hubo defectos estructurales irreparables que estaban a punto de derribar la iglesia. Esa colina pantanosa, finalmente fue pasando factura. El lado norte de la basílica que descansaban sobre las paredes de Constantino se mantuvo estable, pero el lado sur se hundía. Sus cimientos eran parte del circo de Nerón y nunca fueron diseñados para soportar tanto peso. Los subsuelos de arcilla semi – plástica se desplomaba. Además, las vigas del techo estaban viejas y podridas, pero no había manera de reemplazarlas de manera segura. A pesar de que eran débiles, eran lo único que mantenía la parte superior de las paredes en su posición. La extracción de ellos probablemente hubiera derribado los muros. Una nueva basílica hubo de ser construida para reemplazar la estructura que se desmoronaba de Constantino.

A mediados del siglo XV, el Papa Nicolás V Parentucelli pidió al arquitecto florentino Bernardo Rossellini que construyera una nueva iglesia, pero Nicolás y el nuevo proyecto murieron en 1455, cuando Rossellini solo lograr apenas obras menores.

Los trabajos se iniciaron el 18 de abril de 1506 bajo el Papa Julio II. Tomó exactamente un siglo terminar la sección occidental, desde el tabique, en el ábside. Donato d' Angelo Bramante fue el encargado del diseño y su arquitectura. Sus planes y obras tempranas establecen el patrón que, después de su muerte en 1514, muchos otros trataron de seguir, a veces modificándolo y especialmente simplificando.

Las obras se llevaron a cabo en dos secciones, pero primero se construyó un muro que dividía la basílica en dos secciones, oriental y occidental. Los trabajos se iniciaron por primera vez en el extremo occidental, desde el tabique, en el ábside, como se dijo, el 18 de abril de 1506. Un edificio de protección fue construido sobre la tumba de Pedro y por encima de él todo fue demolido; casi cien años después estas obras fueron completadas. El nuevo extremo occidental se convirtió entonces en centro litúrgico, y el trabajo en el extremo oriental se inició. La demolición de la parte oriental, que en ese momento se había hundido más de un metro, se inició el 21 de febrero de 1606.

La destrucción de la vieja Basílica de San Pedro fue uno de los acontecimientos más tristes de la historia de la ruina de Roma. Parece que Pablo V Borghese querían que el sagrado colegio compartiera la responsabilidad de la obra, y convocó un consistorio para el 26 de septiembre 1605, a someter el caso a los cardenales.

Mientras tanto los cimientos de la parte derecha de la iglesia construida por Constantino habían resistido sin problemas el peso y la tensión impuesta sobre ellos, la fundación de la izquierda, es decir, las tres paredes del circo de Calígula habían cedido a la presión de modo que toda la iglesia, con sus cuatro filas de columnas, se inclinaba hacia los lados de derecha a izquierda, en tres pies y siete pulgadas. El informe señalaba que los frescos de la pared de la izquierda estaban cubiertos con una gruesa capa de polvo y que los extremos de las grandes vigas que sostenían el techo estaban podridos y no eran capaces de soportar su carga. El cardenal Cosentino, señaló que, sólo unos días antes, mientras se decía Misa, desde el altar de S. María della Colonna cayó una pesada piedra y esparció la congregación. El voto de por la demolición fue una conclusión inevitable.

La antigua iglesia contenía sesenta y ocho altares y doscientos sesenta y ocho columnas, mientras que la moderna contiene cuarenta y seis altares y setecientos cuarenta - ocho columnas de mármol, piedra y bronce. Las estatuas suman trescientos ochenta y seis, las ventanas, doscientos noventa.

El Domingo de Ramos del 12 de abril de 1615, se eliminó el tabique que dividía la iglesia, y el conjunto estuvo disponible para su uso, a pesar de que varios proyectos dentro y fuera continuaron por años. La velocidad de la construcción del extremo oriental se debió en parte a la relativa sencillez de su arquitectura, pero también a la voluntad del Papa Pablo V Borghese y la fortuna de la familia en el proyecto.

Durante un período de 120 años, la basílica vaticana fue casi completamente desmontada y vuelta a montar. Durante el siglo XV y XVI, la basílica incorporó una innumerable serie de transformaciones guiadas por las manos de varios arquitectos y Papas, sucediendo unos a otros, convirtiéndose en esencia, el producto de múltiples autores. La reconsagración tuvo lugar el 18 de noviembre de 1626, durante el pontificado de Urbano VIII (1623-1644), seguido de la adición de un nuevo brazo oriental y la fachada de un arquitecto de Tesino, Carlo Maderno (1556-1629).

El diseño de Bramante sustituía a la antigua iglesia, de tipo basilical puro, por un edificio en forma de cruz griega, con un pórtico delante, y una inmensa cúpula sobre el centro sostenido por cuatro grandes pilares. Rafael se convirtió en asistente de Bramante en la construcción de la nueva Basílica de San Pedro y fue su sucesor en agosto de 1514. En 1520 Rafael murió con 37 años de edad, y su sucesor, Baldassare Peruzzi mantuvo los cambios propuestos, pero volvió a la planta de cruz griega y otras características de Bramante. En 1527 Roma fue saqueada por el emperador Carlos V, Peruzzi murió en 1536 sin que su plan se realizara.

En este punto, Antonio da Sangallo el Joven presentó un plan que combina características de Peruzzi, Rafael y Bramante en su diseño y ampliaba el edificio con una amplia fachada y pórtico. Su propuesta para la cúpula era mucho más elaborada que la estructura y decoración de Bramante. Como Bramante, Sangallo propuso que la cúpula culminara en una linterna que rediseñó hasta hacerla más grande y más elaborada. La principal contribución práctica de Sangallo fue la de fortalecer los pilares de Bramante que habían empezado a agrietarse.

El 1 de enero 1547, durante el reinado del Papa Pablo III, Miguel Ángel, con setenta años de edad, sucedió a Sangallo el Joven como «Capomaestro» o superintendente del proyecto de San Pedro. Él ha sido considerado como el diseñador principal de una gran parte del edificio en su estado actual, y llevó a la construcción a un punto en la que podía ser llevada a cabo. No tomó en el trabajo por placer: fue forzado por el Papa Pablo, frustrado por la muerte de su candidato elegido, Giulio Romano y la negativa de Jacopo Sansovino de dejar Venecia.

Miguel Ángel escribió «me comprometo con esto sólo por el amor de Dios y en honor del Apóstol». Al hacerse cargo de la obra heredó los numerosos esquemas diseños y rediseños de las mentes más grandes en ingeniería y arquitectura del siglo. Había ciertos elementos comunes en estos esquemas: todos buscaban una cúpula para igualar a la diseñada por Brunelleschi, un siglo antes, y que dominó el horizonte de Florencia desde el Renacimiento, y todas exigían un plano fuertemente simétrico, como una cruz griega, como la emblemática Basílica de San Marcos en Venecia, o una cruz latina con los brazos del crucero de forma idéntica a la capilla mayor de la catedral de Florencia.

Se inició la construcción de la cúpula de la Basílica el día viernes, 15 de julio de 1588, a las 16:00. El primer bloque de travertino fue colocado in situ a las 8 PM. La parte cilíndrica o tambor (tamburo) que soporta la cúpula se terminó a la medianoche del día 17 de diciembre. Los enormes muros requerían grandes cantidades de piedra y buena calidad de mármol. Para mayor comodidad de transporte, se decidió adquirir esta de sí mismo y de su entorno inmediato: Roma. Por esta razón, Rafael fue nombrado Prefecto de todos los mármoles y piedras por León X el 27 de agosto de 1515. Todas las excavaciones y las canteras en la ciudad de Roma y en los alrededores en una distancia de 10.000 pasos (casi 10 kilómetros) tuvieron que ser reportados a él en tres días, y fue autorizado para seleccionar mármol y piedra de ellos. Parece que, por regla general, si la cantera estaba en terrenos públicos, la mitad del material fue a la Cámara Apostólica y la otra mitad a la excavación; si era en un terreno privado, un tercio iba a su titular, un tercio a la Cámara, y otro tercio a la excavación. De esta manera, se autorizó la destrucción de estructuras antiguas para obtener material de construcción.

Con el edificio se destruyeron todas las tumbas y monumentos, particularmente sarcófagos paganos, quitándoles sus mármoles. La pérdida ocasionada al arte, la historia y a las antigüedades cristianas por la destrucción de la venerable Basílica es simplemente incalculable. La mitad oeste del mayor templo de la cristiandad fue arrasada con todas sus preciosas decoraciones en mosaico, frescos, esculturas en mármol y en madera, con sus inscripciones históricas y sus tumbas papales, entre las que se encontraban las de Celestino IV (1243), Gregorio IX (1241), Bonifacio IX (1404), Inocencio VII (1406), Eugenio IV C1447) y Nicolás V.

Otras tres iglesias también desaparecieron en el pontificado de Julio II: la iglesia de S. Donato, demolida para la apertura de la Via Giulia, y la iglesia de SS. Celso e Giuliano en Banchi, que fue destruida para ampliar la Piazza di Ponte.

La fachada de Maderno se completó y embelleció grandemente por Bernini: a este mismo autor se debe la explanada, el baldaquino y su entorno para la «silla de San Pedro».

6. La Roma Renacentista, Siglo XVI

La Roma renacentista fue capaz de gastar más dinero en las actividades de construcción. Donato Bramante (1444-1514) se hizo responsable de las primeras empresas a gran escala en Roma, como el Belvedere del Vaticano y, lo más importante, la nueva basílica de San Pedro, iniciada en 1513 por León X (1513-1521).

Una de las razones para la preservación de los restos clásicos era el de tenerlos como modelos para los nuevos edificios, que debían ser igual a ellos y, si era posible, superarlos.El primer cuarto del siglo XVI mostró una mejora en la apreciación del valor de ciertas clases de monumentos antiguos por parte de los Papas como Julio II y León X.Hacia el Año 1525, los Orsini encargan a Peruzzi el proyecto de convertir los Baños de Agripa en un grandioso palacio (Palazzo Orsini). El Proyecto en sí solo se conoce por los dibujos en la Galería de los Uffizi. Técnicamente, el dibujo es bastante inusual, ya que Peruzzi diseño la construcción en sepia para distinguirlo de las antiguas ruinas.

Al este de la Piazza Navona, el arquitecto Antonio da Sangallo el Joven había participado desde 1512 en la ampliación del pequeño Palacio Medici, el cual ocupaba una porción de las Termas de Nerón (Thermae Alexandrinae). En ese lugar se encontraron antiguas estatuas.

El hallazgo del Laocoonte entre las ruinas de la casa de Tito en el Oppiano asombró al Papa, al tribunal, a los artistas, de hecho, a toda la población. Una búsqueda general de obras de escultura fue instituida a posteriori por lo cual restos de antiguos edificios sufrieron graves daños. Los últimos años de Alejandro VI estuvieron marcados por la destrucción de una parte de las Termas de Diocleciano, de un templo desconocido en la Vía Sacra, y del Foro Transitorium.

El saqueo de Roma por las tropas de Carlos V en 1527 llevó al papado renacentista a su fin. También fue responsable de la destrucción de los monumentos antiguos y, más aún, de los archivos, las bibliotecas y la riqueza patricia. En abril de 1536, el emperador visitó Roma, y le fue preparada una gran entrada triunfal por Pablo III (1534-1549), Alessandro Farnese. Con el fin de mostrar los principales monumentos de la procesión, unas doscientas casas y unas cuantas iglesias parecen haber sido demolidas. Varios arquitectos trabajaron en este programa, entre ellos Antonio da Sangallo el Joven, Bartolomeo Baronino y Baldassare Peruzzi. Uno de los coordinadores fue Latino Giovenale Manetti, arquitecto responsable del mantenimiento de las calles.

El estado miserable de Roma a fines del siglo XVI apenas se ocultaba bajo el brillo superficial del Renacimiento. En abril de 1566, Pío V dirigió la cardenales Crispo, di Montepulciano y Sforza una nota para que vieran como «las calles de Roma se limpian con prontitud, para que cuando llegue el calor del verano no esté contaminado el aire». Al parecer, ningún intento para limpiar las calles se habían hecho durante años. Como los caminos rurales sólo se reparaban cuatro veces por siglo, en los años de jubileo, las calles sólo se limpiaron en grandes ocasiones, como cuando un Papa recién elegido tomaba posesión en Letrán.

Si bien las autoridades papales habían sancionado oficialmente y alentado a la destrucción de los restos clásicos, en particular por una bula de Pablo III de 22 de julio, 1540, los funcionarios municipales nunca dejaron de elevar su voz a favor de su conservación, y protestar contra las acciones vergonzosas de los comisionados para la «Fabbrica di San Pietro».

Gradualmente se elaboraron permisos, al menos en principio, para las excavaciones. En 1571, por ejemplo, el municipio no permitió más excavaciones próximas al Arco de Septimio Severo. Aunque los Papas firmaron las órdenes de protección, se firmaban también de demolición, y los conservadores reales se encontraban entre los ciudadanos de Roma o en la administración municipal. Cuando Sixto V (1585-1590) decidió demoler lo que estaba en ruinas separándolo de lo que merecía ser reparado, entre los amenazados de demolición se encontraba el Septizonio y la tumba de Cecilia Metella. El primero fue destruido, pero el segundo se salvó a través de fuertes protestas de los habitantes de Roma.

En el siglo XVI, restos sustanciales de las termas de Diocleciano, enorme edificio, aun seguía en pie, y algunos espacios conservaban sus bóvedas. Los edificios fueron estudiados por muchos arquitectos y se propuso hacer de él un convento. La situación cambió debido a Antonio del Duca, un sacerdote siciliano, que se dedicó a la adoración de los ángeles. Él dijo haber tenido una visión en la que el edificio debía ser transformado en una iglesia dedicada a los ángeles. También estaba convencido de que los baños habían sido construidos por los mártires cristianos. Con su insistencia, el lugar fue utilizado para los servicios religiosos durante el jubileo de 1550, y en 1561 Pío IV (1559-1565) decidió seguir adelante con la iglesia dedicada a los ángeles y los mártires, a fin de aumentar el culto Divino, por el bien de la conservación de un importante edificio histórico.

El complejo de la Cartuja de Santa Croce in Gerusalemme, gracias a Sixto V, fue despejado y nivelado con no menos de 2,66 millones de pies cúbicos de mampostería. Las cifras se pueden verificar en los Libros Pontificias de cuentas: de ellos se desprende que la destrucción se prolongó desde el 16 de mayo de 1586 al 15 de mayo del año siguiente. Los materiales fueron acarreados lejos y llevados a elevar el nivel de la calle Vicus Patrieius (Via del Bambino Gesù), del Vicus Portae Viminalis (Vía Strozzi), y otras calles adyacentes.

En diciembre de 1584, la restauración de las estatuas colosales de Castor y Pollux se paralizó a causa de la falta de fondos. Con el fin de proporcionar los medios para completar el trabajo las estatuas fueron instaladas en el Rione di Ripa y la Curia Capitolina.

Sixto V (1585-1590), extrajo unos 90.000 m3 de material desde las Termas para la construcción de carreteras y otras estructuras en el área de su vecina Villa di Montalto. Quería destruir todos los recordatorios tangibles de paganismo por lo que derribó algunos monumentos antiguos, mientras que otros se restauraron y se dedicaron a propósitos cristianos.

La Columna de Marco Aurelio recibió la figura de San Pablo y la Columna de Trajano la figura de San Pedro. Ambas estatuas fueron realizadas a partir de puertas de bronce del siglo XII.

A pesar de que muchos Papas desde el siglo XV habían querido volver a erigir algunos de los obeliscos caídos, Sixto V fue el primero en llevar a cabo este sueño. Los utilizó como parte de un plan maestro para marcar los sitios importantes de la ciudad y para formar señales reconocibles y ornamentos para las nuevas calles que estaba creando. Los romanos se dice que han transportado desde Egipto seis obeliscos grandes y 42 pequeños, de los cuales sólo uno estaba todavía en pie en su sitio original, en el antiguo circo de Calígula, al lado de la Basílica de San Pedro. Un pequeño obelisco se encontraba en el Capitolio, los otros habían caído y habían sido rotos en pedazos o mutilados en la base.

En 1585, el primer año de su pontificado, Sixto V convocó un concurso para el transporte del obelisco del Vaticano desde al lado de San Pedro a la plaza frente a la basílica. El ganador fue Fontana, quien tuvo el obelisco derribado y transportado en posición horizontal hasta su nueva ubicación. En septiembre de 1586, el obelisco fue consagrado con ceremonias importantes. Tenía una cruz en su parte superior y una larga inscripción en la base de la cual hace referencia a exorcismo.

El más grande y más difícil de transportar fue el obelisco de Letrán que vino del Circo Máximo: de 32,18 m de altura, casi siete metros más alto que el Obelisco Vaticano. Fontana utilizó cuatro columnas de granito del Septizonio en la restauración y un bloque de mármol africano para el plinto. Todo el obelisco fue reparado y se completó con granito donde faltaba material. El interés en los obeliscos continuó incluso después de Sixto V, y dos más fueron erigidas en el siglo XVII. El primero, excavado en el Circo de Majencio y ubicado sobre la Fuente de los Cuatro Ríos en la Piazza Navona de Inocencio X en 1651, y el otro, descubierto cerca de la iglesia de Santa María sopra Minerva, erigido frente a ella por Alejandro VII en 1667. Bernini fue el responsable de ambos proyectos.

La primera idea del Papa Sixto sobre el Coliseo fue demoler este monumento para proporcionar espacio para un camino, pero, después, debido a la insistencia de los romanos, la propuesta fue adaptada a una función social y económicamente útil. La idea era apoyar las actividades industriales que dieran oportunidades de trabajo para los pobres y desempleados, y de esta manera también para fortalecer la situación económica de la ciudad. Fontana preparó un proyecto para su uso como fábrica de lana, ofreciendo talleres y viviendas para los trabajadores del gremio de la lana. Cada trabajador y su familia tenían una pequeña parte del enorme edificio con un taller, dos habitaciones para los propósitos de vida y una logia. El Papa ya había dado quince mil escudos a los comerciantes para promover esta actividad, y un centenar de hombres con sesenta carretas y caballos estaban trabajando para nivelar el área circundante, cuando el Papa murió repentinamente. Todos los planes fueron suspendidos y el propio Fontana se vio obligado a salir de Roma.

La demolición de la Septizonio de Septimio Severo tuvo lugar en el invierno de 1588-1589, bajo la dirección del arquitecto favorito del Papa, Domenico Fontana. Unos 905 escudos fueron gastados en la obra. Es interesante ver lo que pasó con el botín: «se utilizaron treinta y tres bloques de piedra en la base del pedestal del obelisco en la

Piazza del Popolo, 104 de mármol en la restauración de la columna de Marco Aurelio, incluyendo el base de la estatua de bronce de San Pablo; 15 en la tumba del Papa en la Capilla del Belén, en Santa María la Mayor, y un número igual en la de Pío V, la escalera de la Casa dei Mendicanti, en el Ponte Sisto, y en la la Trinità de ' Monti, el lavadero (lavatore) en las Termas de Diocleciano, la puerta del Palacio de la Cancillería, la fachada norte de San Juan de Letrán, el tribunal y las escaleras de palacio, la fuente del Moisés en el Quirinal contigua, y por último, la iglesia de San Girolamo degli Schiavoni, todos tenían su parte de los despojos de la Septizonio.»

Los daños infligidos en la época de Sixto V se completan con destrucción en el acueducto de Claudio, con arcos que llegaban a una altura de ciento veinte metros por encima del nivel de la Campania. Muchos de ellos fueron demolidos para que los materiales pudieran ser utilizados en la construcción del nuevo acueducto Felice, que recibió su nombre de la del Papa, Felice Peretti. Como hemos visto, los acueductos de Claudio, Marciano, alejandrino, y otros, habían sufrido poco a manos de los bárbaros, que simplemente trataban de crear una hambruna de agua en la ciudad sitiada por la eliminación de algunas piedras de los canales. Todos estaban prácticamente intactos hasta cerca de fines del siglo XVI. En Matteo da Castello y Domenico Fontana, arquitectos de Sixto V, y sobre los fideicomisarios del hospital de San Giovanni, descansa la mayor parte de la responsabilidad de su desaparición. Cada vez que el hospital estaba con necesidad de dinero o materiales de construcción, un cierto número de arcos era vendido en subasta pública, y demolido por el comprador.

Podemos admitir abiertamente que la pérdida de partes de los antiguos acueductos, por ejemplo, estaba totalmente compensada con la construcción del Acqua Felice, por medio del cual las partes más altas del Esquilino, Quirinal y las colinas Pincio, casi totalmente abandonadas por once siglos a causa de la escasez de agua, se volvieron habitables.Hay, sin embargo, un acto de vandalismo que no podemos perdonar: la destrucción de la antigua Patriarchium, o residencia pontificia de Letrán, con sus históricas salas, capillas, oratorios, salas de banquetes, galerías, columnatas, cuadros del mosaico e inscripciones. Era el más maravilloso museo de arte medieval que jamás haya existido. Nadie puede leer los relatos de Pompeo Ugonio y de Giacomo Grimaldi, sin el profundo pesar debido al valor incalculable de lo perdido. Los oratorios de la Virgen María, que databa de la época de Nicolás I (858-867), de San Silvestre y San Sebastián, de la época de Teodoro I (642-649), la iglesia y el monasterio de San Pancras, los santuarios de S. Cesáreo, de Miguel Arcángel, de S. Apolinar, de la época de Adriano I (772.795), el triclinio Leonina, la Logia de la Bendición, construido por Bonifacio VIII (1300) y el pasillo del Consejo.

La pérdida más lamentable fue el Oratorio de la Santa Cruz (Oratorium Sanctae Crucis), en forma de cruz griega, con un pequeño atrio al frente, rodeado por tres de sus lados por columnas y presentando el tipo de un ninfeo clásico Había tres fuentes mármol de especies raras, una al centro del vestíbulo, las otras a los lados, con agua goteando desde el capitel de una columna. Las tres puertas fueron fundidas, de bronce y con incrustaciones de plata. Tres de los cuatro brazos de la cruz tenían altares, mientras que en la cuarta pared una pila bautismal. Exquisitos mosaicos adornaban el techo y las paredes estaban cubiertas con el más fino recubrimiento de mármol, del tipo llamado opus sectile.

Los últimos años del siglo XVI en el pontificado del Papa Clemente VIII Aldobrandini (1592-1605), en 1597 se procuró la renovación del crucero de San Juan de Letrán, llamado luego debido a él, Nave Clementina. También se planeó el magnífico altar de la Santa Cena en el extremo sur del mismo crucero. Pero se trató de una destrucción de mármoles y bronces antiguos: durante tres años consecutivos de Roma, los suburbios, e incluso partes de Etruria fueron saqueadas para asegurar los materiales.

Entre los que proporcionaron materiales destruyerndo monumentos antiguos por cuenta propia se encontraban Muzio del Búfalo; Flaminio Vacca, que vendió los mármoles del arco de Claudio en la Piazza di Sciarra, las monjas de S. Silvestro, con los mármoles del templo de Mitra en S. Giovannino (Via della Mercede); Loreto Facciolo, que dispuso de los restos del templo de Venus en Calcarario; los mármoles de los Baños de Agripa, los monjes de la Minerva, que al parecer trasladaron los mármoles del templo de Isis, las monjas de S. Marta, quienes vendieron los restos del Arco di Camigliano, y la duquesa Savelli. Los monjes de los SS. Apostoli contribuyeron con una columna de pórfido y un bloque de antico giallo, las monjas de S. Lorenzo en Panisperna con muchos bloques de travertino de unas ruinas que ocupaba la pendiente del Viminal, en el barrio de S. Pudenziana; los sacerdotes de S. Agnese, en la Piazza Navona, con piedras y mármol del Estadio de Alejandría.

Mientras tanto el Consejo Papal de obras emprendió excavaciones y demolición de las ruinas con la concesión de dos tercios de los ingresos a los que hacían la obra. En estas condiciones Alessandro Senzolino realizó operaciones sistemáticas en el Foro y en La Marmorata; Petruccio Bettania, en Ostia, Gioacchino Borrella, en Ponte Salario; Ottaviano da Gubbio, en la Torre Pignattara y S. María Nuova, o sea, en el mausoleo de la emperatriz Helena y el templo de Venus y Roma. Tomaron columnas donde podían encontrarlas, no sólo de edificios sagrados, como el viejo de Letrán, Santa Cruz en Jerusalén, y S. Pudenziana, sino incluso de las esquinas de las calles.

Los peores actos de destrucción fueron debidos a Orazio Censori, el constructor del altar del Sacramento. Esta obra maestra está adornada con cuatro grandes columnas de bronce dorado, que soportan un frontón del mismo metal. Probablemente sea cierto que las columnas, o al menos dos de ellas, fueron colocadas en Letrán por Constantino, para servir como portadores de luz (Pharo - cantharoi) a cada lado del altar mayor. Como el metal necesario que faltaba para adaptar las columnas para el diseño del nuevo altar, y para coronar con capiteles y un frontón. Censori realizó una gira en Etruria, en el distrito de Tarquinia y Falerii y trajo consigo cientos de libras de obras de arte en bronce, recogidas de las tumbas de Corneto y Civita Castellana, todas fundidas en junto con las piezas de bronce del Panteón.

En la última mitad del siglo, el 15 de octubre de 1574, el Ayuntamiento, presionado por el Papa Gregorio XIII para restaurar el Ponte Rotto (Puente Emilio de la época clásica), que constaba de tres arcos de los cuales se había dejado llevar por la inundación 27 de septiembre de 1557, aceptó la sugerencia de Giovanni Battista Cecchini, presidente del Consejo, para hacer uso de bloques de travertino del Coliseo para el trabajo. El decreto del Consejo, sin embargo, fue redactado con el mayor cuidado: «Se acuerda que los mármoles y piedras necesarias para el trabajo serán excavados y retirados de las ruinas alrededor del anfiteatro, comúnmente llamado il Coliseo, siempre que mármoles y piedras se encuentren sueltos, y de ninguna manera unidos a cualquier parte del monumento. La búsqueda se puede extender a otros sitios que pertenecen a la SPQR, todas las estatuas, o antigüedades móviles, que puede llegar a salir a la luz, serán propiedad del SPQR».

7. La Roma Barroca y Neoclásica, Siglos XVII y XVIIII

Durante el siglo XVII Roma perdió aun más protagonismo a nivel internacional. Su máxima autoridad, el papado, declinaba aceleradamente su influencia política en Europa. Los grandes poderes absolutistas, en especial en España, Francia y Austria, prácticamente no tomaban en cuenta la opinión de la Santa Sede.

La ciudad se expandió, y con el Barroco adquiere su rostro actual. La población de Roma aumenta a 120.000 habitantes, con mejoras en el suministro de agua que hicieron posible este crecimiento. El casco histórico de Roma recibió la influencia de los Papas Urbano VIII, Inocencio X y Alejandro VII, de los arquitectos Francesco Borromini y Gian Lorenzo Bernini, que llenaron la ciudad con palacios, iglesias, villas y extensas plazas decoradas con jardines, estatuas, escalinatas, columnas y columnatas, obeliscos, fuentes y surtidores.

El Barroco dejará definitivamente atrás la pobreza arquitectónica del medioevo, para ser posteriormente sustituido por el neoclacisimo, en el que se redescubrían las bases greco-romanas de la arquitectura.

En este período, con el pretexto de la restauración y embellecimiento, los Papas, cardenales, patricios y jefes de las órdenes monásticas, pusieron sus manos sobre las más venerables iglesias del medioevo. Pablo V inauguró el período tirando abajo la mitad este de la antigua basílica de San Pedro, en los años 1606-1615. Las iglesias gemelas de San Adriano y S. Martina fueron desfiguradas por Piero da Cortona, bajo Urbano VIII y por Alfonzo Sotomayor y Borromini, bajo Alejandro VII. En 1651, Onorio Longhi destruyó la iglesia de S. Ambrogio con sus maravillosos frescos de Pierino del Vaga, para construir en su lugar la estructura de mal gusto de S. Carlo al Corso.

En el siglo XVIII, la lista crece con rapidez: la antigua iglesia de S. Alessio fue modernizada por Tommaso de Marchis en 1750, la iglesia de S. Anastasia, en 1722, por Carlo Gimach. La desfiguración de San Apolinar se debió a Ferdinando Fuga, de SS. Apostoli a Francesco Fontana, y de SS. Cosma e Damiano a Arrigucci. La basílica de Santa Croce in Gerusalemme se redujo a su forma actual en 1744 por Passalacqua y Gregorini. Paolo Posi bajo Benedicto XIV modificó el ático del Panteón, sustituyendo con mamarrachos claroscuro de las incrustaciones de mármol exquisitas de la época de Septimio Severo. Borromini desfiguró Letrán, Antonio Canevari las SS. Giovanni e Paolo, Francesco Ferrari, S. Gregorio en el Celio.

La restauración de las iglesias se convirtió en una práctica general, y se llevó a cabo de acuerdo con un plan uniforme: las columnas de la nave fueron tapiadas, y ocultas bajo gruesas pilastras de mampostería encalada; las placas de mármol con inscripciones o esculpidas, y el pavimento cosmatesco, fueron absorbidos y sustituidos por pisos de ladrillo, las ventanas fueron agrandadas fuera de toda proporción, para que luz inundara los recintos. Los hermosos techos de madera de cedro, bóvedas o lacunaria fueron sustituidos. Los frescos simples pero preciosos del siglo XIV fueron blanqueados, y la superficie se cubrió con las producciones insignificantes de Francesco Cozza, Gerolamo Troppa, Giacinto Brandi, y otros pintores igualmente oscuros.

Con respecto a la destrucción de los monumentos clásicos, Pablo V, en 1610, demolió las Termas de Constantino y cuatro iglesias para hacer espacio para el palacio de su pariente, Scipione Borghese: el Palacio Rospigliosi. También arrasó con los bellos restos del templo de Minerva en el Foro Transitorium (1606): las columnas y friso se cortaron en las losas y se utilizan para la decoración de la Capilla Borghese, en Santa María la Mayor y de la fuente del Acqua Paola sobre el Janículo. Los bloques de piedra pertenecientes a la cella del templo y del muro de cierre del Foro fueron dados a los monjes de S. Adriano. En 1632 Urbano VIII dañó el Templum Sacrae Urbis y el

Heroon Romuli, que estaban unidos en la iglesia de SS. Cosma e Damiano. Levantó el nivel de ambos edificios veinticuatro pies, y vendió piedras a los jesuitas para su iglesia de S. Ignazio. Las puertas de bronce fueron arrancadas de sus goznes y colocadas fuera de lugar; las inscripciones históricas fueron arrasadas, y el hermoso enchapado de mármol en opus sectile fue destruido. Urbano es responsable también por la destrucción de la Secretarium Senatus (S. Martina), de algunas porciones del mausoleo de Adriano, de las antiguas iglesias de S. Vibiana, S. Anastasia, S. María in Pallara y S. Salvatore en Campo, y del techo de bronce que cubría el pórtico del Panteón.

El Panteón había sufrido ya en 1625, cuando se necesitaron metales con fines militares, y Urbano VIII Barberini (1623-1644) «desmanteló el pórtico... que estaba cubierto magníficamente en bronce con dinteles de metal precioso por encima de las columnas y fabricado de tal manera que cuando desmontaron el metal, éste se mezcló con gran cantidad de oro y plata, por lo cual nunca podría ser utilizado para la artillería. Las personas que por curiosidad fueron a ver esta obra de desmantelamiento no podían dejar de sentir pena y tristeza por una antigüedad tal, la única que había sobrevivido al ataque de los bárbaros y por lo tanto debía ser un monumento verdaderamente eterno». Parte del bronce fue utilizado en la construcción del baldaquino de San Pedro por Gian Lorenzo Bernini (1598-1680) y Francesco Borromini (1599-1667). El peso del metal en la fundición apostólica del Panteón era de 450.251 libras.

Como resultado de las protestas de los romanos, el Papa decidió construir dos nuevos campanarios para sustituir a los medievales demolidos. El trabajo se llevó a cabo por Carlo Maderno (1556-1629) y Borromini, que trabajaba como maestro albañil, en 1626-1632. Sin embargo, el Panteón se mantuvo en un estado bastante pobre. La parte oriental del pórtico estaba dañada y dos columnas habían desaparecido. Una parte del tímpano había sido roto. Además, la plaza estaba a un nivel mucho más alto que el Panteón, y como resultado, las paredes se habían construido en contra de la columnata, y un tramo de escalones conducía al pórtico. La decoración interior de mármol había sufrido muchas pérdidas.

En el siglo VII, el Panteón fue dedicado a los mártires, como Santa María ad Martyres -comúnmente llamado Santa María Rotonda. Se creía que carretadas con huesos de los mártires habían sido llevados a la misma. Muchos hombres relevantes habían sido enterrados allí, incluyendo a Rafael, Peruzzi, Vignola, Taddeo Zuccari y Annibale Carracci. Siguiendo esta tradición, Alejandro VII quiso convertirlo en un mausoleo para él y para su familia.

Bernini fue el encargado de preparar los planes para la restauración. De acuerdo con las órdenes del Papa, el interior de la cúpula debía ser decorado en estuco con símbolos de la familia Chigi, y una inscripción en toda la bóveda. El gran óculo debía ser vidriado. Después de 1657, las actividades comerciales estuvieron prohibidas en la zona del Panteón y en julio de 1662, se dio la orden de comenzar la demolición de los cuarteles y casas en la plaza y en todo el pórtico. En noviembre de este año, se dio la instrucción de que el pórtico fuera restaurado, y que las columnas faltantes fueran reemplazadas por las excavadas en la plaza de San Luis de los Franceses. Los restos de un arco de Trajano llamados Arco della Pietà, que había permanecido frente al Panteón, se utilizó para reparar el tímpano.

El alcantarillado y drenaje se introdujeron y se regularizaron las calles. Detrás del Panteón, frente a S. María María sopra Minerva, Bernini se erigió un pequeño obelisco en el lomo de un elefante, simbólicamente conectado con la familia Chigi. Al mismo tiempo, en la Via del Corso, fue demolido el arco de triunfo de Marco Aurelio, el llamado Arco di Portogallo,

El último incidente de esta época fue la demolición del arco de triunfo que se sitúa en la esquina del Corso (Via Flaminia Hoy Via del Corso) y de la Via in Lucina (Ara Pacis), llevada a cabo por el Papa Alejandro VII en 1662, considerado como obstáculo para la circulación. Dos de los bajorrelieves fueron retirados al Museo Capitolino, un tercero fue dado a María Peretti Savelli. Dos columnas de antico verde fueron compradas a por el Pamphili y se colocaron a ambos lados de su altar en S. Agnese en la Piazza Navona, mientras que otros dos encontraron su lugar de descanso en la Capilla Corsini en Letrán. La clave del arco se encuentra en el vestíbulo de la Universidad de Roma, y el grupo del baile, descubierto en 1740, a los pies del arco, fue llevado al Museo Vaticano.

Alejandro VII (1655-1667) en julio de 1659, publicó un edicto en referencia a los intentos de sus predecesores para mantener las antiguas estructuras romanas porque «es en sus ruinas que vemos las debilidades humanas y dan ellas testimonio indudable».

La pirámide de Cestio fue restaurada en 1663: su superficie de mármol fue reintegrada y dos columnas que había estado de pie en las esquinas de la pirámide se repararon. Una estaba en buen estado, faltando un sólo el capital que se encontró en un jardín del Quirinal, pero la otra columna se rompió.

En esta época se produce un mayor interés por el Coliseo, prohibiéndose la extracción de mármoles de la estructura y estableciendo el mismo como lugar sagrado y recordatorio de los mártires cristianos.

En la década de 1730, el Arco de Constantino había recibido algo de atención: fue uno de los monumentos mejor conservados de la antigüedad en Roma, aunque había sufrido durante los siglos. Las estatuas de los prisioneros dacios habían sido decapitadas en 1534 y una de las columnas de giallo antico en el lado norte del arco se había retirado a finales del siglo XVI, para ser utilizada en el marco del órgano en el crucero de la basílica de Letrán. En 1731, Clemente XII y el Conservatori de Roma ordenó la restauración del arco bajo la supervisión de Alessandro Capponi que «con cuidado y precisión, restauró las columnas y sus cornisas, para llevarlas a su forma original.» Se hicieron varias reparaciones a las cornisas, la obra fue terminada en 1733.

Cuarta Parte:

Roma hacia el Presente

1. Roma y los Estado Papales en el Periodo 1800 a 1809

Después de los Estados Pontificios fueran restaurados al Papa con la retirada de los franceses en 1799, Pío VII (1800-1823) llegó a Roma para asumir el trono de San Pedro, en junio de 1800. Su primera preocupación fue la de restablecer la administración papal. Prestó especial atención a la protección de las antigüedades y obras de arte que habían sufrido durante la dominación francesa. Hubo varios edictos en el pasado para protegerlas y controlar su exportación (por ejemplo, 1624, 1646, 1717, 1726, 1733, 1750). Sin embargo, éstos no se habían aplicado de manera eficiente y con el empobrecimiento de los Estados Pontificios, la venta de las colecciones de arte a los extranjeros había llegado a ser común. Las licencias se adquirían con bastante facilidad, el porcentaje cobrado sobre el valor del objeto sólo alentó la práctica, y el comisario, que no tenía casi ninguna ayuda, no fue capaz de controlar el tráfico.

El gobierno papal tenía dos departamentos que tenían responsabilidades especiales en relación con la conservación de los bienes culturales. Uno de ellos fue el llamado Camerlengato, la administración general del Estado Pontificio, responsable, entre otras funciones, de la legislación general, la inspección y evaluación de antigüedades y obras de arte. El inspector de Bellas Artes y el Comisionado de Antigüedades fueron nominados por el Camarlengo. La otra oficina responsable de la conservación fue el Tesoro, bajo la dirección del Jefe del Tesorería. Sus deberes cubrían los aspectos financieros y los actos legislativos correspondientes, así como la ejecución de obras. Estos incluían la excavación, restauración y mantenimiento de los monumentos antiguos. El Tesoro tenía bajo él una comisión, llamada Consiglio d'arte, e inspectores arquitectos, fueron responsables de los proyectos y la supervisión de los trabajos. Esta división de la responsabilidad de la conservación entre dos departamentos causó varios problemas de interpretación.

La bula Papal del primero de octubre de 1802, firmado por el cardenal Doria Pamphili, se convirtió en la ley básica para la protección de los bienes culturales en este periodo. El edicto se refería conscientemente a la legislación anterior, como Cum Almam Nostram Urbem por Pío II en 1462 en contra de la destrucción de los monumentos antiguos, y Quam provida por Sixto IV en 1474, que prohibía la extracción de elementos u objetos antiguos o no valiosas de iglesias. El objetivo de este decreto era garantizar la conservación de los monumentos antiguos y obras de arte. Se requería que todos los objetos antiguos y obras de arte debían ser registrados por el Estado.

Los objetos se dividían en categorías y subcategorías: figuras humanas o animales en mármol u otro material, pinturas antiguas, mosaicos u otros trabajos de color, jarrones, joyas, inscripciones y hasta fragmentos simples, de hecho, todo lo que se podría llamar «antigüedad». También se incluyeron los elementos arquitectónicos y adornos tales como columnas, capiteles, arquitrabes, y diversos tipos de piedras. Pinturas sobre lienzo o sobre madera, ya sea debidas artistas clásicos o a sus escuelas, que podrían ser de valor.

Las licencias, cuando se daban, eran gratuitas para evitar la corrupción. El principio general era conservar los monumentos en sus lugares originales.

A los museos papales se les permitió un presupuesto fijo anual para la adquisición de objetos de sus colecciones en compensación por las pérdidas. Por esa misma razón, se alentó a las excavaciones, en la creencia de que aún había tesoros subterráneos. Sin embargo, todas las excavaciones, ya sea en terrenos públicos o privados, estaban estrictamente autorizadas y controladas directamente por el inspector de Bellas Artes y el Comisionado de Antigüedades.

En 1802, el Arco de Septimio Severo en el Foro Romano fue elegido como punto de inicio de las excavaciones, concentrándose en pocos monumentos o lugares como el Coliseo, las Termas de Tito y el Panteón. Los obreros eran convictos, alojado en tiendas de campaña en el lugar durante la noche. Las temporadas más adecuadas tuvieron que ser elegidas para evitar tanto las fuertes lluvias y el intenso calor y el sol del verano, que endurecía el suelo. El drenaje fue un problema, mientras que otros incluyen propiedad de la tierra y la necesidad de demoler edificios en el sitio, así como la eliminación de los despojos. El Arco de Septimio Severo fue excavado hasta el nivel original del suelo. A continuación, la estructura estuvo rodeada por un muro de contención circular.

Asimismo, el Coliseo fue protegido y restaurado: el edificio estaba en mal estado de conservación. Los conductores de autocares utilizaron como refugio nocturno, hubo incendios en el mismo, y durante muchas décadas fue utilizado como almacén de una fábrica de pólvora. Todos estos abusos causaron daños a la piedra y bloquearon los pasillos, haciéndolos inaccesibles a los visitantes. Se había producido un grave terremoto a principios del siglo XVIII, que causó el colapso parcial de la estructura: el material fue utilizado en la construcción del Porto di Ripetta.

Un terremoto en el Coliseo en los primeros años del siglo XIX puso en peligro aún más la estructura, sobre todo del lado este del anillo exterior que se había roto y estaba fuera de plomada. Estos problemas fueron señalados en un memorando escrito por Carlo Fea, el Comisionado de Antigüedades. El 22 de junio de 1804, una semana después del informe, hubo una orden del Quirinale al Jefe Tesorero para que el Coliseo fuera liberado de abusos. Las excavaciones que se habían propuesto en 1803 se iniciaron en 1805. En ese momento, también, un apuntalamiento de madera fue construido para soportar la pared del este en peligro de caída. En 1806, más planes fueron preparados para la consolidación del monumento con un minucioso cuidado de conservar cada piedra antigua. De hecho, fue la primera operación a gran escala del siglo XIX conscientemente dirigido a la conservación de cada fragmento y pieza de un monumento antiguo de Roma.

2. El Período de Francia en Roma, años 1809 a 1814

Cuando asumió el Papa Pío VII una de sus primeras preocupaciones fue la de cuidar los monumentos antiguos, así como iniciar excavaciones con la esperanza de descubrir más antigüedades para reemplazar las perdidas. El acta de 1802 firmada por el Cardenal Pamphili, hizo hincapié en la importancia política, educativa y económica de las antiguas obras de arte.

Los Estados Pontificios habían establecido el cargo de Comisionado de Antigüedades en la época de Rafael, y aunque se había prestado especial atención a las antigüedades clásicas, hubo medidas papales para la protección de las iglesias y oratorios como el Quam Provida de Sixto IV, del año 1474. En el edicto de 1802 las intenciones se reconfirmaron.

El Papa no tuvo éxito en su resistencia a Napoleón, y el 17 de mayo de 1809 los Estados Pontificios fueron declarados anexos al Imperio francés. Estaban sujetos a la legislación francesa y a su control administrativo. Roma se convirtió en «ciudad libre imperial», la segunda capital del Imperio después de París. Roma tenía un atractivo especial para Napoleón, que incluso llamó a su hijo primogénito rey de Roma. Al mismo tiempo, el gusto por la cultura romana antigua se puso de moda en París, en la vida social, el teatro y la arquitectura.

Los franceses tomaron un interés especial en la toma de la ciudad preparando programas para su embellecimiento y mejora de las instalaciones públicas. Estos programas también tenían un fin social en vínculo a los pobres y desempleados. Los primeros decretos referidos a los edificios históricos y monumentos antiguos de Roma se emitieron a partir del 5 de agosto y el 3 de septiembre de 1809. El decreto del 9 de julio 1810 proporcionó 360.000 francos de presupuesto y estableció la Comisión des monumens et batimens civils como dirección local para las obras previstas. La Comisión estuvo presidida por el Prefecto de Roma, Baron Camille de Tournon, y entre sus miembros se encontraba el alcalde, duque Braschi Onesti, así como varios representantes de las familias romanas. Al año siguiente, un nuevo decreto del 27 de julio 1811 aumentó el presupuesto de un millón de francos, y la Comisión fue sustituida por una nueva entidad: la Comisión des embellisements de la ville de Rome.

La primera restauración durante el período francés fue la del templo circular en el Foro Boario, a orillas del Tíber, dedicado a Hércules Víctor, generalmente llamado «Templo de Vesta». El edificio original data del final del siglo II a.C., pero había sido restaurado sustancialmente después de la inundación del año 15 d.C. Más tarde, el templo se transformó en iglesia cristiana y los espacios entre las columnas habían sido amurados. El sitio también fue excavado descubriéndose la entrada original.

En 1810, se excavaron y consolidaron las tres columnas restantes del templo de Vespasiano, llamado «Templo de Júpiter Tonante», en el Foro Romano. Después de la excavación, la base de las columnas estaba en tan mal estado que se requirió su reconstrucción. Por esta razón, las columnas fueron bajadas y re-erigidas en un nuevo basamento construido con el diseño de Camporesi. Aunque el templo original fue construido en mármol, el nuevo material era travertino, tomados en su mayoría de la demolición del Coliseo. Los moldes de yeso fueron hechos de mármol muy fino y capitales corintios antes de que se pusieron de nuevo y se fijan en su posición con grapas de hierro.

3. Los Estados Papales y la restauración de los monumentos clásicos, 1814 a 1870

La administración francesa propuso un sistema de inspección y la formación de un registro de monumentos antiguos que estaban bajo el cuidado de la Academia. La primera lista incluía un centenar de sitios en Roma y varios fuera de ella: templos, obeliscos, baños, arcos de triunfo, mausoleos, teatros, puentes, etc. Fuera de Roma, se incluían sitios en Tivoli, Palestrina, Frascati, Ostia y la Via Appia. Se buscaba cubrir la totalidad del territorio papal. Se redactó, asimismo, un informe detallado del estado de los monumentos y de las estimaciones de las reparaciones necesarias, clasificados de acuerdo a su urgencia para formar las bases de un programa equilibrado dentro de los límites del presupuesto.

La Comisión informó de 135 iglesias para ser conservadas por su valor incluyendo las basílicas de San Pedro, San Ignacio, y S. Eustaquio. Se habían previsto dos paseos públicos, uno en la colina del Pincio, el «Jardín del César», y otro en la zona de los Foros llamado el «Jardín del Capitolio».

La propuesta de 1813 para 'embellecer' la zona alrededor del Palatino con boulevards y monumentos antiguos restaurados existentes con el Coliseo, proporcionó un marco para las ambiciones imperiales del emperador. Se propuso la restauración propuesta del Arco de Tito y una mayor consolidación de la estructura del Coliseo.

En enero de 1814 Napoleón tuvo que renunciar a los Estados Pontificios y en mayo del mismo año, después de un período de transición, Pío VII fue capaz de regresar a Roma con gran triunfo. La normativa francesa se abolió, las iglesias se volvieron a abrir y la situación más o menos regresó a lo que había sido cinco años antes. En el período de transición, Comisión para los ornamentos retuvo su responsabilidad por las antigüedades, aunque el presupuesto se había reducido y sus obras eran aún más limitadas. Por despacho papal de 7 de julio de 1818 se dio especificaciones de la rama ejecutiva de la Tesorería al Consiglio d'Arte. El edicto de 1820 redefinió la posición del Camerlengato y de la Commissione delle Belle Arti.

En 1820, el cardenal Pacca renovó las antiguas instrucciones del Papa, y en 1821 se reforzó la oficina del Comisionado de Antigüedades.

A partir de entonces se restauró el arco de Tito, aunque el arco había sobrevivido sólo en parte, la calidad artística de sus bajorrelieves llamaba mucho la atención. En 1815, fue presentada a la Academia un modelo a pequeña escala en mármol y metal dorado obra de Gioachino Belli y Pietro. Durante la administración francesa, los edificios del convento que habían dado algún apoyo para el arco en su lado este fueron demolidos y, en consecuencia, el monumento tenía una estructura muy endeble. Se decidió desmantelar la bóveda, y volver a levantarla con el apoyo necesario, reconstruyendo las partes ausentes.

Se hicieron excavaciones arqueológicas para revelar la base del Arco y verificar la forma arquitectónica exacta del monumento. Los elementos originales fueron cuidadosamente contados y marcados, luego desmantelados uno a uno. Luego, el Arco fue reconstruido, volviéndose a montar los elementos originales en un nuevo núcleo de ladrillo. Las piezas reconstruidas se reforzaron con travertino, que armonizó muy bien con los elementos de mármol originales. Las nuevas piezas quedaron sin formato, sin repetir la decoración, bajorrelieves o estrías de las columnas, para que «el visitante no tuviera ninguna duda acerca de lo que era auténtico y lo que había sido reconstruido».

En 1823, hubo un problema importante, cuando la Basílica paleocristiana de San Paolo Fuori le Mura fue gravemente dañada en un incendio. Rápidamente se prepararon varias propuestas para su reconstrucción, considerándose que no era posible reconstruir la nave dañada. En 1825 León XII decidió que la parte quemada fuera reconstruida en su forma anterior.

4. Roma Capital del Reino Constitucional de Italia, años 1870 a 1922

Después de 1870, cuando Roma se había convertido en la capital del Reino Unido de Italia, la ciudad comenzó a albergar las instituciones del reino como el Palacio Real, ministerios, parlamento, máximos tribunales, legaciones y consulados. La población crecería intermitentemente de 250.000 a 700.000 habitantes.

Aunque el código de construcción de 1873 reforzó la protección de los edificios, el plan maestro del mismo año indica la ampliación de una serie de calles existentes, y crear nuevas vías. En los planes maestros posteriores los cortes y nuevas calles se incrementaron aún más dando lugar a la ampliación del Corso, el corte del Corso di Vittorio Emanuele, la construcción de las calles Lungotevere a lo largo del Tíber, y prácticamente la desaparición del Geto cerca del Teatro de Marcelo. Estos cambios también se extendieron a la zona del Trastevere, y otras partes de Roma, donde se construyeron grandes edificios ministeriales para el nuevo gobierno central. En 1870, el Ministro de Educación había preparado una nueva lista de edificios protegidos, dos años más tarde su protección se convirtió en ley.

Se consideró como el ejemplo de renovación urbana los proyectos de Haussmann en París, modelo que se aplicó a muchas grandes ciudades de Italia como Milán, Florencia, Nápoles y Bolonia. Roma se había mantenido relativamente sin cambios desde el final de la época napoleónica.

No fue sino hasta 1864 que el municipio tuvo control sobre los cambios en la urbe. Se prestó especial atención al mantenimiento y reparación de los edificios existentes. Además, en 1866, hubo otro código que prohibía la construcción de pisos adicionales sobre los edificios que «debido a su carácter y estilo» merecían «ser conservados en su integridad».

Los monumentos de la Antigüedad fueron registradas por la Oficina de Antigüedades, los edificios posteriores por la Accademia di San Luca. La lista fue publicada finalmente en 1912 junto con el código de construcción de ese año. En 1890 se formó en Roma la asociación artística con especial preocupación por los edificios históricos, la Associazione artistica fra i cultori di Architettura. Sus objetivos principales eran el estudio, la protección y la 'buena conservación' de los edificios históricos, de forma similar a los objetivos de otras asociaciones que ya existían; los miembros de esta asociación incluían a funcionarios gubernamentales, delegados regionales para la conservación, comisionados provinciales, profesores de la Accademia di San Luca, y arquitectos para la restauración.

En esta época se produce la reconstrucción de la parte sur del Coliseo, donde ocho arcos fueron reconstruidos en la época de Gregorio XVI, ya se habían completado en 1844. En ambos casos, las nuevas construcciones fueron hechas en ladrillo amarillo, con travertino sólo en algunas partes estructuralmente importantes, las continuaciones de una pared se indican con una superficie rugosa en línea con el trabajo anterior. Una reconstrucción parcial de travertino de un área pequeña también se hizo por encima de la entrada norte en 1852. En este momento, se utilizaron más correas de hierro para consolidar la estructura así como grapas de hierro pequeñas para reparaciones menores. Desde la década de 1870, la capilla del siglo XVI en la entrada oeste y los altares del siglo XVII habían sido demolidos.

Entre las restauraciones promovidas por la Asociación se encuentra la iglesia de Santa María in Cosmedin, la iglesia de Santa Saba, y la llamada Torre degli Anguillara, una casa del siglo XV en el Trastevere. La restauración de Santa María in Cosmedin es de especial interés ya que este sitio había un altar, el Ara Maxima, dedicado a Hércules Invictus; junto a él existía un edificio tardío: un podio con columnas del siglo IV o V d.C., en torno al cual se construyó la primera pequeña iglesia, ampliada por Adriano I en el siglo VIII, y entregado a la colonia griega. Durante siglos sucesivos el edificio fue restaurado varias veces, transformado, y aumentado; el palacio de un obispo se construyó en su lado sur.

El período en el cambio de siglo se distinguió sobre todo por sus intereses arqueológicos abrumadores, no sólo en Italia sino también en otros países. En Grecia, se inició la campaña importante para la restauración de los monumentos de la Acrópolis. Pompeya y Herculano fueron excavados y restaurados primero bajo la dirección de Giuseppe Fiorelli, el Director General de Antigüedades, luego en la década de 1920 bajo Amedeo Maiuri. En 1893-1901, Rodolfo Amedeo Lanciani (1847 - 1929), arqueólogo y topógrafo, publicó la Forma Urbis Romae, un mapa arqueológico dibujado en escala de uno a mil, registrando todos los restos arquitectónicos conocidos de la Antigüedad en Roma.

En 1887 el profesor Guido Baccelli, Miembro del Parlamento, propuso definir y proteger una gran zona arqueológica monumental que se extendía desde el Capitolio y el Foro Romano al Palatino, la Domus Aurea, el Circo Máximo, las Termas de Caracalla, a lo largo de la Vía Apia hacia el sur. El área propuesta abarcaba aproximadamente 227 hectáreas de las cuales el 60% era propiedad privada. En julio del mismo año, el proyecto se convirtió en ley: se produjo un largo proceso de adquisición de esas tierras, excavaciones, limpieza de estructuras posteriores y restauración de monumentos antiguos.

En 1899-1905, se llegó a los resultados más importantes en las excavaciones en el Foro (en el Tempio di Cesare, Tempio di Vesta, Arco de Septimio Severo, Regia, etc.); en 1906, la excavación del Foro Trajano, en 1907 en el Palatino. El área del Foro Romano, el valle del Coliseo y el Palatino se convirtieron en una inmensa excavación arqueológica. Toda la zona del Foro entre el Capitolio y el Arco de Tito fue excavada hasta el nivel (estrato) de la época imperial, a veces cinco o seis metros bajo el nivel de entonces.

5. Roma Fascista, años 1922 a 1943

El fascismo fue una ideología política con una imperiosa necesidad de una fuerte identidad nacional visual. La necesidad de una Roma moderna formaba parte de la agenda política del gobierno fascista. Durante el fascismo el diseño urbano tuvo un desarrollo importante: se modernizaron los sistemas de carreteras, los edificios públicos, la vivienda, etc.

En palabras de Benito Mussolini, Milán, año 1934: «Me gustaría dividir a los problemas de Roma, la Roma de este siglo XX, en dos categorías: los problemas de la necesidad y los problemas de grandeza. Uno no puede hacer frente a este último a menos que el primero haya sido resuelto. Los problemas de grandeza son de otro tipo: hay que liberar a la antigua Roma de la construcción mediocre que la desfigura, pero al lado de la Roma de la antigüedad y el cristianismo también tenemos que crear la monumental Roma del siglo XX. Roma no puede, no debe ser únicamente una ciudad moderna, en el sentido banal de la palabra, sino una ciudad digna de su gloria, y que la gloria debe ser revivida sin descanso para pasarla como legado de la era fascista a las generaciones por venir!»

Mussolini aseguró que el legado de programas de creación de edificios públicos mirara hacia el pasado imperial de la ciudad. Durante las dos décadas del régimen fascista, la construcción estuvo acompañada por destrucción.

Su proyecto era edificar la «Tercera Roma», es decir, la Roma fascista, después de la Roma antigua y la Roma cristiana: «en cinco años Roma debe aparecer maravillosa para todo el mundo, inmensa, ordenada como lo fue en los días del primer imperio de Augusto. Los alrededores del Teatro Marcelo, el Capitolio y el Panteón deben estar libres de todo lo que a su alrededor se ha construido durante siglos de decadencia. Dentro de cinco años, la colina del Panteón debe ser visible a través de una avenida principal que surja de la Piazza Colonna» (Benito Mussolini).

Muchos proyectos en vínculo al fortalecimiento de las estructuras alrededor de los monumentos antiguos y la construcción de calles «panorámicas» fueron propuestos durante la era fascista y nunca fueron implementadas.

Il Ducce veía su régimen como paralelo al de la Roma imperial: soñaba con una gran ciudad donde lo antiguo fuera admirado y no comprometido por el «desorden», dando paso a una nueva Roma; todo lo que era «sucio y pintoresco», todo lo que olía a Edad Media buscó ser destruido.

Estas ideas se plasmaron en la política urbana de ampliación de calles y de descubrimiento de las ruinas de la antigua Roma, las obras incluyeron: la Via dell'Impero (ahora llamada Via dei Fori Imperiali, 28 de octubre de 1932), y de su extensión, Via dei Trionfi (28 de octubre de 1933), el reordenamiento del Mausoleo de Augusto (comenzado 22 de octubre 1934), entre otros. A esta lista hay que añadir la realización de un querido sueño barroco, neoclásico, de los arquitectos de Napoleón: la creación de una visión de tipo monumental que incluyera la Plaza y la Iglesia de San Pedro con la creación de la Via della Conciliazione, que llevó a la destrucción del Borgo Vecchio y el Borgo Nuovo.

El régimen fascista se mostró indiferente y despiadado con las estructuras erradicadas en nombre del progreso. El ancho proyectado de las calles no tenía precedentes, su fin era dar cabida a los automóviles y las necesidades de la urbanización. Otro elemento diferenciador es el establecimiento de la arqueología y de los programas para la preservación del pasado antiguo. Se llevó a cabo una amplia labor que incluía excavaciones y reconstrucciones en el Foro de Trajano y de César, en la Piazza Venezia y en el Capitolio, la reconstrucción de la Curia y el descubrimiento de templos en el Largo di Torre Argentina (de la época de la República romana), asícomo la reparación tanto de la Aria Pacis y el Augusteum.

La creación de la Via dei Fori Imperiali (año 1931-1933), tenía como el fin dar una clara visual desde el Coliseo al Vittoriano. Con este programa, una era de la historia fue descubierto en detrimento de otro: se destruyeron, desde el Vittoriano hasta el Coliseo, 5.500 viviendas y numerosas estructuras históricas. Se buscaba una ruta donde se efectuaran también marchas triunfales o desfiles. También se quería crear un enlace físico y simbólico entre la sede del partido fascista en piazza Venezia con la sede del antiguo poder romano en el foro. El barrio Alessandrino, una de las zonas más densamente pobladas y habitadas, de las más antiguas del centro de Roma, fue sistemáticamente demolido.

Como resultado de estas operaciones quedaron expuestos 80.000 metros cuadrados del Foro Romano, en el cual se llevó a cabo un cuidadoso estudio arqueológico. Después, 67000 metros cuadrados del sitio fueron nuevamente enterrados por la nueva carretera, que corta en diagonal el Foro y lo divide en dos.

Originalmente propuesto por el artista y arquitecto Bernini, la pieza final de la cirugía urbana para limpiar la ciudad histórica y dejarla libre al tráfico automotor y a majestuosas vistas axiales fue iniciada por los fascistas y concluida después de la Segunda Guerra Mundial. Se trata de la construcción de la Via della Conciliazione, que se inicia en las puertas de San Pedro y su plaza con una vista completa del Tíber: requirió de la destrucción completa del Borgo.

En la era fascista fueron demolidos un tercio de los edificios históricos dentro de las paredes imperiales de Roma. Gran parte de la historia de la evolución orgánica de la forma de la metrópolis histórica, sobre todo su aspecto medieval, fue borrado a través de la destrucción. Irónicamente, las zonas situadas al lado del Vittoriano fueron tratados como sitios arqueológicos y preservados.

Hubo muchas estructuras que fueron destruidas, movidas o enterradas durante la construcción de las nuevas calles:

- Deconsagración y despojo de la Iglesia de Sant'Adriano en el Foro Romano.

- Demolición del convento de la Mercedari, del siglo XVII, anexa a la Iglesia de Sant'Adriano.

- Excavación de una gran parte de la Velia, en la que se encuentra la Basílica de Constantino, a medio camino entre el Coliseo y la plaza Venecia.

- Destrucción del monasterio de Sant'Urbano ai Pantani y el cercano convento de Santa Eufemia.

- Destrucción del barrio Alessandrino.

- Excavación y revestimiento de los jardines del siglo XVI, Villa Rivaldi y sus nymphaeums.

- Pérdida de varias casas notables: Casa Desideri, Casa Ciacci, Casa Cetorelli, Casa De Rossi, etc.

- Demolición de las iglesias de San Lorenzo ai Monti y Santa María degli Angeli.

- Excavación y obliteración parcial de los foros de César, Augusto, Trajano, Vespasiano y Nerva.

De las áreas excavadas, se perdieron una gran cantidad de datos: muchos de los objetos encontrados fueron almacenados en las bóvedas del Museo della Civiltà Romana, pero pocos datos fueron asociados con la ubicación exacta y el contexto en los que se encontraban. Mussolini particularmente quería vincular su persona con la de Augusto: en la década de 1930 sus atenciones se volvieron hacia dos valiosos monumentos romanos, el Ara Pacis y el Mausoleo de Augusto. Este último fue una vez el lugar de enterramiento de docenas de emperadores, entre ellos Augusto, Tiberio, Calígula, Nerón y Nerva, por no hablar de mujeres romanas muy famosas como Livia, Agripina la Mayor y Popea Sabina. Fue uno de los más impresionantes mausoleos jamás construidos, cubriendo dos hectáreas de tierra y revestido en mármol blanco.

El jefe de prensa de Mussolini, Gaetano Polverelli, sugirió convertir el Mausoleo de Augusto en un templo al fascismo. Para ser justos, cualquier restauración del mausoleo era poco probable pues había sido extremadamente dañado durante siglos. Después de haber sido incendiado en el año 410 por los godos, fortificado en la Edad Media por la familia Colonna, fue luego abandonado para, a continuación, ser utilizado como lugar para las corridas de toros y conciertos en el siglo XIX. El lugar estaba en completa ruina.

El Ara Pacis, fue construido en el año 13 a.C. por Augusto para conmemorar la paz: se habían encontrado los paneles esculpidos enterrados en el Campo de Marte en el siglo XVI, pero nadie había reconocido que estos paneles formaban parte de uno de los más valiosos altares construidos en Roma.

El monumento había sido enterrado por siglos de detritus y sus diversos paneles y componentes se había derrumbado bajo tierra. En el siglo XIX, los paneles de mármol blanco se encontraron en medio de la Lucina (vía del Corso, la principal calle comercial de Roma) y los expertos comenzaron a plantear la hipótesis de que éstos podrían pertenecer al Altar de Augusto. En 1937, se pudo extraer las partes restantes de la tierra. El Ara Pacis fue reconstruida y se le dio un nuevo hogar a orillas del Tíber en un pabellón construido por Morpurgo; posteriormente el arquitecto estadounidense Richard Meier diseñó una nueva estructura, inaugurada en el año 2006.

Se perdió definitivamente la Meta Sudans, una fuente monumental al sur-oeste de la Coliseo, situada entre la base de del Coloso de Nerón y el Arco de Constantino. Era el punto de encuentro de cinco de las regiones de Augusto: la I, II, III, IV y X. Se dice que había sido construido por Domiciano en el año 96 d.C. Su forma parecía a un circo (meta) y sudans porque de ella surgían chorros de agua. El núcleo tenía forma cónica, de un metro de altura y cinco metros de diámetro en su parte inferior. La base era una gran fuente de 21 metros de diámetro, probablemente de la época de Constantino; el agua discurría por sus lados. Toda la estructura estaba cubierta originalmente con mármol.

En 1936 el Meta Sudans fue demolido por Mussolini con el objeto de crear una carretera que bordease el Coliseo. A partir de 1980 se efectuaron diversas excavaciones que dejaron a la vista los cimientos circulares de la fuente, así como el sistema subterráneo de abastecimiento de agua.

Bibliografía

Alföldy, G.: *Historia Social de Roma*, Ed. Alianza Universidad, Madrid, 1987.
D. Kinney: *«Spolia» in W. Tronzo*, ed., St. Peter's in the Vatican; Cambridge, 2005.
D.Berciu: *La formación del Imperio Romano: el mundo mediterráneo en la Edad Antigua México*, siglo XXI.
F.W. Deichmann: *Die Spolien in der spätantike Architektur* (Munich, 1975).
Francisco Frías Valenzuela: *Manual de Historia Universal*, Editorial Zig-Zag.
Golomann y Heuss (Dir.): *Historia Universal, t. I y II: Roma y Mundo romano* por Bleiken, J. y Heuss, ed. Espasa Calpe, Madrid, 1985.
Grimal, P.: *La civilización romana*, ed. Juventud, Barcelona, 1967.
Günter Barudio: *La época del absolutismo y la Ilustración*, México, siglo XXI.
Jacques Le Goff: *La Baja Edad Media*, México, siglo XXI.
Jan Dhondt: *La Alta Edad Media*, México, siglo XXI.
Kovaliov, S. I.: *Historia de Roma*, ed. Akal, Madrid, 1973.
L. Bosman: *The power of tradition: Spolia in the architecture of St. Peter's in the Vatican*; Hilversum, 2004.
L. de Lachenal: *Spolia: uso e rempiego dell'antico dal III al XIV secolo* (Milan, 1995).
M. Fabricius Hansen: *The eloquence of appropriation: prolegomena to an understanding of spolia in early Christian Rome*; Rome, 2003.

M. Greenhalgh: *The Survival of Roman Antiquities in the Middle Ages*; London, 1989.

Mary Lafon: *Roma antigua y moderna*, Traducida por D. Pedro Reynes Sola, Librería española 1857.

Maurice Crouzet, Volumen 2: *Historia General de las Civilizaciones: Roma y su Imperio*, Barcelona, Destino, 1960.

Maurice Crouzet, Volumen 3: *La Edad Media: la expansión del Oriente y el nacimiento de la Civilización Occidental*, Barcelona, Destino, 1960.

Nicolet, C.: *Roma y la conquista del mundo mediterráneo (264-27 a. C.)*, ed. Labor, col. Nueva Clío, 8 y 8 bis, Barcelona, 1982-84.

Obras específicas

Ogilvie, R. M.: *Historia del Mundo Antiguo. Roma Antigua y los Etruscos*, ed. Taurus, Madrid, 1982.

Pierre Grimal: *El helenismo y el auge de Roma: el mundo mediterráneo en la Edad Antigua*, Buenos Aires, Siglo XXI.

W. L. Macdonald: *The Architecture of the Roman Empire. I. An introductory Study*. New Haven, London, Yale University Press, 1982.

OTROS LIBROS DE FERNANDO KLEIN, PUBLICADOS POR ESTA EDITORIAL

www.ingramcontent.com/pod-product-compliance
Lightning Source LLC
Chambersburg PA
CBHW060654100426
42734CB00047B/1680